自然派ママの食事と出産・育児

大森一慧

サンマーク出版

●プロローグ

キラキラと輝いているわが子を見るたび、「玄米に感謝」

コンビニ弁当、ファストフード、ファミリーレストランにピザの宅配と、外食産業は年々充実。店頭には、あらゆるおかずがレトルトや冷凍食品となって並び、スナック菓子やインスタントラーメン、清涼飲料水にいたっては、驚くほど種類があります。そのほとんどが、農薬や添加物の使用量ははかり知れず、肉食偏重、過度な砂糖入りで旬を無視した食品。私が子どもを育てたころにはなかったこれらの食べものは、今や日本中の子どもたちの口に入り(母乳を通しても)、一人一人の体と心の成長に大きな影響を及ぼしています。

今回「食育」にかかわる本を、というお話をいただいたとき、常々このような子どもたちの食の現状に危機感を抱いていた私は、迷わずお引き受けすることにしました。ただ、6人の子どもを穀物菜食で育てたという実績が買われて、玄米菜食による育児相談や、講義をしてきたとはいえ、「陰陽」に基づいた私の体験の範囲内のことでしかお伝えすることができませんので、そこのところはご理解いただき、おのおのの状況に応じて役立てていただければと思います(「陰陽」については46ページを参照してください)。

私と玄米との出会いは、高校3年の3学期、急性肝炎で入院したことから始まります。4か月後に退院すると、すでに学友たちは進学、就職と、希望に満ちた新しい人生をスタートさせていたのですが、その後私にも、医院でのお手伝いの話が舞い込んできました。

住み込み生活が3か月ほど過ぎたころでしょうか。それまでは朝寝坊で、しかも病み上がりだった私が、毎朝5時半に起き、喜々として終日働いていたのです。自分でも、正直驚きましたが、それが、病院で出される未精白の黒いごはん（当初は「なんでこんなごはんなの」と思ったものでしたが）、つまり玄米と素食のおかげだったと気づかされました。

奇病としか私には思えない入院患者さんさえ、飲食物で体質改善する方法だけで病気を完治させていました。院長の沼田勇先生は、「食養会」（注1）の第一人者だったのです。

とてつもなく重大なことが、玄米を食べることに隠されていることを実感した私は、さらに玄米食について学べる場を求めて上京しました。が、結果的には栄養学という専門分野で学ぶことに。けれど玄米食の威力を実感している私にとって満足いくものではなく、時間をみつけてはマクロビオティック（注2）の普及団体である日本CI協会（274ページを参照）の会合に出席しました。そこで出会ったのが、夫である大森英櫻《ひでお》（注3）です。

父の反対にあってバッグ一つで嫁いだ私の結婚生活は、理論と実践の場。生活すべてが教材です。日々の生理現象も陰陽判断の対象。食事内容と生理とのかかわりについては、「陰性食品を三つ重ねたら、大変な事態になる」などと夫に叱られながらの学びでした。

やがて妊娠。「食材の選択は厳しく、少食少飲。体をよく動かす」が私の妊娠中の留意点でした。その甲斐あって、6人とも無事に自宅で出産。母乳の出はちょうどよく、赤ちゃんの体重曲線は出生時は下方でも、3か月ごろには平均値に届く発育ぶりです。キラキラと輝いているわが子を見るたび、「玄米に感謝」という思いでいっぱいになりました。

幼稚園に入園すると、感染症にかかりはしましたが、みんな軽くすみました。特に病気としては、「はしか」が記憶に残っています。はしか用の手当ての飲みもの（215ページを参照）を子どもに与え、あとは症状の経過を見守りました。子どもは、重症時には水さえも受けつけず、水を要求したときは、峠を越えた証と知り、ほっとしたものです。

そのうち、わが家に滞在して病気治しをする来客がふえ、食養料理の研究の日々となりました。多様な症状に向けての調理をさせていただけたことは、私にとって貴重な体験であり、実践でした。これもお客様と夫、そして私の三人四脚であったからこそと思います。

本書に記した「手当て法」や「食箋《しょくせん》料理（体質や症状をよくする料理）」は、石塚左玄が提唱した理論を元に、桜沢如一《さくらざわゆきかず》先生（注4）が体系化したものに、夫と私が体験を通して見直しを加えてできあがったものです。この本を手にされ、実践して効果があった手当て法や料理、また参考になった考え方がありましたら、ぜひほかの人に伝えてください。一人から一人へ伝えていくことに、大きな意義があるのですから。

注1● 玄米食を提唱し、明治後期の名医とうたわれた石塚左玄（1851〜1909年）が1907年に創設した会。第二次世界大戦で休止状態になったが、沼田勇らによって復興され、「日本綜合医学会」に発展していった。

注2● マクロビオティックとは、桜沢如一が石塚左玄の食養理論に中国の陰陽論を取り入れ、より実践的な食養法として世界に広めたもの。穀物菜食が主体となり、動物性食品、砂糖などの甘味料を摂らないのが基本。

注3● 食養指導家。桜沢如一の食養理論をさらに発展させ、現代食物療法を確立した。玄米菜食と自然の手当てによる治病指導を50年にわたって行い、現代医学に見放された難病者を含め、1万人以上の病人を健康に導いている。述録に『無双原理講義録』、著書に『人間大森英櫻』（いずれも宇宙法則研究会刊）がある。

注4● マクロビオティックの創始者（1893〜1966年）。食事の改善による健康で平和な世界をめざし、啓蒙活動を行って、多くの指導者を輩出。海外ではジョルジュ・オーサワとして知られ、世界各国にマクロビオティックの実践者を生み出した。主な著書に『無双原理・易』『ゼン・マクロビオティック』（アメリカでベストセラー）『東洋医学の哲学』（いずれも日本CI協会刊）など。

自然派ママの食事と出産・育児　目次

CONTENTS

妊娠・出産・育児と食事との大切な関係●34

穀物・野菜・海藻の食事の根本にある「陰陽」の話●46

おいしく食べて体質、症状がよくなるレシピ（アイウエオ順）●60

第4章 気持ちいい暮らしのグッズ編 241

第5章 自然な出産&子育て情報編 273

体験報告

◇本書で表示している1カップは200mℓ（＝200cc）、大さじ1は15mℓ（＝15cc）、小さじ1は5mℓ（＝5cc）です。

第1章

いのちを育《はぐく》む食事編

食べものは、
体をつくるもと。
毎日の活力になる
エネルギー源です。

ママもベビーも元気モリモリ！

ヘルシー＆パワフルな穀物・野菜・海藻の食事

調理助手　種田光洋

東洋の知恵、「陰」と「陽」を食生活に生かしましょう

「陰陽」という言葉を聞いたことがありますか。東洋には、古くから「世の中のすべてのものは、陰と陽という二つのエネルギーでできている」という考え方がありました。「陰」は、広がる、分かれる、上がるなどの特徴があって、このような性質を「陰性」と呼びます。一方、「陽」は、集まる、縮む、下がるなどの特徴があって、こちらは「陽性」と呼びます（陰陽の詳しい説明は46ページを参照）。

食べものでいうと、野菜や果物などの植物性食品が陰性で、肉や魚、卵などの動物性食品が陽性。ごはんやめんなどの穀物は中庸、つまり陰性と陽性の中間に位置します。さらに、野菜のなかでも葉ものは陰性で根菜は陽性、そして根菜のなかでもごぼうのほうが大根より陽性、といった見方をします（食べものの陰陽表は52ページを参照）。

私たちの体も、「陰陽」で判断すると、五つのタイプに分けることができます。固太りで暴飲暴食しがちな「がっぷりタイプ（陽性の肥大）」、キュッと締まった筋骨型の「かちかちタイプ（陽性の萎縮）」、やせ型で貧血ぎみの「ひょろりんタイプ（陰性の萎縮）」、色

白で水太りの「ぷよぷよタイプ（陰性の肥大）」、そしてこのような偏った傾向がなく、理想的な健康体が「まんなかタイプ（中庸）」です（体質の詳しい説明は、54ページを参照）。

旬の無農薬食材を、まるごと調理。天然醸造の調味料を使って

では、それぞれの体を元気にする食事はどうやってみつけたらいいのでしょう。答えは簡単！　本当は、体がみんな知っているのです。陽性に傾いた体は陰性食品を自然と欲し、陰性に傾いた体は陽性食品を無性に食べたくなる、というわけです。

ところが、体の自然な要求に従って食べている人など、めったにいません。みんな舌を喜ばせる食べものに目がくらみ、本当に体の欲するものがわからなくなっているのです。

そこで、「陰体質の人には陽傾向、陽体質の人には陰傾向の食事を」というように体質に合わせて陰陽バランスをととのえた「穀物・野菜・海藻の食事」を続けてみると、自分に必要な食べものがはっきりとわかる体になり、気がつくとパワーも増しているのです。

本気で食事を変えようという人は次のことを心がけ、ぜひ継続してほしいと思います。

- 未精白の穀物を主食とし、旬の野菜、海藻、豆類を自然塩、天然醸造のみそ、しょうゆ、ごま油、菜種油を使って調理する。ごはんとみそ汁の組み合わせが、最高の献立。
- タンパク質は小麦と大豆を原料にしたもので、カルシウムは海藻と青菜で摂取。
- 無農薬の野菜を、なるべく皮をむいたり、ゆでこぼしたりせず、材料をまるごと使用。
- 砂糖、はちみつ、みりんなど、血液を薄くする陰性な甘味料は使用しない。
- 調理用と飲用には、浄水を使用。汚染されていない天然水があれば、理想的。
- 加工工程の多い食材は避け、無糖・無添加の加工品を使用。

四季別

体のタイプで決めるメインとサブのおかず

春 Spring

野菜とセイタンの炒めもの

あずきかぼちゃ

陰性ぎみの体には、しょうゆでしっかり煮てあるセイタンがおいしいはず。原料は、小麦グルテンです。甘ーいあずきの煮ものと一緒に。

材料（3人分） 玉ねぎ75g、にんじん30g、キャベツ150g、セイタン（85ページ）50g、青菜1束、塩少々、ごま油小さじ1

作り方

❶玉ねぎは8㎜幅の回し切り（80ページの「野菜の水なし煮」の❶を参照）、にんじんは薄い輪切り、キャベツは4㎝幅のざく切りに。セイタンは、大きいものだけを薄く切る。青菜は、塩ゆでして3～4㎝長さに切る。

❷油を温めて玉ねぎを炒め、軽く塩をしてセイタンを入れ、キャベツ、にんじんを加え、にんじんがしんなりするまで炒める。

❸びんに残ったセイタンの汁を入れて炒め、塩をふって火を止め、青菜を加え混ぜる。

＊あずきかぼちゃの作り方は61ページ

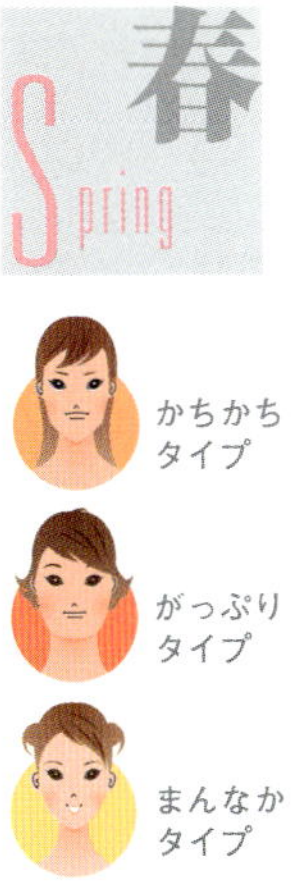

蒸し野菜のごまだれ

菜の花のからしあえ

炒め煮や煮込み料理に比べると、蒸した野菜はずっと陰性。だから、陽性ぎみの体には、ほっとするおかずです。春に必要な辛みを、添えて。

材料（3人分） かぼちゃ180g、玉ねぎ60g、キャベツ250g、にんじん30g、練りごま・しょうゆ各大さじ2、昆布だし汁（28ページ）大さじ1½〜2、レモン汁小さじ1

作り方

❶かぼちゃはくし形に切る。玉ねぎも、くし形に3等分。キャベツは4〜5cm幅に切る。にんじんは短冊に切る。

❷蒸気の上がった蒸し器に❶を入れて8分蒸し、取り出してさます。

❸ソースを作る。小ボウルに練りごまをとり、しょうゆを加えてよく練る。だし汁を加え、レモン汁を入れて混ぜる。

❹器にソースを敷いて、さめた❷を盛る。

＊菜の花のからしあえの作り方は74ページ

夏 Summer

かぼちゃとコーンのかき揚げ

昆布のつくだ煮

夏でも冷え性というあなた、陽性な揚げもので体を温めてください。油の分解を助ける大根おろしを添え、やはり陽性な昆布のつくだ煮と。

材料（3人分） かぼちゃ200g、塩少々、とうもろこしの粒1/2カップ、いんげん6本、地粉（84ページ）・揚げ油（ごま油と菜種油を半々で）各適量、大根おろし大さじ山盛り3

作り方

❶かぼちゃは小さめの長方形に切り、1％の塩をふる。いんげんは小口切り。

❷とうもろこしは、蒸して粒をばらしておく。

❸ボウルに❶、❷を入れ、地粉を全体にまぶす。水（地粉1・5に対して水1の割合）を加え、粉に粘りが出るくらいに混ぜ、9等分。

❹❸を木べらにのせて形作り、170〜180度に熱した油で揚げる。

❺大根おろしを添える。

＊昆布のつくだ煮の作り方は68ページ

夏 Summer

かちかちタイプ

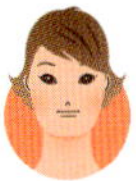
がっぷりタイプ

まんなかタイプ

肉じゃが風

きゅうりの松前漬け

じゃがいもは、暑い季節に体を冷やしてくれる夏野菜の仲間。陽性体質の人の好物ではありませんか？ 添えのおかずも、きゅうりでクールに。

材料（3人分） じゃがいも250g、玉ねぎ150g、しらたき200g、セイタン50g、いんげん6本、ごま油大さじ1、しょうゆ大さじ2、昆布だし汁1 1/2〜2カップ、しょうが汁・塩各少々

作り方

❶じゃがいもは皮つきのまま、大きめに切る。玉ねぎは、回し切り（80ページの「野菜の水なし煮」の❶を参照）に。いんげんは塩ゆでして2等分。しらたきは塩もみして適宜切り、洗う。

❷油を温めて玉ねぎを炒め、じゃがいも、しらたきの順に加え、油がなじむまで炒める。

❸ひたひたより少なめのだし汁を加え、いもがやわらかくなったら、セイタンをほぐし入れて煮込む。煮汁が1/3弱になったらしょうゆを加えて火を止め、しょうが汁といんげんを。

＊きゅうりの松前漬けの作り方は63ページ

秋
Autumn

ぷよぷよタイプ

ひょろりんタイプ

まんなかタイプ

大根の信《しの》田《だ》煮《に》

煮豆・大根葉の磯あえ

肌寒くなってきたら、食卓の主役は根菜。体を温めてくれるから、陰性タイプには欠かせない野菜です。大根葉も無駄なく、豆と添えものに。

材料（3人分） 大根150g、油揚げ1枚、昆布6㎝、水適量、いり玄米（23ページの「おめでとう」の❶を参照して作る）小さじ2、しょうゆ大さじ2～2 1/2

作り方

❶大根は、2㎝厚さの輪切りにする。

❷鍋に❶の大根と昆布を入れ、水をひたひたに加える。強火にかけて、煮立ったらいり玄米を入れ、弱火にして煮る。

❸油揚げは熱湯に入れて返し、3秒したらザルにとって油抜きし、3等分する。

❹竹串がスッと通るくらい大根がやわらかくなったら、しょうゆをまわし入れ、油揚げを加えて10分以上煮込む。

＊煮豆の作り方は75ページ
大根葉の磯あえの作り方は73ページ

秋 Autumn

かちかちタイプ

がっぷりタイプ

まんなかタイプ

きのこのみそおでん

ひじきの梅サラダ

陽性タイプには、根菜もあっさりとだし汁で煮て、こんにゃくや、きのこ類で陰性要素をプラス。たれが濃厚なので、さっぱりサラダと。

材料（3人分） 大根15㎝、にんじん1/2本、干しいたけ（もどしたもの）3枚、昆布15㎝、こんにゃく（下ごしらえは77ページ「ひじきこんにゃく」の❸を参照）・厚揚げ各1枚、水3カップ、たれ〈えのきだけ1パック、しめじ1/2パック、小ねぎ（小口切り）2本、麦みそ35g、白みそ75g、しいたけのもどし汁少々、ごま油小さじ1〉

作り方

❶食べやすく切った大根、にんじん、しいたけ、昆布と水を鍋に入れて火にかけ、野菜に火が通ったら下ごしらえしたこんにゃくと、油抜きした厚揚げを適宜切って加え、5分煮込む。

❷たれは、みじんに切ったきのこを油で炒め、みそともどし汁を入れて練り、小ねぎを加える。

＊ひじきの梅サラダの作り方は77ページ

冬 Winter

ぷよぷよタイプ

ひょろりんタイプ

まんなかタイプ

コーフーのみそ煮込み

れんこんきんぴら

お手軽な小麦タンパク、生コーフーと根菜のこってり煮です。豆みそ使いで、体はぽかぽか。せき対策のれんこんきんぴらも、この時季に。

材料（3人分） 生コーフー（85ページ）100g、くず粉（84ページ、粉末状）・地粉・揚げ油各適量、ごぼう75g、しょうが1かけ、にんじん60g、長ねぎ1本、ごま油・しょうゆ各大さじ1、豆みそ大さじ2、昆布だし汁（28ページ）適量、水溶きくず小さじ2

作り方

❶そぎ切りした生コーフーに塩、こしょう各少々（分量外）をして、くず粉をからませ、地粉をつけて、色づくまで揚げる。

❷油で薄切りのしょうがを炒め、斜め切りのごぼうを炒めてだし汁を加えて煮、斜め切りのにんじんと❶、しょうゆを加える。ひと煮立ちでみそ（同量の水と）を上に置き、ぶつ切りのねぎを加え、ざっと混ぜて、水溶きくずをからめる。

＊れんこんきんぴらの作り方は80ページ

冬
Winter

かちかちタイプ
がっぷりタイプ
まんなかタイプ

冬野菜のみそ煮込み

白菜のスープ煮

陽性タイプ向けの煮ものには、豆みそより陰性な麦みそと西京みそを使って。メインもサブも白い野菜で体に蓄積された陽性を代謝します。

材料（3人分） 油揚げ1 1/2枚、かんぴょう80㎝、小かぶ（小）3個、さといも200g、小玉ねぎ3個、にんじん75g、もどした干ししいたけ3枚、昆布だし汁2カップ、麦みそ大さじ1、西京みそ大さじ2、絹さや6枚

作り方

❶油揚げは油抜きして縦2等分し、くるくる巻いて、かんぴょうを二重に巻いて結ぶ。小かぶは葉を5㎜残して切り、さといもは皮をむき、塩（分量外）でもんで洗う。にんじんは厚い輪切り。しいたけは石づきをとり、小玉ねぎは皮をむく。

❷❶とだし汁を強火にかけ、煮立ったら中火に。仕上げにみそを加えて2～3分煮込み、火を止めて10分蒸らす。器に盛ってゆでた絹さやを飾る。

＊白菜のスープ煮の作り方は76ページ

「今日はこれが食べたい！」で選ぶ　ごはんやおかゆ、めん

●玄米ごはん

平和圧力鍋（262ページ）でしっかり炊いた玄米があれば、百人力です。子育てが、ラクラク乗り切れる体に。

材料（基本分量） 玄米3カップ、水$3\frac{2}{3}$〜4カップ、塩小さじ$\frac{1}{3}$〜$\frac{2}{3}$

作り方

❶ボウルに玄米と水を入れ、両手で拝むようにしてもみ洗いし、水を2〜3回替えて洗う。ザルにとって、水気をきる。

❷圧力鍋に、米、水、塩を入れてセット。

❸おもりをしないで中火にかけ、蒸気が出てきたら、重いおもりをして強火に。

❹おもりが動きだしてから、2分強火のまま。次に弱火（おもりが少し動く程度の火）にして12分、さらに弱火（おもりが動かない程度）にして13分炊く。最後に5秒強火にして火からおろし、10分蒸らす。

＊ここでは平和圧力鍋を使用。別の鍋の場合は、火加減と炊き時間の調整を。

● 黒豆入り玄米ごはん

プレーンな玄米ごはんがおいしくないときは、体が陽性になっています。黒豆を足して少し陰性に。

材料（3人分） 玄米2 1/2カップ、黒豆1/2カップ、水4カップ、塩小さじ1/3～2/3

作り方

❶玄米は20ページの❶を参照して洗い、別に洗った黒豆と圧力鍋に入れる。

❷20ページの❸❹を参照して炊き、蒸らしたらおもりをはずして蒸気を抜き、飯台に移す。

＊黒豆を同量のあずきやひよこ豆に替えて、**あずき入り玄米ごはん**や**ひよこ豆入り玄米ご飯**にしても。

● 五《ご》分《ぶ》搗《づ》き米《まい》ごはん

玄米を半分精米した五分搗き米は、白米からの切り替えに最適です。玄米ごはんが重いと感じる人にも。

材料（3人分） 五分搗き米2カップ、水2 1/2カップ

作り方

❶五分搗き米は洗い、よく水気をきる。

❷圧力鍋に❶と水を入れ、平和圧力鍋の場合は、軽いおもりをのせて強火にかける。おもりのない圧力鍋の場合、圧力を弱くセット。

❸シュルシュルいってきたら弱火にし、8分炊いて火を止める。

❹ガス台から鍋をおろし、蒸らし10分のあと、おもりをとる。蒸気が抜けたらふたをとって飯台やおひつにごはんを移す。

＊五分搗き米を無圧で炊く場合、262ページの文化鍋かマスタークックを使用すると、おいしく炊ける（炊き方は69ページの「雑穀（粟、きび）入り分搗き米ごはん」を参照）。普通の炊飯器でも炊けるが、その際は白米より水を多めに。

＊好みで押し麦や粟、ひえ、きび、黒米、赤米などを1～2割混ぜて炊いても。

みそおじや

かぜひきさんに、強い味方登場！
熱があるときはしいたけ入りで作り、熱がなければばしいたけを除いて。

材料（3人分） 玄米ごはん240g、油揚げ½枚、干ししいたけ1枚、長ねぎ30g、昆布だし汁（28ページ）3½カップ、豆みそと麦みそ（83ページ、半々で合わせて）45g

作り方

❶さました玄米ご飯をほぐしておく。手を水でぬらしながらすると、ほぐしやすい。

❷油揚げは、熱湯に入れて返し、3秒でザルにあげる(油抜き)。縦3等分して小口切りに。

❸長ねぎは、小口切りにする。

❹大きめの鍋に、分量のだし汁と干ししいたけを入れて強火にかけ、沸騰したらふたを開けて中火で煮る。

❺しいたけがやわらかくもどったら、取り出してせん切りにし、鍋にもどす。沸騰したら❷の油揚げを加えて煮る。

❻すり鉢にみそを入れ、鍋から汁を½カップとって加え、よくすり混ぜる。

❼具に十分火が通ったら、❻のみそを流し入れ、煮立ったところへ❶の玄米ごはんをほぐしながら入れる。

❽ふたをして弱火で40分煮、火を止めたらへらを鍋底に入れて天地を返しながら混ぜる。

❾❸のねぎを散らし、ふたをして20分蒸らす。

＊**もち入りみそおじや**は、焼いたもちをごはんと一緒に❼で入れる。

おめでとう（あずき入り玄米がゆ）

「病気が治っておめでとう、病気をしないでおめでとう」という思いが込められた料理。利尿効果も。

材料（3人分） 玄米2/3カップ、あずき1/5カップ、塩少々＋小さじ1、水5カップ

作り方

❶ぬれぶきんに玄米をはさんでほこりをとり、大さじ2ずつ中火でいる。木べらで混ぜながらいり、パチパチいってきたら鍋をゆすって、ふくらんでひび割れるまでいる。

❷圧力鍋にあずきと塩少々、水を入れて強火にかけ、沸騰したら❶の玄米を入れる。

❸ふたをしておもりをし、おもりが動いてきたらそのまま2分、火を弱めて30分炊く。

❹火を止めて10～15分蒸らし、ふたをとって塩小さじ1をふり入れ、ざっくりと混ぜる。

玄米がゆ（5倍がゆ）

玄米ごはんがおいしくないとき、食べ過ぎや体調をくずして減食が必要なときは、おかゆで胃を休めて。

材料（3～5人分） 玄米1カップ、水5カップ、塩小さじ1/5＋1/2、梅干し3個

作り方

❶玄米は20ページの❶を参照して洗い、圧力鍋に入れ、水と塩小さじ1/5を加える。

❷重いおもりをして強火にかけ、おもりがシュルシュル動いてきたらそのまま2分炊き、弱火にして40分炊く。

❸火からおろして鍋底を水につけ、横から流水をかけて急冷する。

❹5分後にふたをとり、へらを入れながら、塩小さじ1/2を加え、再度ふたをして10～15分蒸らす。

❺器によそい、消化を助ける梅干しを添えて。

＊できたてを食べられるよう、時間の調整を。

煮込みうどん

体が陽性になっていると、ごはんやそばよりうどんのほうがおいしい。煮込むのがいやな人は、かけやザルに。

材料（3人分） 干しうどん250g、かぼちゃ60g、乾燥わかめ5g、にんじん6g、えのきだけ・しめじ各1/2パック、油揚げ1 1/2枚、小松菜120g、昆布だし汁（28ページ）6カップ、塩小さじ1/2、しょうゆ適量

作り方

❶かぼちゃとにんじんは薄く切る。わかめはもどし、小松菜はゆでてともに3cm長さに。えのきとしめじは石づきをとり、3等分。油揚げは油抜きして、三角に切る。

❷だし汁と塩、しょうゆを鍋に入れて火にかける。煮立ったらゆでたうどんと❶をきれいに並べ入れ、煮込む。

取り分け離乳食

くたくたうどん

「煮込みうどん」から、うどんと具を取り分け、だし汁でくたくたに煮ます。7〜8か月ごろに。
＊作り方は33ページ

うどんのり巻き

ごはんのかわりに、うどんでのり巻き。手で持てるため、外出用に最適。9か月ぐらいから。
＊作り方は33ページ

●ごまだれそうめん

夏の陽性には、ひんやりそうめんの陰性がぴったり。体のクールダウンに、一役かってくれます。

材料（3人分） そうめん180g、ごまだれ〈白ごま・麦みそ（83ページ）各大さじ2、しょうゆ大さじ1、昆布だし汁（28ページ）$\frac{2}{3}$カップ〉、きゅうり1本

作り方

❶そうめんはゆでてザルにあげ、冷水で洗って水気をきる。
❷きゅうりはせん切りにする。
❸ごまだれを作る。白ごまを香りが出るまでいり、すり鉢で油が出るまでする。ごまがよくすれたら、みそとしょうゆを加えてさらによくすり、だし汁を入れてすりのばす。
❹器に氷水を張り、❶を盛りつける。中央に❷のきゅうりをのせ、たれを添える。

●そば寿司

めんのなかで最も陽性なそばですが、のりで巻くとグッと軽い感じに。来客時や持ち寄り会でも喜ばれます。

材料（3人分） 糸そば（85ページ）1束、干ししいたけ3～6個（ごま油小さじ2、しょうゆ大さじ1）、青じその葉6～12枚、わさび少々、のり3枚、しょうゆ適量

作り方

❶そばは少々かためにゆで、冷水で洗い、のりの幅にそろえて盆ザルに並べる。
❷しいたけはもどしてせん切りにし、油をひいた鍋で炒め、しょうゆで下味をつける。
❸青じその葉は、半分に切ってせん切りに。のりは横半分に切っておく。
❹巻きすの上にのりを置き、のりの$\frac{2}{3}$くらいまでそばを平らにのばす。$\frac{1}{2}$のところに青じその葉と❷を並べ、わさびを少しずつ塗る。
❺のり巻きの要領で巻き、適宜切り分けて器に盛りつけ、わさびを添える。

和風スパゲティ

夕食に、こんな具だくさんのパスタはいかが。しょうが、ねぎ、きのこが血液をサラサラにしてくれます。

材料（3人分） スパゲティ240g、厚揚げ½枚、漬け汁〈しょうゆ小さじ2、しょうが汁小さじ½〉、長ねぎ½本、えのきだけ・しめじ各1パック、塩少々、昆布だし汁（28ページ）1カップ、こしょう少々、ごま油適量、香菜適量

作り方

❶厚揚げは熱湯に入れて油抜きし、縦半分に切る。さらに厚みを¼にし、5～6㎜角に切ったら、漬け汁に漬けておく。
❷ねぎは大きめの小口切りに。えのき、しめじは石づきをとって、バラバラにしておく。
❸2％の塩を入れた湯で、スパゲティをアルデンテ（少し芯が残る程度）にゆでる。
❹鍋に油を熱してえのきとしめじを炒め、塩をふり入れる。厚揚げ、ねぎを加えてだし汁を加え、こしょうをふって仕上げる。
❺❸に❹をかけ、香菜を散らす。好みでせん切りのりと紅しょうがを散らしても。

取り分け離乳食

● スパゲティグラタン

ソースを発芽玄米粉で簡単に作ってしまうので、いつでも作れるグラタン。9か月くらいから。
＊作り方は33ページ

● スパゲティスープ

穀物と、緑黄色野菜が一度に摂れるスープ。ミキサーでトロトロにしているので、5～6か月でも。
＊作り方は33ページ

おやき

子どもたちは、粉で作ったものが大好きです。ごはんの粒食に比べると、粉食はずっと陰性になるから。

材料（8切れ分） 地粉300g、キャベツ300g、にんじん50g、塩（野菜の1%）、白ごま塩 大さじ3、ごま油少々、水1½カップ、大人用ソース〈トマトケチャップ適量〉、青のり適量、子ども用ソース〈トマトケチャップ・発芽玄米ミルク（30ページ）各適量〉

作り方

❶キャベツとにんじんはそれぞれせん切りにし、1%の塩を加えてなじませる。

❷水気が出てきたら、分量の地粉をからませ、白ごま塩と水を加えてまとめる。

❸油をひいて❷を広げ、ふたをして20分、返してふたをせずに10分焼く。ソースを上に。

冷製スパゲティ

夏の暑い日には、温かいパスタも重たく感じるもの。冷たくして、ドレッシングでいただきましょう。

材料（3人分） スパゲティ240g（塩適量）、玉ねぎ150g、細アスパラ6本、きゅうり1本、ミニトマト12個、ドレッシング〈菜種油大さじ3、練りごま・レモン汁各大さじ1、塩小さじ⅔、こしょう少々〉、レモンの皮適量

作り方

❶スパゲティは2%の塩を入れた熱湯でゆで、洗ってザルにあげ、冷蔵庫で冷やす。

❷玉ねぎは半分に切って薄く切る。ザルに入れて熱湯をかけ、さめたら冷蔵庫で冷やす。

❸細アスパラはさっとゆで、4cm長さの斜め切りに、きゅうりも4cm長さのせん切りにし、ミニトマトは半分に切って同様に冷やす。

❹小さめのボウルに菜種油を入れ、練りごま、レモン汁を加えて泡立て器でよく混ぜ、塩、こしょうで味をととのえて同様に冷やしておく。

❺スパゲティに玉ねぎ、アスパラガス、きゅうりをざっくり混ぜ、器に盛る。レモンの皮のせん切りを散らし、まわりにミニトマトを飾り、ドレッシングを添えて。

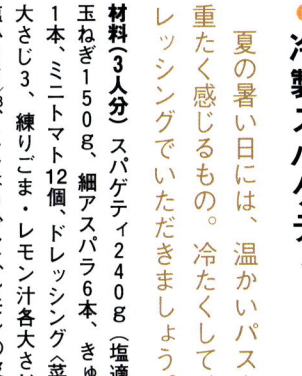

だしは植物性オンリー、なのに本格汁もの

玉ねぎと油揚げのみそ汁

穀物菜食のみそ汁は、季節や体のタイプで材料も作り方も変えます（54～59ページ）。だから、自分にいちばん合うおいしさです。

材料（3人分） だし汁（昆布4対しいたけ1）2½カップ、みそ（基本は豆みそと麦みそを半々、体のタイプで加減）45g、玉ねぎ60g、油揚げ½枚、乾燥わかめ3g、ごま油少々

作り方

❶玉ねぎは薄い回し切り（80ページ）、油揚げは熱湯に入れて油抜きをし、縦2つに切って小口切りにする。
❷わかめはサッと洗い、芯を切り離してみじん切り。ほかの部分は3㎝幅に切りそろえる。
❸みそはすり鉢でよくすり、だし汁½カップですりのばす。
❹玉ねぎを油で炒めて残りのだし汁を入れ、煮立ったら油揚げを加え、わかめを加えてみそを流し入れる。煮立つ寸前に火を止め、ふたをして5秒おいてから椀に盛る。

だしとスープのとり方

昆布だし汁（みそ汁、煮もの用）

❶水5カップに、根昆布か日高昆布5㎝角を5枚入れ、弱火にかける（強火ではにおいが出る）。❷25分後、昆布が完全にふやけて汁に色がついたら火を止め、昆布を取り出す。

しいたけだし汁

❶小さめの干ししいたけ4～5枚は、サッと洗ってごみを落とす。❷水3カップと❶を鍋に入れて強火にかけ、ふたをしないで、強火のまま½量に煮つめる。

スープストック

❶鍋に水5カップと昆布15㎝角1枚、切り干し大根ひとつまみを入れ、弱火にかける。❷沸騰する直前にさらに弱火にし、じっくりと煮出してだしをとる。

かぼちゃポタージュ

玉ねぎとかぼちゃの甘みで、とろりと作ります。練りごまでコクを出すのがミソ。離乳食にもいいですね。

材料（3人分） スープストック3カップ、玉ねぎ1/4個、かぼちゃ200g、地粉大さじ2、ごま油・練りごま各小さじ1、塩・こしょう各少々、発芽玄米粉大さじ1、パセリ適量

作り方

❶玉ねぎは薄くスライス、かぼちゃは8つ割りして、薄く切る。

❷スープ鍋に油を温めて玉ねぎを色づくまで炒め、塩少々（分量外）を加え、地粉を入れて炒める。スープストック（28ページ）2カップを入れ、かぼちゃを加えて煮、やわらかくなったらスープストック1カップと発芽玄米粉を加えて煮込む。

❸❷をミキサーにかけ、鍋に戻して塩、こしょうをし、器に盛ってみじん切りのパセリを。

豆腐の吸いもの

吸いもの用の昆布だし汁は、時間をかけてじっくりとだしをとります。にがりで作った本物の豆腐を使って。

材料（3人分） もめん豆腐1/4丁、みつば3本、昆布だし汁（昆布を3時間から一晩水につけた吸いもの用のだし汁）2 1/2カップ、塩・しょうゆ各適量

作り方

❶豆腐は水に放しておく。みつばは、大人用は結び、子ども用は細かく切る。

❷鍋にだし汁を入れて火にかけ、塩を入れ、豆腐を小切りにして加える。豆腐が動きだしたら香りづけのしょうゆとみつばを加え、火を止めふたをして5秒後、器によそう。

ノンシュガーで、ノンエッグ＆ミルクの**健康おやつ**

● ひえのマドレーヌ

玄米よりも陽性な雑穀（ひえ、粟など）は、元気をなくしている人の救世主。パワーアップ間違いなし！

材料（3個分） 炊いたひえ（左下を参照）大さじ6、蒸し煮にんじん50g、缶詰のとうもろこし（粒タイプ）大さじ3、缶詰の汁大さじ2、レーズン大さじ3、発芽玄米ミルク〈発芽玄米粉大さじ2、水1/2カップ〉、薄力粉大さじ5、ごま油少々

作り方

❶にんじん1本を1㎝厚さの輪切りにして鍋に入れ、にんじんの1・5%の塩をふって混ぜ、水気が出てきたら、水分がなくなるまで空いりする。大さじ2の水を差し、フタをして弱火で10分。余熱で蒸らして蒸し煮にんじんを作る。ここから50gを使用し、スプーンでつぶす。

❷レーズンは一粒を2〜3等分する。

❸発芽玄米ミルクを作る。小鍋に発芽玄米粉と水を入れて火にかけ、泡立て器でかき混ぜる。鍋いっぱいに泡が立ったら、ふきこぼれないように火を弱め、さらにかき混ぜながら煮て、泡が大きくなったら火を止めてさます。

❹炊いたひえと❶、❷、薄力粉、とうもろこしと汁を混ぜ、❸を加えて混ぜる。

❺マドレーヌ型に油を塗り、❹を3等分してきれいに入れ、200度のオーブンに入れ、表面に薄く焦げ目がつくまで（7〜8分）焼く。

雑穀の炊き方

❶ひえ、粟、きびなど、炊く雑穀の1.5倍の水を鍋に入れ、塩少々を加えて強火にかける。
❷沸騰したら雑穀を加え、木べらで鍋底からかき混ぜながら炊く。
❸底が見えるようになったら、ふたをして弱火で15分炊き、10分蒸らしてから、かき混ぜる。

果汁の寒天寄せ

魚をいっぱい食べてきた人が不調のとき、みかんジュースが効きます。寒天と合わせて、腸のお掃除も。

材料（6人分） みかんジュース1 1/4カップ、棒寒天5g、水1カップ

作り方

❶棒寒天は、分量の水に30分つけておく。

❷ふやけた寒天を絞り、ジュースと一緒に鍋に入れ、完全に煮溶けるまで煮る。

❸水でぬらした流し缶（こうすると、取り出しやすい）に、❷を流し入れる。

❹❸を、水を張ったバットに浮かせて粗熱をとり、冷蔵庫で冷やし固める。

ビスケット

やわらかいものばかり食べて、歯並びの悪い子が急増。だから家で作るおやつは、少しかたいくらいに。

材料（約45個分） 薄力粉150g、発芽玄米ミルク〈発芽玄米粉大さじ2、水1/2カップ〉、塩小さじ1、**練りごま・菜種油各大さじ1、みかんジュース適量**

作り方

❶小鍋に発芽玄米粉と水を入れて火にかけ、30ページの❸を参照して、発芽玄米ミルクを作る。

❷茶こしか網じゃくしで薄力粉をふるい、菜種油と練りごまを加え、全体が均一になるよう両手でもむようにして混ぜ合わせる。

❸発芽玄米ミルクを別にとって塩を加え、❷に入れてざっくりと混ぜる。やっとまとまる程度にするが、水分が不足のようなら、みかんジュースを加える。

❹パンマットか、のし板などの上に❸をとり、丸める。

❺オーブンの天板いっぱいに❹をめん棒で伸ばし、包丁で切り目を入れて、表面にクッキー型で好みの模様をつける。

❻180度に熱したオーブンで、❺を20分焼く。

ライスおやき

お手軽にレトルトの玄米がゆで、ふんわりおやきを。かぼちゃも蒸さずに、フレークを使いました。

材料（3人分） レトルト玄米がゆ（86ページ）1/2カップ、塩少々、練りごま小さじ1、かぼちゃフレーク（84ページ）50g、発芽玄米粉大さじ1、薄力粉100g、塩ゆでのグリーンピース適量、ごま油少々

作り方

❶玄米がゆと塩、練りごまを混ぜる。
❷❶にかぼちゃフレークと発芽玄米粉、薄力粉を加えてざっくりと混ぜ、生地を作る。
❸フライパンか厚手の鍋を温め、油をひいて、❷を大さじですくい落とし、スプーンの背で丸く平らにして、グリーンピースを埋める。ふたをして5～6分焼いたら裏返し、ふたをしないで3～4分焼く。

玄米クリームアイス

冷たいおやつは、体を陰性にし過ぎてしまう可能性大。そこで、陽性な玄米クリームの助けを借りました。

材料（3人分） レトルト玄米クリーム（86ページ）1パック、かぼちゃの裏ごし大さじ5、玄米甘酒（86ページ）大さじ3、りんごジュース大さじ2を煮つめて大さじ1にしたもの、塩少々、飾り用に蒸したかぼちゃの皮適量

作り方

❶手動式アイスクリームマシンの内側容器を、一晩冷凍庫で冷やしておく。
❷蒸したかぼちゃの皮は、子ども用に星形に型抜きし、大人用にはせん切りにする。
❸❷以外の材料をすべてミキサーにかけ、冷蔵庫で冷やしておく。
❹❶の容器をアイスクリームマシンにセットして、❸を入れる。はじめ3～5分連続して回し、次に7～10分は休みながら、同じ方向に回し、最後に3～5分ゆっくり回す。
❺器に❹を盛りつけ、上に❷を飾る。

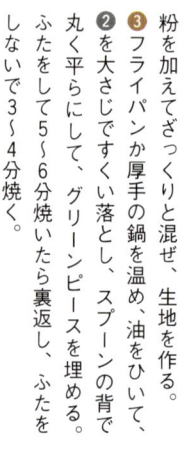

取り分け離乳食のレシピ

くたくたうどん（P24）

材料（1人分） 24ページの大人用に作った「煮込みうどん」からうどん20g、かぼちゃ・小松菜・にんじん各少々、昆布だし汁（28ページ）1/2カップ

作り方

❶大人用にできあがった「煮込みうどん」から材料を取り出し、うどんと小松菜、にんじんは細かく刻み、かぼちゃはつぶす。

❷小鍋にだし汁を入れ、❶を加えてさらによく煮る。

＊離乳初期の子には、スプーンの背でつぶしながら食べさせる。

うどんのり巻き（P24）

材料（1人分） ゆでたうどん30g、かぼちゃ30g、にんじん5g、小松菜少々、A〈昆布だし汁（28ページ）1/2カップ、しょうゆ小さじ2〉、焼きのり1枚

作り方

❶うどんは大人用にゆでたものから、分量だけを取り出しておく。

❷小松菜はゆでて細かく切り、Aの煮汁少々をからませる。かぼちゃとにんじんは細かく切り、残りのAの煮汁でやわらかく煮て、煮汁を残さないよう煮きる。

❸まな板の上に巻きすを置き、のりを敷いてうどんを広げる。芯に❷を置いて巻き、一口大に切る。

スパゲティスープ（P26）

材料（1人分） ゆでたスパゲティ20g、かぼちゃ30g、じゃがいも15g、にんじん少々、スープストック（28ページ）1カップ、塩少々、玄米ぽんせん（86ページ）1/4枚

作り方

❶大人用と一緒にスパゲティをゆで、分量をまな板にとって、細かく切る。

❷かぼちゃは、小さめの薄切り、じゃがいもは皮をむいて薄切り、にんじんは細切りにする。

❸小鍋に野菜とスープストックを入れ、野菜が半分煮えたくらいで、❶のスパゲティを加える。

❹野菜がやわらかく煮えたら塩（大人の約1/2の濃さ）をふり、ミキサーにかけ、再度鍋に戻してひと煮立ちさせる。器に盛りつけ、玄米ぽんせんをくだいて浮かす。

スパゲティグラタン（P26）

材料（1人分） ゆでたスパゲティ50g、厚揚げ・えのきだけ・しめじ・ごま油・塩・練りごま（白）・パン粉各少々、ソース〈発芽玄米粉大さじ1、昆布だし汁1/2カップ、トマトピューレ大さじ1〉

作り方

❶スパゲティは、大人用から取り分けて食べやすく切る。

❷厚揚げは小さく切り、きのこ類は石づきをとって2～3㎝長さに切る。

❸❷を油で炒め、塩を加える。

❹別鍋にだし汁と発芽玄米粉を入れて火にかけ、泡立て器で混ぜながら煮、とろみがついたらトマトピューレを加える。

❺❹の1/2量に、❶と❸を混ぜる。

❻グラタン皿に油を塗り、❺を入れて残りのソースをかける。練りごまとパン粉をかけ、アルミホイルをかけて、グリルで15～16分焼く。

すべては、日々の食べ方しだい！

妊娠・出産・育児と食事との大切な関係

おなかの赤ちゃんは、お母さんが食べたものそのもので育つ

「おめでたですよ」と診断され、幸福感にひたっているとき、おなかのなかでは、もうすでに赤ちゃんの進化が、自然のプログラムに従って猛スピードで進行しています。そしてそれは、人類が30億年かけて成し遂げてきた進化そのもの。それを驚異的にも、受精から誕生までの２８０日の間に完了させ、赤ちゃんの誕生となるわけです。

つまり、妊娠中の一日は、１０００万年余りの進化に相当することになります。そう思うと、日々の食生活の重要さがあらためて感じられませんか？　お母さんが毎日食べたものが血液となり、その血液によって赤ちゃんは育つのですから。

お母さんが、とても甘いもの好きだったとします。するとお母さんの血中の赤血球は砂糖によって崩壊し、活性を失うことになります。その血液によってできる赤ちゃんの体は、強くて丈夫な体というわけにはいかないでしょう。では、お肉ばかり食べて野菜嫌いのお母さんだったらどうなるでしょう。これは血液の酸化をまねく、まさに生活習慣病をつく

る食事ですね。ですから、こちらの場合も、赤ちゃんの体を弱めてしまいます。

おなかの赤ちゃんを健康に導く食事、これがわかればお母さんは安心ですが、「陰陽」の考え方を応用すると、答えが出てきます。甘いもの好きのお母さんは、強い「陰」を摂っていることになり、肉好きのお母さんは強い「陽」を摂っていることになります。どちらも、体の陰陽バランスを欠いているわけです。安定を得るためには、「中庸」といって「陰」と「陽」の中間にすることが必要。そこに位置するのが、穀物です。

穀物は、体のなかでブドウ糖になるわけですが、これが妊娠中には、とても重要。受精卵から最初に発生するのは神経系で、それが脳となるのですが、人間の場合は脳の発達が優先され（動物は体の発達が優先）、妊娠の早い時期から急速に発達します。脳の栄養となるものはブドウ糖。それも、穀物のでんぷんからできたものが最高です。

穀物のなかでも、できれば玄米を食べてほしいのですが、なぜかというと、人の赤血球のナトリウムとカリウムの比率と玄米のそれが、同じ1対5だからです（玄米の場合はナトリウム群）。まけば芽の出る、生命力あふれる玄米を粒で食べるということも、体の活性化につながります。ちなみに麦の場合、粒ではなく粉で食べることが多くなり、玄米に比べてタンパク質を構成するアミノ酸の一つ、リジンが不足して、不完全栄養となります。

玄米を主体とした穀物と、やはり中庸に近いところにある野菜や海藻を摂るような食事にしていくと、お母さんの血液はとてもきれいになって、おなかの赤ちゃんもすくすく育ちます。お母さんの健康状態が普通の場合、食事の構成は、主食が60％以上、おかずは野菜と海藻で30％（ごま塩〈68ページ〉、鉄火みそ〈73ページ〉などの基本食〈60ページ〉を含む）、残りの10％はみそ汁、というのが理想的。

ただし、つわりがあったり何か症状が出ている場合は、こういった食事がおいしくないでしょうから、その場合は192ページからの食事法を参考にしてください。体が極端に陽性に傾いていたり、陰性に傾いている場合も、54ページからの体質別の食事法を参考に。

こういった妊娠中のお母さんの食べものが、まさに赤ちゃんの体をつくっていると気づかされるのは、子どもたちの生まれ月による体質や性格の違いを見たときです。

4月から9月生まれの「夏型」は、表面は強くしっかりしているように見えるけれど、案外優しい面や弱い面があります。協調性があって、行動派。消化器が丈夫なのも特徴。10月から3月生まれの「冬型」は、柔和で穏やかそうに見えて、実は意志が強く、しっかりしています。神経系が丈夫で、黙って思考するタイプ。意志強固の面があります。

これらの違いは、受胎時期の収穫物や気象状況によって生じると考えられます。精子（陰）と卵子（陽）が結合して受精卵ができ、それが分化発達して神経系（陽）と消化器系（陰）ができ、この二つをつなぐ循環器系（中庸）ができるのですが、これらの基礎ができる時期の母体の食事がキーポイント、というわけです。

「夏型」は、受胎時期に体を冷やす陰性食品が多くなりがちで、優しさや人づきあいのよさをつくる一方、主体性に欠けるというようなこともあります。一方、「冬型」の場合は陽性食が多く、新米やもちをよく食べます。この陽性さが、「冬型」の芯の強さや一つのことをし続ける持久力をつくりますが、わが道を行くといったところもあるわけです。

いずれにしても、1個の受精卵のもつエネルギーの輝きが、胎児の将来をも決定していくことは確かです。そしてその輝きを左右するものは、胎児を育むお母さんの食生活にあることを、心してほしいと思うのです。

Evolution
この一口、
何万年分の進化に
なるのかなぁ？

食をととのえて迎える出産は、トラブルが少なく、安定している

お産は、太古から行われてきた女性の生理的な現象。とはいっても、だれもがいつでも安産とは限りませんね。お産が始まってからトラブルが発生するケースも多く、予断が許されないのが現実です。

妊娠出産は赤ちゃん主導で経過するものですが、その原動力は母体であり、トラブルの原因もまた母体にあることがほとんどです。その原因は、暑さ寒さ、湿気などの外的環境からくるものもあるでしょうし、お母さんの精神状態が大きく影響することもあるでしょう。けれど、最も大きな影響力をもつのが、お母さんの毎日の食事。

お母さんが、自然の恵みいっぱいの食材を、陰と陽のバランスをととのえて食べていれば、おなかの赤ちゃんは順調に育ち、予定日前後にスムーズにお産が始まります。ところが、お母さんの食生活が乱れていれば、お産の自然な経過はさまたげられるでしょう。

お産は病気ではないので、自然の法則に従った暮らし方をしていれば、安産は保証されるはずですし、それは私自身を含め多くのお母さんたちで実証ずみでもあるのです。

安産になるか難産になるかは、母体の筋肉の柔軟性によるところが多いといわれています。未精白の穀物と野菜、海藻の食事を続けているお母さんの筋肉はやわらかく、腰が発達していて安産型です。一方、動物性食品が多い食生活のお母さんの場合、肩の筋肉が発達していて腰部は締まっています。いわゆる逆三角形の体つきで、筋肉はかたく、出産においてトラブルを起こしやすい体型です。

今から食事を変えて、体型がすぐに変わるというわけにはいきませんが、子宮口の筋肉がかた過ぎてなかなか赤ちゃんが出てこられないとか、非常に痛いお産になる、といったことは免れると思うのです。

季節によるお産への影響についても、考えてみましょう。夏のお産の場合、お母さんはどうしても薄着になりますよね。クーラーなどでも冷え過ぎてしまいがちです。なにより冷たい飲みものや夏野菜を多く摂ることでおなかを冷やし、胃腸の働きを弱めてしまって栄養不足をまねきます。その結果、お母さんの体力が弱まり、ひどい場合は、微弱陣痛や出血が多くなるなどのトラブルを起こすことになりかねません。

また、羊水の冷えは、胎児を萎縮させ、発育不良につながることもあるので、冷えには特に注意をはらいたいものです。砂糖や南国のフルーツ、アルコール、清涼飲料水などの陰性食品が体を極端に冷やしてしまう食品だということを、よく心得てください。妊娠してからごはんが食べられない、というお母さんでも、おかゆや玄米スープ（162ページ）などの摂りやすい穀物を摂ることで、トラブルは十分回避できます。

冬の妊娠生活で注意したいのは、運動不足です。胎児期は、脳細胞の発達が最優先されて、初期段階から急速に発達するのですが、これには大量の新鮮な酸素が欠かせません。運動をしているときの酸素の吸収量は、安静にしているときの3〜4倍。寒いと家にこもって、動かない生活になりがちですが、適度な運動をしていると、おなかの赤ちゃんによいだけでなく、安産にもつながります。

こういったこともふまえ、私が考える「出産心得」を記してみましょう。ラクラク産めるかどうかは、あなたの努力しだいです。

1　穀物と野菜、海藻の食事の確実な実践。少飲少食、よくかんで腹八分目（最初の一口だけ１００回数えてかむと、最後までよくかめる）。主食60％、おかず30％、汁もの10％にする。食べものによって生かされていることに、感謝する。

2　よく働き、プラス思考を心がける。

3　出産プロセスをよく理解しておく。自分が産む、という自覚をもつ。排尿調節のトレーニング（排尿の途中で何回か止める）と、腹式呼吸を練習してうまくなっておく。

4　助産師や医師とのコミュニケーションを、十分はかっておく。

5　乳房の手入れをしておく（93ページのQ12を参照）。

自然分娩の場合、赤ちゃんの誕生の準備が完了してから、母体の準備が開始されます。お産が始まると、赤ちゃんは狭い産道を回転しながら巧みに生まれ出てきますが、母子ともに苦難のときです。赤ちゃんは、生理的な圧迫を受けるのですが、そのことが赤ちゃんの生きることへの意志を強め、同時にお母さんの母性を促す、それが自然の摂理です。

ですからお産がまったく痛くない、ということはありえないのですが、それを軽くすることも重くすることもできるのが、食事なのです。

穀物・野菜・海藻の食事で、子どもの体づくりは万全！

「元気を絵に描いたよう」とは、かつて子どもを表現する言葉でした。けれどその常識も今や過去のものとなり、公園に行ってわずか数人の子どもたちに聞いただけで、一人二人のアトピーやぜんそくもちの子に出くわすのはあたりまえという時代になりました。いったいどうして、こんな事態になってしまったのでしょう。

妊娠すると、胎児の発育のためにと「ごはんは残しても、おかずをしっかり食べて。動物性タンパク質は忘れずに」「貧血にはレバーを」「食間には牛乳を」、といったアドバイスを受けるのが普通です。どれも、昔からの日本の食習慣にはなかった食べものばかり。子どもたちの食事内容を見ても、主食離れと肉類の過食が目立ち、スナック菓子や清涼飲料水の摂取量は大人以上という子も珍しくありません。

欧米人に比べ、長い腸をもつ日本人が肉の過食をした場合、消化しきれないものが腸のなかに長時間残って有毒ガスを発生させます。そうなると、腸内は悪玉菌の巣窟《そうくつ》となり、便秘になったり、免疫力を落としたりするのです。そしてこれが、アトピーやぜんそくなどのアレルギーの原因となり、生活習慣病をも引き起こすことになります。

やむなく肉、魚介類、卵などを食べるときには、重さにして3倍の野菜と、主食を必ず摂るようにすると、害は少し防げます。けれど先ほども述べたように、肉の陽性を摂った子どもたちは、体のバランスをとるために、反対の陰性を甘いものや清涼飲料水に求めてしまいがちです。

この子どもたちの肉食過多の背景には、大人たちの強い動物性食品信仰があります。体をつくるのは、肉や魚だという栄養学の教育効果でしょう。けれど、狂牛病やＳＡＲＳ（新型肺炎＝重症急性呼吸器症候群）、鳥インフルエンザなどの発症を機に、一時的にでも牛肉や鶏肉の消費減少が起こり、自然食への関心は高まっています。「穀物菜食」、あるいは穀物菜食の基盤となる理論の「マクロビオティック」をうたった書物もたくさん出版されるようになりました。

そんななかで、穀物や野菜、海藻という食生活に切り替えた家庭もずいぶんふえたのですが、はたして成長期の子どもたちに、動物性タンパク質を摂らせなくてもだいじょうぶなのか、と悩んでいる人は多いようです。結論から言いますと、動物性タンパク質は、まったく必要ありません。玄米と大豆（調味料を含む）、野菜、海藻で、栄養的には十分。

タンパク質は、アミノ酸にすべて分解されて体に吸収され、個人固有のタンパク質に再合成されてから活用されるものです。それが動物性タンパク質であっても、植物性タンパク質であっても、同じ。動物性タンパク質のほうが良質だという見解は誤りなのです。そして植物性タンパク質というと、豆腐を代表とする大豆製品を思い浮かべるかもしれませんが、小麦グルテンを使った麩やコーフー（67ページ）なども高タンパクですし、なにより毎日食べるごはんのなかにタンパク質は含まれているのです。それが玄米であれば、良質なタンパク質が豊富であることは、食品成分表を見ても明らか。必須アミノ酸をみても、玄米ごはんとみそ汁の組み合わせは、過不足なく摂れ、まさに完ぺきです。

「子どもの体づくりは、植物性食品だけでだいじょうぶなんだ！」と少しは安心していただけたでしょうか。ただし、今までの食事から動物性食品を抜いただけでは失敗します。

穀物と野菜、海藻の食事を実践するにあたっては、陰陽論に基づいた食べ方や調理法などを学んでほしいのです（参考になる本は280ページ）。でも、しっかり勉強してからでなければ始められないわけではありません。実践のなかに、学べることもたくさんあります。

平成8年、「成人病」が「生活習慣病」という呼び名に変わりました。その背景には、成人病の低年齢化があり、自分の健康は自分で守るという自覚と実行することの難しさがあります。あふれかえる健康情報のなか、知識はあっても行動に移せない人がほとんど。何をどれだけ、どう調理して、どう食べるのか、各家庭ごとに食卓を介して学習してきた食文化の伝承は、受け継がれることはありませんでした。

その結果、未来を託す子どもたちの体が、アレルギーや生活習慣病予備軍といった問題をかかえるようなことになってしまったのです。その原因が大人たちにあることは、明白。特にお母さんの誤った食にあるということを、ここではっきりと言っておきたいのです。この大きな問題の解決に向かって、一人一人が正面から取り組んでいかなくてはならないということを提言したいからです。

「食は飢えぬ程度
　衣は寒さをしのげる程度
　家は雨がもらない程度」

マクロビオティックの創始者、桜沢如一先生の教育方針です。丈夫な子どもを育てるために、いま私たちが指針とすべきは、この言葉かもしれません。

玄米＆みそ汁は
完ぺきな組み合わせだよ！
魚も
肉も
卵も
牛乳も
MILK
いらないよ！
Big
玄米パワーで
元気いっぱーい！

基本の原理から知っておこう！

穀物・野菜・海藻の食事の根本にある「陰陽」の話

宇宙に存在するすべてのものが、二つの要素でできている

長生きの人と短命な人がいるのはなぜ？　怒りっぽい人と穏やかな人、せっかちな人とのんびり屋さんの体の違いは？　お金に困る人とお金に困らない人の違いは何？　失恋ばかりする人と、モテモテの人との差は？　こんな疑問にすべて答えられるのが、「陰陽」という考え方。「無双原理」と呼ばれています。

もともとは、中国の伝説上の皇帝伏羲《ふっき》が発見したといわれる自然の法則で、「易経」として残されたもの。それを日本の桜沢如一先生がずっとあとになって、わかりやすくまとめたものが「無双原理」です。

「陽」は、中へ中へと向かう回転、つまり求心力。締めるエネルギーです。そして「陰」は、外へ外へと向かう回転、つまり遠心力で、ゆるめるエネルギー。この相反する二つのエネルギーによって宇宙のあらゆる現象が起こり、万物が成り立っていると考えます。

男（陽）がいて女（陰）がいるのも、昼（陽）があって夜（陰）があるのも、夏（陽）

が来て冬（陰）が来るのも、みんなこの二つのエネルギーの働きによるもの。光（陽）と影（陰）、動物（陽）と植物（陰）、怒り（陽）と哀しみ（陰）、生（陽）と死（陰）。見渡せば、何もかもが太陽（陽）と月（陰）のごとく見えてきませんか？

「陰陽」は自然の法則。その法則に従うことが健康と幸せのカギ

「陽」のものは、必ず「陽性」のファクターをもっていますが、それは、「求心力、収縮、小さい、短い、重い、かたい、下降、速い、熱い、暑い、右、後ろ、活動、ナトリウムが多い、乾いている」など。反対の「陰」のものは、「陰性」のファクターをもっていて、それは「遠心力、拡散、大きい、長い、軽い、やわらかい、上昇、遅い、冷たい、寒い、左、前、静寂、カリウムが多い、湿気がある」など。中間は「中庸」と呼びます。

絶対的な「陽」とか、絶対的な「陰」というものはなく、「陰陽」は常に相対的なもの。必ず比較においてとらえます。ほかにも「陰と陽のエネルギーはお互いに補い合う」とか、「陽と陰は互いに引き合う」「陽と陽、陰と陰は反発する」「陰が極まると陽が生じ、陽が極まると陰を生じる」など、陰陽には決まりごと（定理）があります（48ページを参照）。

この「陰陽の法則」でみると、人間は活動するので、動かない植物に比べ、陽性です。陽性な人間と陰性な植物は引き合いますが、同じように活動する陽性な動物とは反発し合います。だから人は植物（穀物、野菜、海藻）を食べるのが、理にかなっているのです。

人が健康で、幸せであることは、自然の法則に則《のっと》って生きている証。そしてその法則の根源は、「陰」と「陽」です。幸せの扉を開くカギは、実はとてもシンプルだったのです。

陰と陽の基礎知識

陰と陽の決まりごと

① 陰は陽を引きつけ、陽は陰を引きつける

それゆえに、男（陽）は女（陰）にひかれ、女は男にひかれるのです。活発な人（陽）とおとなしい人（陰）が親友同士になるわけもここに。

② 陽と陽は反発し、陰と陰は反発する

気の強いおしゅうとめさんと強いタイプのお嫁さんがいつもぶつかるのは、陽と陽だから。お嫁さんが優しさの陰性をもって接すれば、うまくいくはず。

③ 陰陽は比較でとらえるもの。
絶対の陽、絶対の陰、中性は存在しない

のろまの亀に比べ、ピョンピョン走るウサギは陽性。ところが、ブンブン速く飛ぶ、小さな体のハチと比べれば、ウサギは陰性と判断されます。「ウサギは陽性」とか「ウサギは陰性」などとは、決めつけられません。

④ 万物の中心は陽で、外側は陰である

梅の実や桃を思い浮かべてみてください。やわらかい果肉の内側に、かたい種。人の体も、中心はかたい骨です。

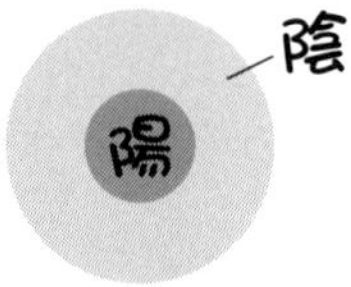

⑤ 陰が極まると陽が生じ、
陽が極まると陰を生じる

遠心力は外に広がりきって弱まると、内に曲がって求心力に変化。この求心力も中心まで行きつくと、遠心力に変わってまた外へ向かいます。人の体も過度に陽性食品を食べていると、最初は元気になっても、しだいに疲れやすい、だるい体（陰）になってしまいます。

陰陽ファクター

陰	陽
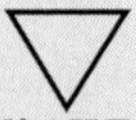	
＜陰の記号＞	＜陽の記号＞
遠心力	求心力

ゆるめるエネルギー	締めるエネルギー
拡散	収縮
大きい	小さい
長い	短い
高い	低い
軽い	重い
やわらかい	かたい
遅い	速い
冷たい	熱い
寒い	暑い
色が薄い	色が濃い
上昇	下降
上	下
左	右
前	後ろ
静寂	活動
カリウムが多い	ナトリウムが多い
湿気がある	乾いている
暑い土地でとれる	寒い土地でとれる
地上で縦に伸びる	地上で横に伸びる
地中で横に伸びる	地中で縦に伸びる

陰陽の実生活応用編

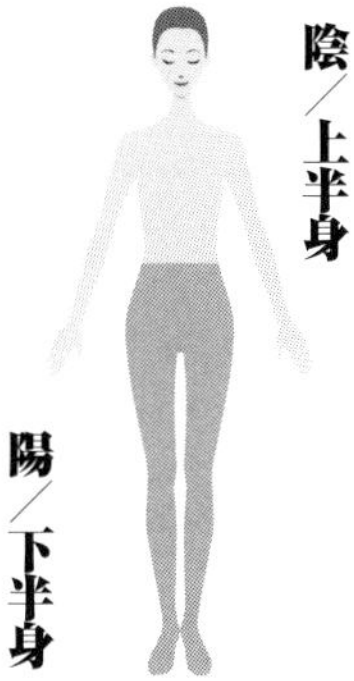

体のなかでも静的な脳が、最も陰性。活動的な足は、最も陽性です。

明るくにぎやかな昼は陽性で、暗く静かな夜は陰性。そして昼の太陽は陽性で、夜に出る月は陰性です。

動きまわる動物は陽性で、動かない植物は陰性。動物も植物も、生息する場所の気候風土によって陰陽に差のあるものが発生しています（食べものについては、50ページを参照）。

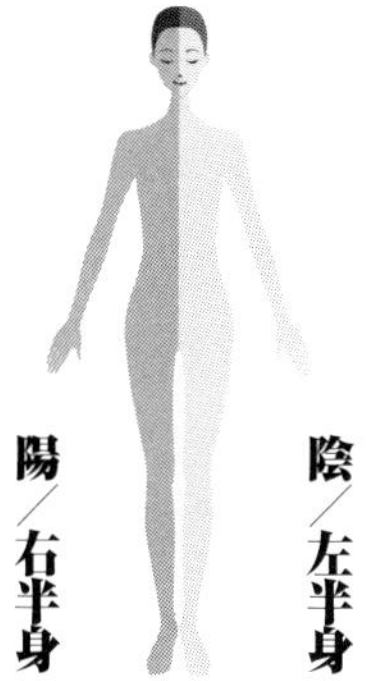

肩こりも右側は陽性な動物性食品の過食が原因で、左側は砂糖などの陰性食品が原因。

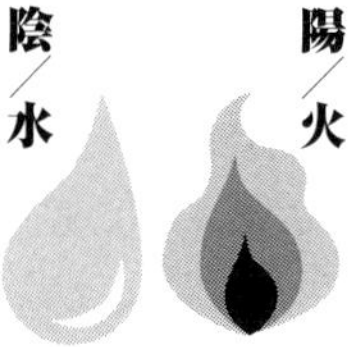

熱く燃えさかる火は陽性で、冷たい水は陰性。この陰陽が料理の基本です。

高い山は陰性な場所で、潮風と太陽を浴びる海は陽性な場所。だから、山登りの好きな人には陽性タイプが多いのです。陰性な子は海に連れていくといい、ともいわれています。

男性は陽性で、女性は陰性。けれど、男性のなかにも女性のなかにも陽性タイプと陰性タイプがいます（54ページを参照）。

子どもは大人に比べて陽性。赤ちゃんはもっと陽性で、胎児はさらに陽性です。

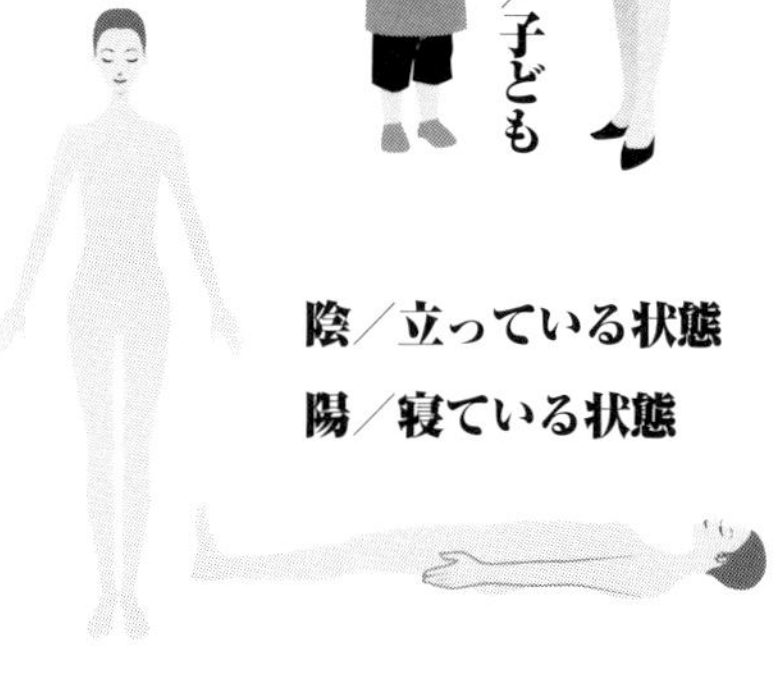

昼の陽性な時間には陰の姿勢で活動し、夜の陰の時間には陽の姿勢になって、人は自然とバランスをとっています。

体を動かしている状態は陽性で、じっとして読みものや書きものをしている状態は陰性。体が陽性ならスポーツ好き、陰性なら読書や勉強を好みます。

食べものの陰陽比べ

地上で育つしいたけに比べ、冷たい海という陰性な環境で育つ昆布のほうが、ずっと陽性。だから昆布だし汁のほうが陽性で、陰性体質向き。しいたけだし汁のほうが陰性で、陽性体質向き。

陽／昆布(乾物)

陰／干ししいたけ

陽／干ししいたけ

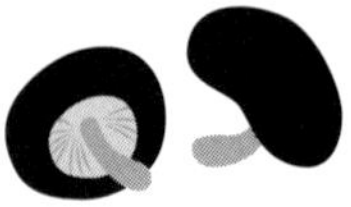

陰／生しいたけ

生のしいたけよりも、天日で乾燥させた干ししいたけのほうが、水分が少ないので陽性。生しいたけを炒めると、水分がたくさん出ることからもわかる。

地上で縦に伸びる小松菜のほうが陰性で、地中で縦に伸びる大根のほうが陽性。

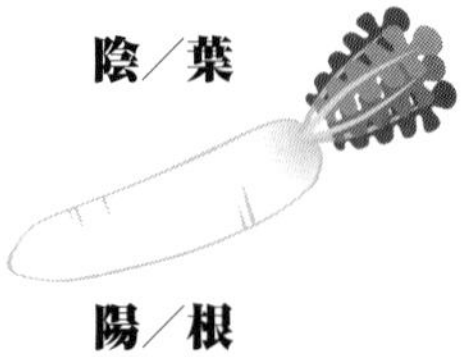

地上で上に向かって伸びる葉のほうが陰性で、地中で下に向かって伸びる根のほうが陽性。

小松菜と比べると陽性と判断された大根も、もっと地中深く伸びるごぼうに比べれば、陰性。さらに深く伸びるじねんじょは、とても陽性な食品。

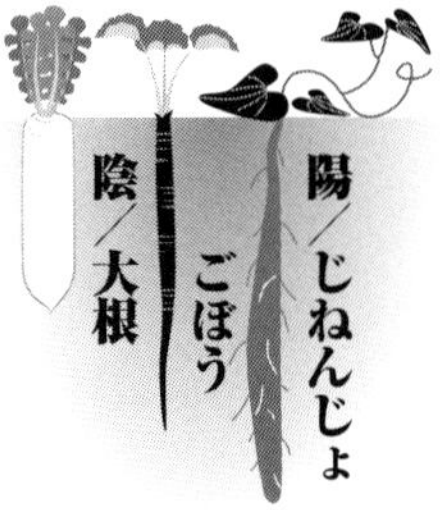

陰性 ◀……… 中庸 ………▶ 陽性

デザート	野菜・海藻のおかず	めん・ごはん	肉・魚・卵のおかず					
発酵させた料理	生で食べる料理	ゆでた料理	炊いた料理	蒸した料理	煎った料理	焼いた料理	炒めた料理	揚げた料理
玄米がゆ	炊飯器で炊いた玄米ごはん	土鍋で炊いた玄米ごはん	カムカム鍋で炊いた玄米ごはん	麦入り玄米ごはん（圧力鍋）	圧力鍋で炊いた玄米ごはん	雑穀入り玄米ごはん（圧力鍋）	玄米の焼きおにぎり	玄米の揚げおにぎり
そうめん	ザルうどん 冷製スパゲティ	ザルそば	温スパゲティ	煮込みうどん（しょうゆ味）	煮込みうどん（みそ味）	かけそば		

体の陰陽チェック

チェックポイント	陽性	中庸	陰性
便の色	黒っぽい	黄色〜茶色	黄土色〜緑っぽい（白っぽいのは病的）
便の量	少ない	バナナ大	多い
便のかたさ	かたい	普通	やわらかい
尿の色	濃いビール色	薄いビール色	透明または透明に近い（赤みがあるのは病的）
尿の量	少ない	普通	多い
尿の回数（男性）	一日３〜４回	一日４〜５回	一日６回以上
尿の回数（女性）	一日２〜３回	一日３〜４回	一日５回以上
顔色	赤ら顔	薄いピンク	青白い
声（大きさ）	大き過ぎる	力強い	かぼそい

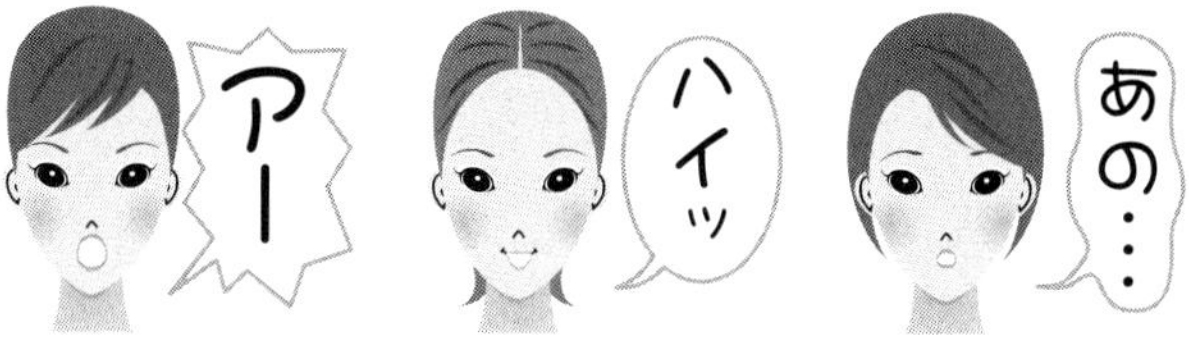

チェックポイント	陽性	中庸	陰性
声（トーン）	低い	普通	高い
体温	高い	ちょうどよい	低い
血圧	高い	ちょうどよい	低い
まぶたの裏の色	赤っぽい	薄いピンク	白っぽい
生理周期	短い	28〜30日	長い
血が出たとき	すぐ止まる	止まりやすい	止まりにくい
話すスピード	早口	普通	遅い
行動	せっかち	リズミカル	スロー
気分	短気	普通	気長
食欲	大食	普通	少食
目	細い	普通	大きい

食べものの陰陽表（目安）

庸 ……… ▶ 陽性△

火・求心力・ナトリウムの多いもの

穀物類

- ひえ
- セイタン
- たかきび
- 玄米
- 生コーフー
- 粟
- 赤米
- そば

調味料

- たくあん
- 寒漬け
- みそ（天然・古式のもの）
- 精製塩
- しょうゆ（天然・古式のもの）
- 梅干し
- 自然塩

野菜 野草

根菜

- ごぼう
- にんじん
- かぼちゃ
- たんぽぽの根
- じねんじょ
- れんこん

肉類

- 鶏肉
- マトン
- 豚肉
- 牛肉

卵
有精卵
（手当てに）

海藻

海藻

- ひじき
- のり
- 昆布
- わかめ

魚・貝

川魚

- 鯉
- たこ
- はまぐり
- 小魚
- うなぎ

えび かに

- かき
- かに
- 伊勢えび
- ひらめ
- ます

近海

遠海

- たい
- いわし
- あじ
- くじら
- まぐろ
- さば
- ぶり

その他

- コーレン
- チーズ
- 梅しょう番茶
- ヤンノー
- トマトケチャップ
- しょうゆ番茶
- 卵醤
- くず湯
- たんぽぽコーヒー
- 各種黒焼き
- 番茶

黄	橙	赤	赤外線	色の陰陽	
しおからい	苦い		渋い	味の陰陽	

※細字の食品は穀物菜食の範囲外となります　※鯉、小魚、かきは急場に使用。

▽陰性◀……………………………中

水・遠心力・カリウムの多いもの

K／Na=5〜7

香辛料

■わさび　■しょうが
■こしょう　■カレー
■とうがらし　■ローリエ
■からし　■にんにく

穀物

■イーストパン
■マカロニ
■天然酵母パン
■とうもろこし
■スパゲティ
■うどん　■もち
■黒米　■きび
■麦類

なす科・芋類・葉菜

■ハーブ
■カリフラワー　■ねぎ
■ブロッコリー　■菜の花
■なす　■たけのこ　■里いも　■きゅうり　■キャベツ　■小松菜
■トマト　■もやし　■さつまいも　■絹さや　■パセリ　■白菜
■生しいたけ　■えのきだけ　■セロリ　■いんげん　■よもぎ
■じゃがいも　■干ししいたけ　■グリーンピース　■大根
■ピーマン　■こんにゃく　■ほうれん草　■玉ねぎ

果物

■バナナ
■いちじく
■パイナップル
■メロン
■ぶどう
■桃　■みかん
■柿　■すいか
■いちご　■りんご
■さくらんぼ

豆類

■そら豆　■ゆば　■あずき
■うずら豆　■厚揚げ
■白いんげん豆　■がんもどき
■ひよこ豆　■油揚げ
■高野豆腐
■豆腐
■豆乳　■納豆　■きな粉　■ごま

その他

■白砂糖　■化学調味料　■黒砂糖　■玄米甘酒　■はぶ茶
■はちみつ　■アイスクリーム　■トマトピューレ　■菜種油　■紅茶
■合成酢　■砂糖菓子　■ビール　■ヨーグルト　■紅花油
■ウイスキー　■みかん・りんごジュース（天然果汁）　■ごま油
■コーラ（砂糖入り飲料）　■コーヒー　■牛乳　■オリーブ油　■玄米スープ
■日本酒（自然酒）
■麦茶　■緑茶　■ピーナッツバター　■練りごま

紫外線	紫	藍	紺	緑
えぐい	辛い		酸っぱい	甘い

陰陽でみた体質別食事法

体に痛いところやかゆいところがあったり、何か具体的な症状が出ているのは、体の陰陽バランスをくずしている証拠。今までは「体質だから」とあきらめていた人もいるでしょうが、体質は食事によって変えることができるのです。

めざしたいのは、いつも元気ではつらつとした健康体。やせ過ぎず、太り過ぎず、バランスのとれたこの体質は、陰陽の法則でいうと「中庸」。この本では「まんなかタイプ」と呼ぶことにします。

体が陰性に傾いた人たちは、水太りの「陰性の肥大」と貧血型の「陰性の萎縮」の二つの体質に分けられます。前者を「ぷよぷよタイプ」、後者を「ひょろりんタイプ」と呼びます。体が陽性に傾いた人たちは、固太りの「陽性の肥大」とグッと締まった「陽性の萎縮」の二つに分けられ、前者を「がっぷりタイプ」、後者を「かちかちタイプ」とします。

陰性が多過ぎる「ぷよぷよタイプ」は陰性食品を控えた食事、陽性が足りない「ひょろりんタイプ」は陽性食品をしっかり食べる食事、陽性が多過ぎる「がっぷりタイプ」は陽性食品を控えた食事、陰性が足りない「かちかちタイプ」は陰性食品をもっと食べる食事をしていくと、しだいに「まんなかタイプ」に近づいていきます。

注意したいのは、体が変化していることに気づかずに同じ食事を続け、中庸を通り越して、また違う偏った体質になってしまうこと。例えば、「ひょろりんタイプ」の人が陽性食品ばかり食べ続けていて、「かちかちタイプ」になってしまうことはありがちです。

まんなかタイプ（中庸）

バランスのとれた、理想の健康体です。体型は、太り過ぎずやせ過ぎず。快食快便で、疲れにくく、毎日を元気に過ごせます。

性格　意志強固で、実行型。穏やかな人柄。

食事の注意点　“身土不二”と“一物全体”（右記を参照）を基本にし、陰陽両極端の食事を避けて、穀物、野菜、海藻の食事の範囲であれば、自由に。ただし、陰陽どちらかの体調に傾いたときは、ほかの四つの体質の食事を参考にすること。

食事　主食／圧力鍋で炊いた玄米ごはん【20】を主体に、カムカム鍋【262】で炊いた玄米ごはん、炊飯器で炊いた玄米ごはん、あずき入り玄米ごはん【21】、玄米がゆ【23・86】、めん類、玄米もち、天然酵母パンなどを組み合わせて。

みそ汁／基本は昆布だし汁【28】4に対し、しいたけだし汁【28】1を使用し、具を炒めて、豆みそ【83】と麦みそ【83】を半々で作る。夏季は具を炒めずに、しいたけだし汁と麦みその割合をふやして少し陰性に。

おかず／食事全体の$\frac{1}{3}$〜$\frac{1}{2}$くらい。穀物、野菜、海藻の食事の範囲の食材を使って、調理法は自由に。

食品　穀物、野菜、海藻の食事の範囲内のものすべて（52ページの食べものの陰陽表を参照）。

飲みもの　女性の場合、尿が一日に3〜4回、男性の場合4〜5回程度になるくらいに、飲みものの分量を調整する。三年番茶【156】、麦茶（夏季）、はと麦茶、ウーロン茶、果汁【163】など自由。

入浴　自由。

◎身土不二（しんどふじ）
「身」は体で、「土」は風土、環境ともいえます。そして「不二」は一つであるということ。その土地、その気候と体が一体である、ということを表す言葉です。
　昔は「一里四方のものを食べているとよい」とされていましたが、現代的な解釈では、旬のもの、国産のものと考え、大きな意味で、生産の過程が自然なものを指します。

◎一物全体（いちぶつぜんたい）
　文字どおり一つのもの全部、という意味。一つのものは、陰陽のバランスがととのっているので、玄米を削った白米や、皮をむいた野菜を食べるとバランスを欠いた食事に。皮や胚芽に含まれる、大切なビタミンやミネラルを捨てていることになります。

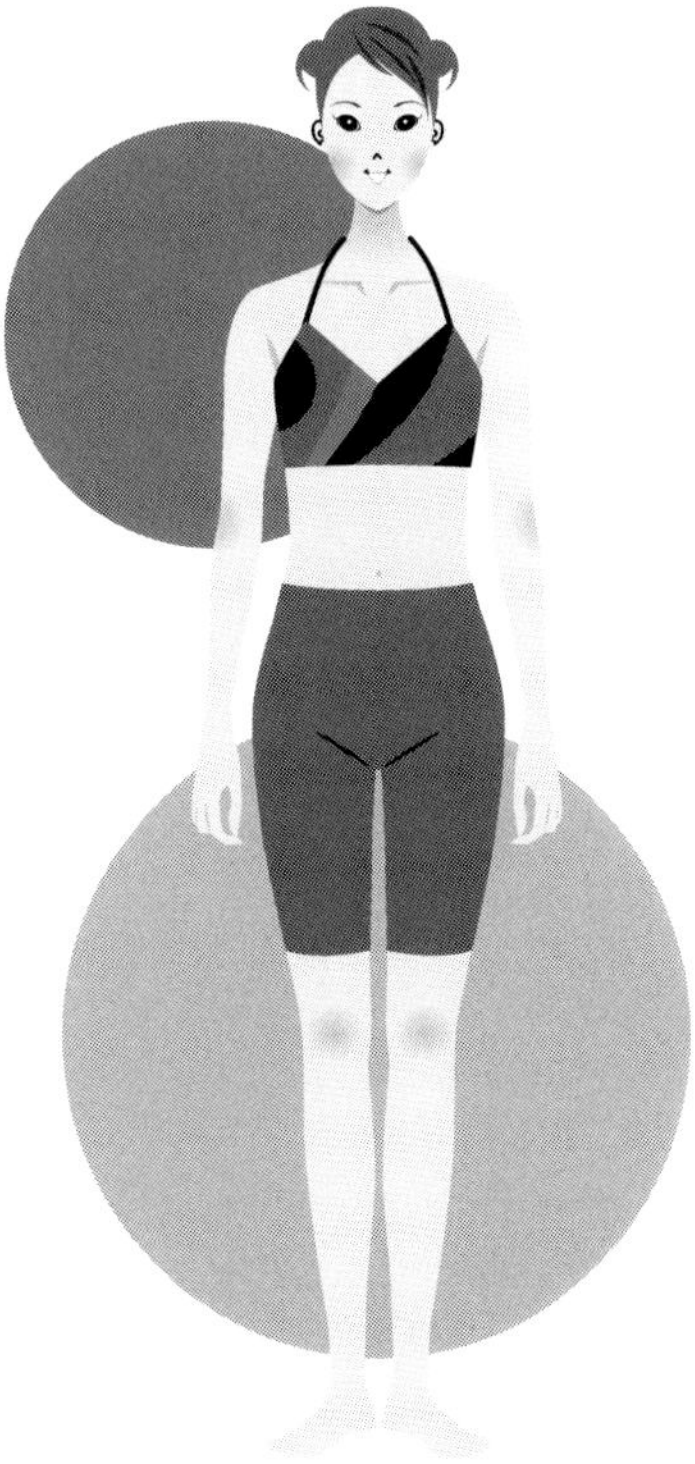

ぷよぷよタイプ（陰性の肥大）

水分と脂肪、甘いものや果物の摂り過ぎで肥満になっている、いわゆる水太りタイプです。ほとんどの人が甘党。

性格 万事スロー。控えめ、消極的。

食事の注意点 主食を多く、おかずを少なくする（主食の1/3以下に）。陰性食品（甘いもの、果物など）をやめる。湯茶を少なくする。しっかり火を入れたもの、塩気を効かせたもの、時間をかけた料理を食べる。温かいものを食べる。あずきかぼちゃ昆布【61】、あずき昆布【62】、ひじきこんにゃく【77】をたびたび摂る。

食事 主食／圧力鍋で炊いた玄米ごはん【20】、あずき入り玄米ごはん【21】、雑穀入り玄米ごはん【69】、玄米もち【86】、そば、うどん、ほうとう【78】、スパゲティ、おやき【27】。

みそ汁／昆布だし、麦みそと豆みそを使用。具を炒めてから、だし汁で煮る。

おかず／7対3または8対2のごま塩【68・85】を多めに。鉄火みそ【73・85】、きんぴらごぼう【64】、白ごまのふりかけ【71】、ひじきれんこん【77】、ひじきこんにゃく【77】、昆布のつくだ煮【68】、のりのつくだ煮【75】、焼きのり、みそ料理、根菜料理、天ぷら、コーフー料理【67・85】、野菜とセイタンの炒めもの【12】、切り干し大根やれんこんの料理、けんちん汁【65】、あんかけ料理、梅干し、たくあん、寒漬け大根【63】、おにぎり、炒め煮（水分は少なく）。

食品 玄米、雑穀、玄米もち、雑穀粉、あずき、黒豆、いんげん豆、えんどう豆、ごぼう、大根、れんこん、にんじん、ゆりね、じねんじょまたは山いも、さといも、さつまいも、春菊、京菜、白菜、ふき、キャベツ、もやし、えのきだけ、八つ頭、玉ねぎ、ねぎ類、ごま（白、黒）、かぼちゃ、わかめ、ひじき、昆布、高野豆腐、油揚げ、かんぴょう、切り干し大根、ごま油、菜種油。症状によっては指導のもとで、鯉、有精卵、うに、かき、小魚。

飲みもの 三年番茶【156】、塩番茶【157】、ヤンノー【169】、たんぽぽコーヒー【172】、しょうゆ番茶【156】、梅しょう番茶【156】。

入浴 しょうゆ番茶か、梅しょう番茶を飲んでから入るとよい。

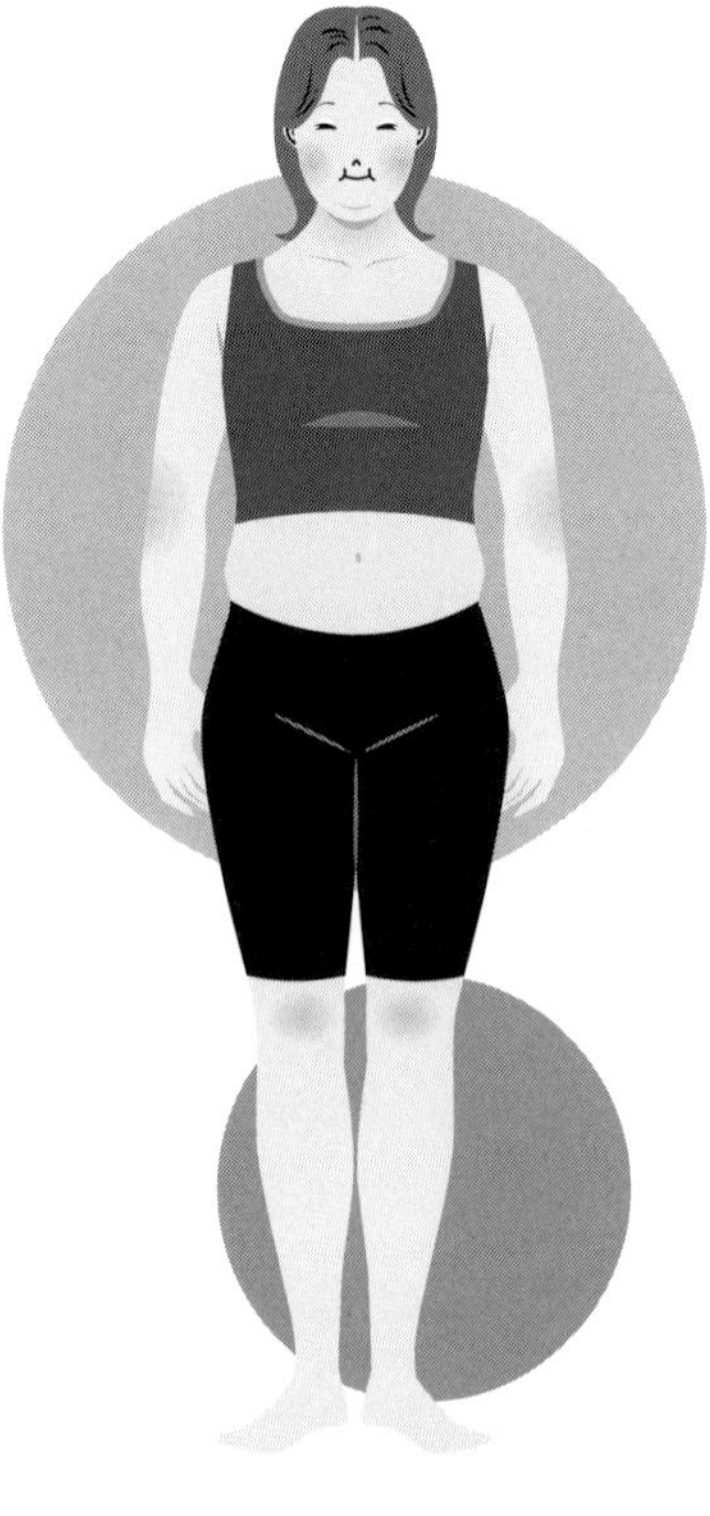

ひょろりんタイプ（陰性の萎縮）

陰も陽も、両方とも不足している貧血型です。体全体が萎縮していて、吸収が悪いので太れず、体力がありません。体の機能が弱っていて、病気であったり、何か症状がある人。

性格　覇気がなく、無気力。消極的。

食事の注意点　主食を多く、おかずを陽性にして少なくする（主食の1/3以下、またはおかずなしでも）。湯茶は量を少なくする。場合によっては、指導を受けて病人食を。温かいものを食べる。あせらずに、時間をかけて改善する。

食事　主食／圧力鍋で炊いた玄米ごはん【20】、雑穀（粟、きび）入り玄米ごはん【69】または時間をかけて作った玄米がゆ【23・86】、玄米クリーム【65・86】、かけそば【63】、そばがき【72】、みそおじや【22】、ほうとう【78】。

みそ汁／昆布だし、豆みそを使用。具はわかめ、玉ねぎ、長ねぎ、油揚げ、とろろ昆布、場合によって玄米もち。具を炒めてから、だし汁で煮る。

おかず／7対3または8対2のごま塩【68・85】を多めに。鉄火みそ【73・85】を多く。きんぴらごぼう【64】、ひじきれんこん【77】、ひじきこんにゃく【77】、ねぎみそ【75】、たけのこ昆布【73】、油みそ【62】、昆布のつくだ煮【68】、のりのつくだ煮【75】、焼きのり、うにの塩辛【62】、ひじきの油炒め【77】、けんちん汁【65】、切り干し大根と高野豆腐の煮もの【64】、根菜の天ぷら（【14】、根菜で作り、天つゆを一度煮て大根おろしを）、コーフー料理【67・85】、油揚げやゆばの料理、大徳寺納豆、みそ漬け、寒漬け大根【63】、たくあん、梅干し。

食品　食養療法的食品を、厳選のこと。特に添加物や農薬は影響が大きいので注意。使ってはいけない食品は、夏野菜、なす、きのこ類、いも類、豆腐、納豆、果物。天然酵母パンは指導を受けている場合、特別許可のあるときのみ。めん類は煮込むこと。症状によっては指導のもとで、有精卵、かき、うに、小魚。

飲みもの　塩番茶【157】、しょうゆ番茶【156】、梅しょう番茶【156】、ヤンノー【169】、たんぽぽコーヒー【172】。

入浴　厳禁。入るなら半身浴にし、入浴前か後にしょうゆ番茶【156】か梅しょう番茶【156】。

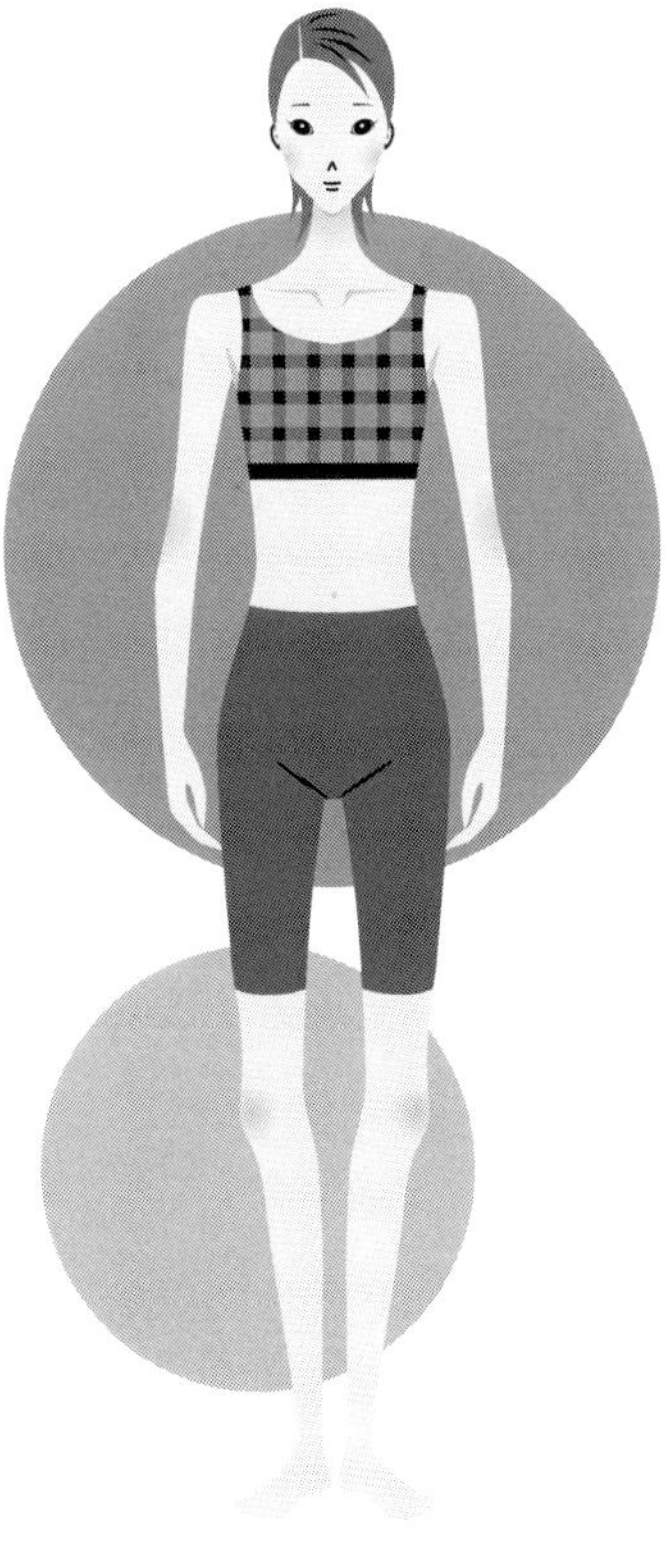

がっぷりタイプ（陽性の肥大）

暴飲暴食の傾向があり、陰性食品も陽性食品も食べ過ぎて固太りになった多血型です。元気そうに見えても、生活習慣病が進行中。バイタリティはありますが、脳や心臓の病気で倒れやすいタイプ。

性格　行動が速く、すぐにカッとなりやすい。

食事の注意点　過食をつつしみ、玄米に限らず、分搗《づ》き米【21】や発芽玄米【84】、うどん、そば、パンなどから、食べやすいものを。主食を少なくし、野菜を多く（おかずを食事全体の$\frac{1}{2}$以上に）。基本食【60】はほとんど不要。おいしければ少量。塩気を薄く。油はあまり必要ない。材料の切り方は大きくし、短時間の調理（煮込まない）。サラダやあえもの、ゆでたもの、無塩食に近い食事が向く。酢、香辛料、ハーブ類を使ってよい。湯茶は飲みたいだけ。

食事　主食／土鍋や普通の鍋、炊飯器で炊いた玄米ごはん、五分搗き米ごはん【21】、発芽玄米ごはん【76】、黒豆入り玄米ごはん【21】、麦入り玄米ごはん【79】、玄米がゆ【23・86】、天然酵母パン、めん類。

みそ汁／昆布だし汁【28】としいたけだし汁【28】、麦みそ【83】を使用。好みの具を使い、具によっては炒めなくてもよい。

おかず／8対2のごま塩【68・85】をパラッとかける程度。10対1の白ごま塩可。野菜の天ぷら（大根おろしを多め）、八宝菜【76】、野菜とセイタンの炒めもの【12】、豆腐料理、厚揚げ、がんもどき料理、季節の豆料理、サラダ、酢のもの、おひたしなどを多く。浅漬け、生野菜。

食品　玄米、分搗き米、発芽玄米、押し麦、丸麦、小麦粉、とうもろこし、豆類、大根、にんじん、れんこん、八つ頭、さといも、じゃがいも、さつまいも、大根葉、にんじん葉、春菊、京菜、キャベツ、カリフラワー、ブロッコリー、白菜、もやし、しいたけ、きのこ類、せり、たけのこ、玉ねぎ、ごま(白)、なす、トマト、かぼちゃ、きゅうり、わかめ、昆布、のり、とろろ昆布、もずく、豆腐、高野豆腐、厚揚げ、油揚げ、切り干し大根、すいか、メロン、りんご、みかん、いちご、レモン、納豆、香辛料。

飲みもの　はぶ茶【171】、はと麦茶、生水、ウーロン茶、果汁【163】、野菜スープ【168】、ハーブティー。

入浴　自由。サウナも、体に蓄積された塩気を抜くことになってよい。

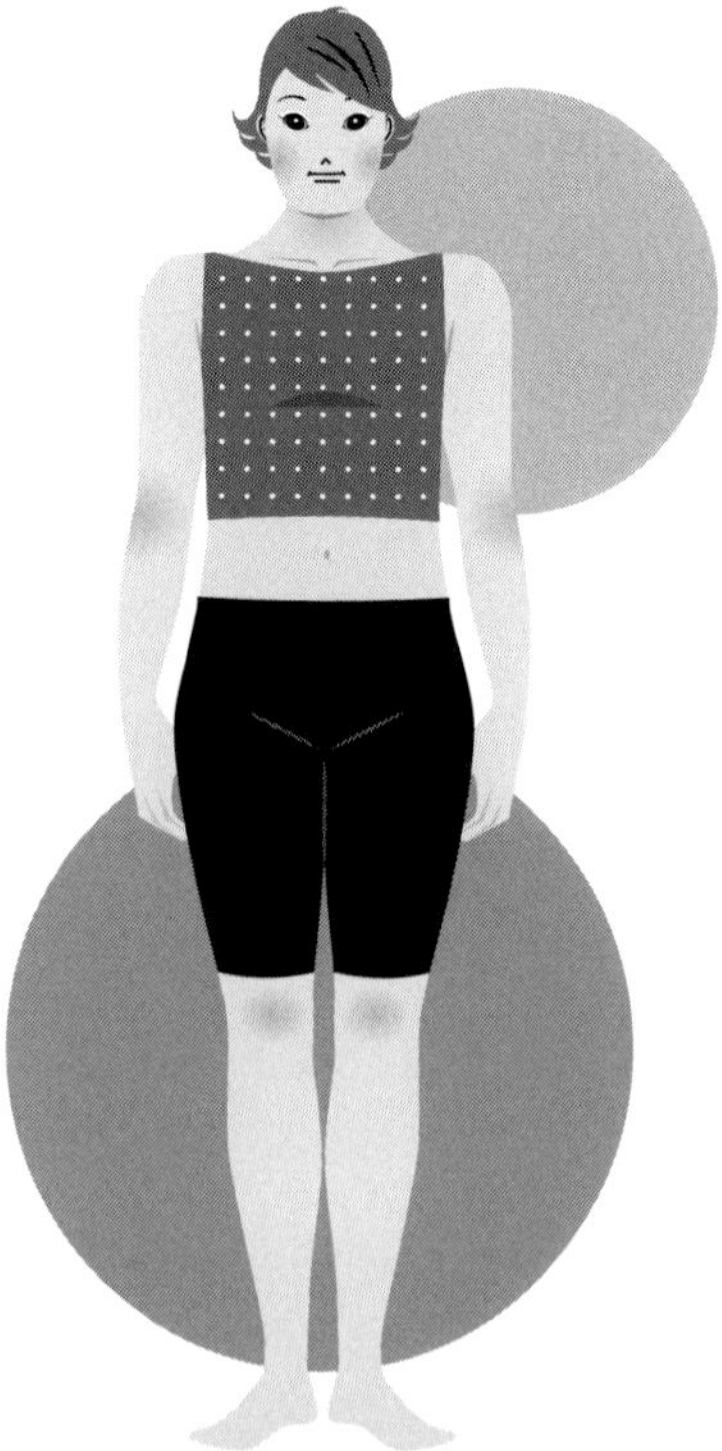

かちかちタイプ（陽性の萎縮）

体が陽性になり過ぎて、カチカチに締まった筋骨型。しょっぱいもの好きや、野菜嫌いで肉好きの人に多く、長年陽性食を心がけてきた玄米食者にも多くみられます。

性格　威勢はよいが、体もものの考え方もかたくて、協調性がない。頑固。

食事の注意点　陽性食に対する執着を捨て、自分の体が要求するものを食べてみる。ただし、動物性食品、三白（白米、白パン、白砂糖）は避けること。主食はやわらかいものを。おかずは食事全体の1/3〜1/2くらいで、自分に合う適量を。塩気は少なく、おいしいと思う味に。温かいものを摂る。調理時間は普通に（よく煮込む必要もないので、好みで）。

食事　主食／玄米ごはん【20、水をふやして、やわらかめに炊く】、玄米がゆ【23・86】、あずき入り玄米ごはん【21の黒豆入り玄米ごはん】、赤飯【72】、麦入り玄米ごはん【79】、玄米もち、めん類、天然酵母パン、ほうとう【78】。

みそ汁／昆布だし汁【28】としいたけだし汁【28】、麦みそ【83】と豆みそ【83】を使用。具によっては、炒めなくてもよい。

おかず／8対2のごま塩【68・85】は好きなだけ。穀物と野菜、海藻の食事を幅広く。しぐれみそ【70】、白ごまのふりかけ【71】。基本食【60】は自由に。そのほかに季節の野菜料理。揚げものなど適宜。ときには豆腐料理も。青菜のごまあえ【61】。白い野菜を多く。

食品　穀物、野菜、海藻の食事の範囲内のものすべて（52ページの食物の陰陽表を参照）。特にもち。

飲みもの　普通に。

入浴　自由。特に温泉がよい。

◎赤ちゃんの食事

離乳食の初めは、主食100%に。おもゆ【62】や玄米クリーム【65・86】を薄めて与え、月齢が小さいときは濃度を薄くし、徐々に野菜を加えていく。月齢が進むにしたがって野菜をふやし、主食の濃度を濃くしていって、玄米がゆ【23・86】に移行する。ただし、消化能力には個人差があるので、便を見ながら段階を進めて行くこと。

◎幼児の食事

主食50%、おかず50%前後が目安だが、食べる時間によって、または日によって子どもの食べ方は異なるので、本人の要求を重視すること。多少ムラがあっても、一日のうちにバランスがとれていることが多いので、あまり心配しなくてもだいじょうぶ。

毎日の献立に
取り入れられる

おいしく食べて体質、症状がよくなるレシピ

この症状の緩和には、このおかず、こんなごはん、というように、陰陽の原理を応用すると一人一人の体に適切な食事の対応ができます。この体の状態に応じた料理のことを「食箋《しょくせん》料理」といい、陰性症状には陽性の料理、陽性の体質には陰性の料理、というふうに、体を中庸にもっていくよう考えられています。

体を治すための料理というと、あまりおいしくないように思うかもしれませんが、その体にいちばん合う料理が体をよい方向に向かわせるので、ピッタリと合ったときは、本当においしく感じるものです。

どの料理も日々の食卓で普通にいただけるものなので、家族も一緒に食べられ、一人だけ病人食ということも、よほど重症でない限りありません。健康な人は食べたいと思うものを毎日の献立に取り入れ、何か症状のある人は192～237ページの「家庭でできる、自然の手当てと食事法」と照らし合わせたうえで、活用してください。

レシピをアイウエオ順でご紹介していますが、★印の料理は、健康な人も症状のある人も、毎日少しずつ食べることで体調をととのえる役割をする料理で、「基本食」といいます。自分の体に合うもの（おいしいと思うもの）を常備菜とし、一食に少量ずつ食べるとよいでしょう。ただし陽性体質の場合は、口に合うものがないかもしれませんが、その際は不要です。

＊作り方中の【　】内は、掲載されているページ。

＊体質の分類については、54～59ページを参照。

＊「基本分量」とは、その料理を作りやすい分量。基本食やつくだ煮のようなものは、基本分量でまとめて作って冷蔵保存し、毎日少しずつ温めて食べるとよい。

青菜と油揚げの煮びたし

適応症／鼻づまり、陽性の便秘の人、腸の弱い人（一日1回食べるとよい）

適応体質／すべての体質

材料と作り方（基本分量）

❶青菜（小松菜など）1束は3cm長さに切り、葉と茎に分ける。油揚げ1枚は熱湯にくぐらせて油抜きし、縦半分に切って7〜8mm幅の短冊切りに。

❷鍋にごま油小さじ2を温め、青菜を葉、茎の順に入れて炒め、葉の色が変わったらしょうゆ大さじ2〜3をまわし入れる。

❸落としぶたをし、ときどき手で押さえて煮、葉の水分が出てきたら油揚げを加える。落としぶたを押すのをくり返しながら、中火で汁がなくなるまで煮る。

青菜のおひたし

適応症／乳腺炎

適応体質／陽性体質、中庸

材料と作り方（3〜5人分）

❶小松菜または春菊1束は洗って根を切り落とし、太い株は根元に十文字の包丁目を入れる。

❷鍋にたっぷりの湯をわかし、塩少々を入れてすぐに①の葉先のほうを入れ、次に根元まで入れて、沸騰後に菜箸で裏返す。

❸再び沸騰したら②をザルにとり、盆ザルに広げて冷ます。

❹水気を絞って5cm長さに切り、しょうゆ大さじ1〜1½をまわし入れる。

＊葉先と根元では、葉先のほうが陰性。そのため陰性な葉先から入れて、先に陽性にし、陽性な根元をあとから入れる。

青菜のごまあえ

適応症／骨折

適応体質／陽性体質、中庸

材料と作り方（3人分）

❶青菜100gは塩ゆでし、ザルに並べて冷まし、3cm長さに切る。

❷白ごま大さじ2をいってよくすり、しょうゆ・昆布だし汁【28】各大さじ2を加え、①を加えてあえる。

揚げむすび

適応症／神経痛

適応体質／陰性体質、中庸

＊高血圧の人や、肥満の人には不向き。

材料と作り方（3人分）

❶玄米1½カップと塩少々、水3カップは圧力鍋で普通に炊き上げ【20】、6個のおむすびに結び、冷凍する。

❷完全に冷凍したおむすびを高めの温度の油で揚げ、平たい皿にしょうゆ小さじ2を入れ、揚げたおむすびの両面につける。

あずきかぼちゃ ★

写真は12ページ

適応症／貧血、腎盂腎炎、糖尿病、疲れ、耳鳴り、むくみ（腎臓が悪くて、冷えがない場合）

適応体質／陰性の萎縮体質（ひょろりんタイプ）、中庸

材料と作り方（基本分量）

❶あずき1カップは、洗ってから3カップの水と火にかける。

❷2カップの水を3〜4回に分けて足しながら、やわらかくなるまで煮る。

❸あずきが煮えたら塩小さじ1を加え、2cm角に切ったかぼちゃ150〜300g（顔の青い、糖尿病の人は300g）を入れ、弱火で静かに煮込む。

❹かぼちゃがよく煮え、煮汁が少し残っているくらいで火を止める。

あずきかぼちゃ昆布 ★

適応症／むくみ（原因がわからないとき）

適応体質／すべての体質

材料と作り方（基本分量）

あずき1カップと昆布5×20cm、

塩小さじ1で「あずき昆布」【左】の仕上げまで作り、2㎝角に切ったかぼちゃ150gを加えて、かぼちゃがよく煮えたらできあがり。

あずき昆布 ★

適応症／陰性の便秘、動悸・息切れ、低血圧

適応体質／陰性の肥大体質（ぷよぷよタイプ）、中庸

材料と作り方（**基本分量**）

鍋に水3～4カップとあずき1カップ、昆布5×20㎝分を小さく切ったものを一度に入れて強火にかけ、沸騰したら弱火に。あずきがやわらかくなったら、塩小さじ1を加えて仕上げる。

油みそ ★

適応症／貧血、低血圧、むくみ（心臓の働きが悪い場合）

適応体質／陰性体質、中庸

材料と作り方（**基本分量**）

ごま油大さじ4を熱し、木べらを鍋に立てて小さな泡が立ったら火からおろし、豆みそ240gを混ぜ、弱火にかけて2～3分練る。

いりこんにゃく

適応症／ヘルニア、腸の弱い人

適応体質／すべての体質

材料と作り方（**3人分**）

❶こんにゃく1枚はなるべく薄く切り、塩ひとつかみでもんでから洗い、水気をよくきる。

❷豆みそ【83】大さじ2としょうゆ大さじ1、昆布だし汁【28】大さじ3を混ぜ合わせておく。

❸フライパンを熱して①を入れ、からいりする。

❹③をよくいったらごま油小さじ2を加え、こんにゃくに油をからめる。

❺④に②を加えてからめるようにいり、小口切りにした赤とうがらし1/4本分をふり入れて仕上げる。

うにの塩辛

適応症／貧血、ガンで貧血の場合

適応体質／右記の症状の場合にのみ使用

材料と作り方

生うに適量に、うにの30%の塩を混ぜ合わせ、常温で1週間おく。食べるときはこのなかから少量とり、同量の大根おろしを添えて。

お好み焼き

適応症／玄米がおいしくない人、食べ過ぎ

適応体質／すべての体質（軽食に）

材料と作り方（**基本分量**）

❶キャベツ50gとにんじん10gは、みじん切りにする。

❷ボウルに地粉【84】50g、発芽玄米粉【84】、またはコッコー【84】大さじ3、白すりごま大さじ1、塩少々を入れてよく混ぜ、そこに70㎖前後の水を様子をみながら加え、よく混ぜる。

❸①の野菜を②に加え、均一になるまで菜箸で混ぜる。

❹フライパンにごま油大さじ1を温め、キッチンペーパーなどでよくふき込んで③を流し入れる。ふたをして7～5分焼き、裏返したら、ふたをとって3～5分焼く。

❺トマトケチャップ大さじ2～3を塗り、青のり適量をふって切り分ける。

おもゆ

適応症／陰性の嘔吐《おうと》、陰性の熱、人工乳児のミルクを溶くのに使用

材料と作り方（**基本分量**）

❶玄米1/2カップを洗い、深めの鍋に水10カップと微量の塩（入れなくてもよい）を入れて強火にかける。沸騰したら弱火にし、2～3時間炊く。途中でふたはとらないこと。

❷できあがったかゆの、上澄みを用いる。

＊ミルクを溶く場合は、この分量（水が米の20倍）で1時間炊き、上澄みを使用。この際、ミルクの量は通常より減らすこと。

かきのみそ煮

適応症／陰性の寝汗（胸部に脂汗が出ているとき）

適応体質／右記の症状の場合のみに使用

材料と作り方（基本分量）

❶生がき90gは塩水で洗ってから、大根おろしで洗う（容量でかきの2/3の大根おろしを加え、かきに大根おろしをからめるようにする）。

❷①を水洗いし、ザルにあげる。

❸小鍋にごま油小さじ2を熱し、②を入れて炒める。

❹かきから水分が出て、かきの身が締まってきたら、みそ90g（【83】、豆みそと麦みそを半々で）を加え、1～2分炒めて仕上げる。

かけそば

適応体質／すべての体質

＊陰性体質の場合は、しいたけを入れずに作ること。

材料と作り方（3人分）

❶糸そば【85】150gをゆでて洗い、ザルにあげる。

❷鍋にしょうゆ1/4カップを煮立て、しいたけだし汁【28】1カップを加え、再度煮立ったら昆布だし汁【28】4カップを加える（味の濃淡は昆布だしで調節する）。最後に塩小さじ1/3を加える。

❸①は煮立った②に通してから椀に盛り、もう一度②を煮立ててから椀に注ぐ。上に刻みねぎを、一人分大さじ1ずつのせる。

寒漬け大根

適応症／陰性の病気、歯が生え始めた赤ちゃん（もどさずに）

適応体質／すべての体質

材料と作り方（基本分量）

❶寒漬け【86】1袋はさっと洗い、太いところは横を切り落として、同程度の太さにして、2～3㎜厚さの小口切りにする。

❷密閉容器（空きびんなど）に湯ざまし4カップとしょうゆ1カップを入れ、①を入れてふたをし、完全に広がってから、冷蔵庫へ。約12時間後から食べられる。

＊一食に2切れを食べる。

きゅうりの松前漬け

写真は15ページ

適応体質／陽性体質、中庸

材料と作り方（3人分）

❶小ボウルに日高昆布5×20㎝を細かく切り、しょうゆ大さじ2を入れて30分おく（昆布は、粘りが出て、やわらかくなる日高昆布が適している）。

❷きゅうり2本は両端を小さく切り落とし、なっているときに下になるほう（陽性）の切れ端で、茎についているほう（陰性）の切り口をこすっておく（きゅうりの下処理）。

❸②を回しながら斜め切り（乱切り）にし、①に漬け込む。漬ける時間は30分～2時間。暑い日は冷蔵庫に。

きゅうりもみ

適応症／むくみ

適応体質／陽性体質、中庸

材料と作り方（3人分）

❶きゅうり2本は「きゅうりの松前漬け」【上】の②を参照して、下処理をする。

❷①を薄い小口切りにし、ボウルに入れてきゅうりの重さの1・5％の塩をふってもみ、30分以上おく。

❸②を軽く絞り、梅酢小さじ1～2をふり入れてよく混ぜる。

切り干し大根入りきんぴら

適応症／膀胱炎《ぼうこうえん》、膀胱の疾患

適応体質／すべての体質

材料と作り方（**基本分量**）

❶ごぼう100gは、斜め薄切りにしてからせん切り。れんこん60gは薄いいちょう切り。切り干し大根40gは、さっと洗って4〜5㎝長さに切る。

❷厚手の鍋にごま油大さじ1を熱し、ごぼう、れんこん、切り干し大根を順に入れて炒め、材料がかぶるくらいの水を加え、切り干し大根がやわらかくなるまで煮る。

❸しょうゆ大さじ3を加え、上下を返しながら煮込み、煮汁を残して仕上げる。

切り干し大根と高野豆腐の煮もの ★

適応症／乳腺炎、貧血、元気のない人

適応体質／すべての体質

材料と作り方（**基本分量**）

❶切り干し大根50gは、もみ洗いしてザルにあげる。

❷高野豆腐2枚は70度の湯に入れてふたをし、30分おいてもどす。

❸②の水気を絞り、また水に入れては絞ることをくり返して、絞った水が白く濁らなくなるまで行う。横半分に切り、5㎜幅の短冊切りに。

❹ごま油小さじ1を温めて①を入れ、香りが立つまで炒める（2〜3分）。材料がかぶるくらいの水を加え、強火にして煮立ったら弱火にして煮る。

❺つめでちぎれるくらいまでやわらかく煮えたら（約30分）、しょうゆ大さじ1½〜2をまわし入れ、煮立ったら③を加えて混ぜる。

❻落としぶたをし、再度煮立ったら弱火でゆっくり煮て、煮きって（強火で煮汁がなくなるまで煮て）仕上げる。

きんぴらごぼう ★

適応症／陰性の便秘、おでき、腎盂腎炎、乳腺炎、胃腸病、呼吸疾患など、あらゆる疾患

適応体質／すべての体質

材料と作り方（**基本分量**）

❶ごぼう100g、れんこん60g、にんじん40gは、たわしで表皮をいためないようにていねいに洗う（ごぼうを縦長に持ち、たわしを横に動かして洗う）。

❷ごぼうは陽性な先のほうをささがきにし、あとは斜め薄切りにしてからせん切りに。にんじんもせん切りに、れんこんは薄いいちょう切りにし、しょうが5gはすりおろし、絞り汁を作る。

❸ごま油大さじ1を熱し、中火でごぼうを炒める。菜箸で少し動かしながら炒め、ときどき上下を返して、忙しくかき混ぜないようにすること。焦げそうなときは少量の水を加え、ジューッと蒸発させるとよい。

❹ごぼうの色が変わり、透明な感じになったら向こう側に寄せ、あいたところにれんこんを入れて、上にごぼうをかぶせてざっくり炒める。

❺にんじんはごぼうとれんこんの上に加え、ざっと炒めて全体に混ぜる。

❻材料の8分目くらいの水を加え、ふたをして強火で煮、煮立ったら、湯気がふたの端から立っているくらいの火加減にして煮る。

❼煮汁が⅓量になったらしょうゆ大さじ3をまわし入れ、再びふたをして煮る。

❽煮汁がほとんどなくなったら菜箸で上下を返す。煮始めてからここまで、箸は入れないこと。

❾味をみて薄ければ、材料を片側に寄せて鍋を傾け、鍋底のあいたところにしょうゆ大さじ½を入れて強火にし、しょうゆがブクブクいってきたら材料にからませる。

❿しょうが5gの絞り汁を全体にふり入れて、ざっと混ぜる。

黒ごま汁粉

適応症／陽性の便秘、骨《こつ》粗《そ》鬆《しょう》症《しょう》

など骨の病気、心身症

適応体質／中庸

材料と作り方（基本分量）

❶あずき1/3カップをやわらかく煮、塩小さじ1/2を加える。黒ごま2カップはいってすり、水1 1/2カップで溶いてあずきに加え、煮立ったら火を止める。

❷焼いたよもぎもち一人分1/2切れと、しょうがの絞り汁大さじ1 1/2を①に入れる。

黒豆昆布　★

適応症／生理痛、婦人科疾患、血液の病気

適応体質／陽性体質、中庸

材料と作り方（基本分量）

❶黒豆1カップを洗って水きりし、昆布5×20cm（容量で黒豆の10%）は2×3cm角に切る。

❷圧力鍋に①と水2 1/2カップ、塩小さじ1、しょうゆ大さじ1/2を入れ、鍋をセットして（おもりをのせて）中火にかける。

❸シュルシュルいってきたらそのまま2分煮、弱火にして15分煮る。

❹火を止め、そのまま圧力が自然に抜けるまで放置する。

❺圧力鍋のふたをとり、しょうゆ大さじ1を加えて普通のふたをし、煮きって仕上げる。

けんちん汁

適応体質／すべての体質

●陰性に仕上げる場合
（陽性体質・中庸向き）

材料と作り方（5人分）

❶ごぼう80gは細いささがきに、にんじん20gと大根100gは薄いいちょう切り、長ねぎ1本は小口切りに。

❷油揚げ1枚は熱湯に3秒入れて油抜きしてから、縦半分に切って細切り。こんにゃく1/2枚は塩もみしてから、塩ゆでして小さな短冊切りに。

❸鍋を温めてこんにゃくを入れ、木べらで混ぜながら炒め、こんにゃくが躍るようにところどころ立ってくるまで炒める。

❹こんにゃくを鍋の向こう側に寄せ、あいたところにごま油少々を入れ、ごぼうを入れて炒め合わせる。同様にして大根を加え、にんじんは上からそのまま入れて炒め合わせる。

❺昆布だし汁【28】を5カップ用意し、最初ヒタヒタまで注ぎ、煮立ったら残りのだし汁を加え、再度煮立ったら油揚げを加える。

❻野菜が煮えたら塩小さじ1/2としょうゆ大さじ2～3で調味し、豆腐1/2丁をくずし入れ、①のねぎを加えて火を止める。

●陽性に仕上げる場合
（陰性体質・中庸向き）

材料と作り方（5人分）

❶材料の分量と下ごしらえは、陰性に仕上げる場合と同様。

❷豆腐は1～2%の塩湯でさっとゆで、布袋に入れて上を結び、水道の蛇口につるして水きり。

❸ごま油少々を温めて②をほぐし入れ、ぽろぽろに炒めたらごぼう、大根、にんじんの順に加えて炒め合わせ、だし汁を上記の陰性に仕上げる場合の⑤のように二度に分けて加え、こんにゃく、油揚げを入れ、調味してねぎを加える。

玄米クリーム

適応症／あらゆる病気の重症時、のどの腫れ・痛み、腹痛、おたふくかぜ、風疹《ふうしん》、産褥《さんじょく》熱

適応体質／すべての体質、離乳食に

材料と作り方（基本分量）

❶玄米1カップは、ぬれぶきんにはさんで汚れをとる。

❷鍋を温めて大さじ2～3杯（鍋底にひと並べ）の玄米を入れ、中火でいる。最初は火の上で木べらで混ぜながらいり、パチパチいってきたら、鍋を少し火から浮かせ、鍋をゆすりながらまんべんなくいる。よくふくらんでひび割れてきたら取り出し、残りの玄米も、少しずつ分けてい

りあげる。
❷大きめの鍋にいった①と水10カップ、塩少々を入れて強火にかけ、沸騰したら弱火にして4時間炊く。
❸しめらせて絞った三角袋（作り方は下のイラストを参照）に、②が熱いうちに玉じゃくし1～2杯を入れる。
❹三角袋の上の部分の両端を両手で持ち、おかゆが入っているところまで、クルクル巻き込んでいく。袋の両端を合わせ、片手で持ってボウルに入れ、木べらで上からしごいてのり状に絞り出す。
❺袋のなかが少なくなってきたら袋の上部をさらに巻き込んで絞り、中身がカスだけになるようにしっかりしごく。
❻絞り出したものを鍋に入れて火にかけ、20%煮つめる。
❼梅干し一人1個の種を抜き、包丁でたたいて添える。ごま塩【68・85】や鉄火みそ【73・85】をふっていただくのもよい。

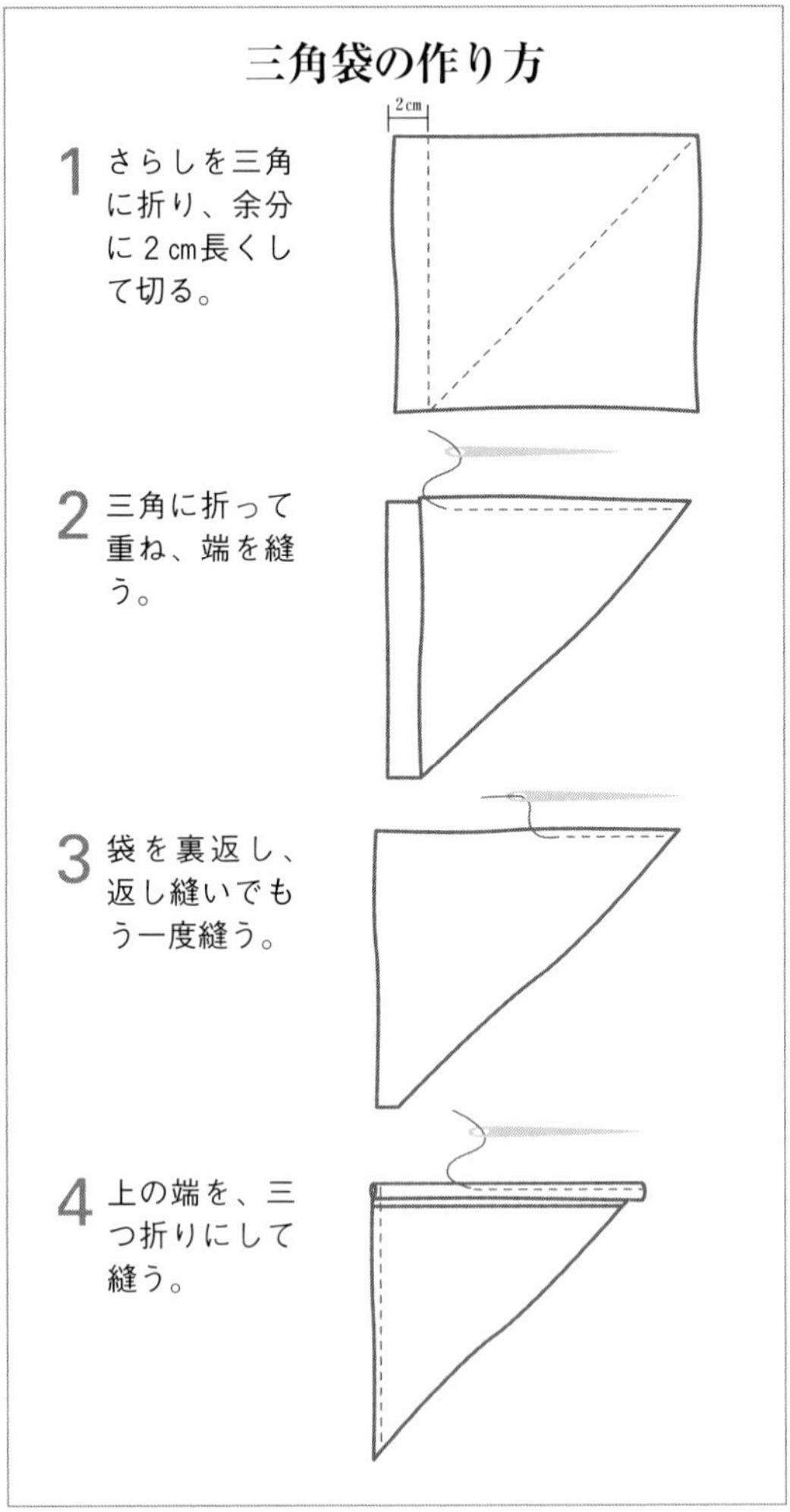
三角袋の作り方
2cm
1 さらしを三角に折り、余分に2cm長くして切る。
2 三角に折って重ね、端を縫う。
3 袋を裏返し、返し縫いでもう一度縫う。
4 上の端を、三つ折りにして縫う。

＊残ったら冷蔵庫に入れて保存できるが、いたみやすいのでまめに火を入れること。絞りカスは、おやきやかき揚げに利用。

玄米チャーハン

適応症／神経痛、陰性の冷え性

適応体質／すべての体質

材料と作り方（3人分）

❶玄米ごはんを250g用意する。20ページを参照して炊くが、普通に炊くと粘りが出てベタッとしたチャーハンになるので、2分強火のあとは弱火15分で火を止め、ガス台の上で10分蒸らす。残りごはんを利用する場合は、薄くのばして冷蔵したものが使いやすい。
❷玉ねぎ100g、にんじん45g、セイタン【85】20g、大根葉少々は、すべてみじん切りにする。
❸中華鍋にごま油小さじ2を熱し、玉ねぎ、大根葉の順に炒め、

野菜の1％の塩をしてにんじんを加え、セイタンを加えて炒めたら、別皿にとる。

❹中華鍋に古い油をたっぷり入れて温め、あけてからキッチンペーパーで鍋に油をしっかりふき込む（捨て油という方法）。

❺④の鍋にごま油小さじ2を入れ、さらにキッチンペーパーでふき込み、鍋全体に油の膜を作る。

❻温まった鍋にごはんをほぐし入れて炒め、③を加えて全体に火が通ったら、塩・こしょう各適量で味をととのえ、器に盛って紅しょうが少々を添える。

玄米みそ雑炊

適応症／産後に悪露《おろ》が長引いたり、胎盤が残っている場合。食べ過ぎ

適応体質／陽性体質、中庸

材料と作り方（**3人分**）

❶玄米ごはん【20】300gは、ばらばらにほぐしておく。

❷大きめの鍋に昆布だし汁【28】4½カップと食べやすく切ったえのきだけ½パックを入れて火にかけ、沸騰したら短冊切りの油揚げ½枚分、みそ36gを加え、しょうゆ少々で味をととのえる（吸いものよりやや濃いめの味）。

❸煮立ったら①を入れて軽くかき混ぜ、ふたをして再度煮立ったら、3cm長さに切った春菊¼束分を加え、火からおろす。

＊焼いたもちを、ごはんと一緒に③で入れても。

コーフー

適応症／成長期、活動が盛んなとき

適応体質／すべての体質

材料と作り方（**基本分量**）

❶二段式の蒸し器を、最初に火にかけておく。大きめのボウルにグルテン粉200gと地粉20g、塩小さじ1を入れ、菜箸4本でよく混ぜる。

❷水3カップを①に一度に加え、手早く混ぜ合わせる。グルテン粉は一定量の水しか吸わないので、水分が残る。

❸蒸し器に入る木やステンレスなどの底のない四角い枠、または金ザルを用意する。この上にぬらして絞った蒸しぶきんを広げ、②を入れ（水分はボウルに残す）、枠（ザル）いっぱいに平均にならして広げる。

❹枠（ザル）の外に余裕をもたせて、蒸しぶきんを上にかぶせる。こうすると、コーフーがふくらんできたときにちょうどよく、ふたの内側にたまった水がコーフーにかからない。

❺蒸気の上がった蒸し器に④をのせ、強火で2時間蒸し続ける。途中下の湯が少なくなってきたら、上をずらして熱湯を差す。

❻⑤を取り出して1cm厚さに切り、さらに5～6cm角に切る。これを、下記の要領で「揚げコーフー」にし、さらにしょうがと煮て「味コーフー」にしたり、おでん風に好みの野菜と煮ものに。

●揚げコーフー

材料と作り方（**基本分量**）

蒸して切った「コーフー」【上】を、高温に熱した油（ごま油50％、菜種油50％）に入れる。表面がカリカリになってきつね色になり、カチンカチンにかたくなるまでよく揚げたら、取り出して油をきる。

●味コーフー

材料と作り方（**基本分量**）

❶鍋にだしをとったあとのだし昆布5×60cmを敷いて水6カップを入れ、しょうゆ大さじ5～6と塩小さじ1を加えて強火にかけ、ひと煮立ちしたら「揚げコーフー」【右】15枚を並べ入れる。薄切りのしょうが30gを上にのせて落としぶたをし、再び煮立ったら弱火にして煮る。

❷①を煮汁がなくなるまで（30分以上）煮る。そのまま食べてもよいが、野菜と炒めたり、煮たり、カツにしたりしていろいろな料理に用いることができる。

●コーフーカツ

適応症／成長期、活動が盛んなとき

適応体質／すべての体質

材料（3人分）と作り方

❶「味コーフー」【67】3枚は、キッチンペーパーでふくかザルで汁気をきり、地粉大さじ1½をまぶして、手ではたいて余分な粉を落とす。

❷粉の水溶き⅓カップ（水1対地粉1・5の割合に、塩少々を加える）に①をくぐらせ、パン粉⅓カップをつけ、高温の油（ごま油50％、菜種油50％）できつね色にカラリと揚げる。

＊つけ合わせに、レモン、玉ねぎ（生）の梅酢かけ、キャベツ、きゅうり、大根おろし、きのこ類、梅干しやしょうがを使ったあえもの、サラダ、果物などを。

昆布のつくだ煮 ★

写真は14ページ

適応症／神経痛

適応体質／陰性体質、中庸

材料と作り方（基本分量）

❶だしをとった昆布50gを2cm角に切り、小鍋に入れてしょうゆ大さじ3を加えて弱火にかける。

❷しょうゆが煮つまったら水½カップを加え、煮汁がなくなるまで弱火で気長に煮る。

ごぼうの梅煮

適応症／乳腺炎

適応体質／陽性体質、中庸

材料と作り方（3人分）

❶ごぼう100gはたわしできれいに洗い（洗い方は64ページの「きんぴらごぼう」の①を参照）、鍋の大きさに合わせて5～10cm長さに切る。鍋は、ステンレス鍋か土鍋を使用すること。

❷鍋にごぼうと梅干し中1個を入れ、ひたひたの水を加えて中火でゆっくり煮る。

❸ごぼうがやわらかく煮えたらしょうゆ小さじ½～1を加え、煮含める。食べやすく切って器に。

ごぼうの含め煮

適応症／陰性の便秘、産後に悪露が長引くとき、乳腺炎

適応体質／陰性体質、陽性の萎縮体質（かちかちタイプ）、中庸

材料と作り方（基本分量）

❶ごぼう100gはたわしできれいに洗って、3cm長さに切る。しょうが少々は薄くスライスする。

❷ごま油大さじ1を熱し、しょうが、ごぼうの順に炒め、昆布だし汁【28】2カップを加えてごぼうがやわらかくなるまで中火で煮る。

❸しょうゆ大さじ2を加え、煮汁がなくなるまで煮込む。

ごま塩

適応症／陰性の嘔吐、出血時、乗り物酔いなど

適応体質／すべての体質（おいしくないと感じるときは不要）

＊黒ごまが7（軽く山盛りで計量）に対して塩が3（すりきりで計量）の割合で作るごま塩を、「7対3のごま塩」といい、陰性の嘔吐や出血時などの手当てに使用する。

＊大人の場合、ごはんにかけて用いるのには、黒ごまで作った「8対2のごま塩」が一般的で、陽性過多の女性や高齢者、子どもは白ごまで作っても。子どものごま塩の比率は、10対1でも9対1でも、8対2でも本人の好みに応じて。

＊陽性過多で腎臓を痛めている場合、ごま塩は不要。

＊通常は一食に小さじ1杯が基準。貧血や冷え性など陰性の症状が気になる場合はそれ以上、反対に高血圧や陽性の肥大症状が気になる人は、ほしくないときにむりに摂らないこと。

8対2のごま塩の材料と作り方（基本分量）

❶ごまは計量スプーンに軽く山にして大さじ8を量り、塩はすりきり大さじ2を量っておく。

❷白い盆や大皿などにごまを広げ、両手の人差し指で向こう側からこちら側に少しずつかき寄せながら、ごみを取り除く。
❸ボウルに水を張って②のごまを入れ、ごまがあまり水を吸わないうちに、手早く洗う。
❹③に流水を入れてゆすりながら洗い、網が二重になっているザルにとる。普通の目の細かいザルの場合は、ふきんを重ねて使用。
❺ザルの下を、かたく絞ったスポンジでたたき、水分をスポンジに吸わせる。スポンジを絞ってはたたくのを何度かくり返し、完全にごまの水きりをする。
❻盆にタオルを敷いた上にふきんを敷き、⑤を広げる。人差し指で横長に筋をつけ（間隔をあけて乾きやすくする）、そのまま30分～1時間乾燥させる。
❼よくふいた厚手の鍋を温めて塩を入れ、最初は強火で、木べらを縦にして塩のかたまりをたたいてくずしながらいる。かたまりがなくなったら弱火にし、少し色が変わるまでいる。塩のいり方が足りないと、すぐに酸化するので注意。
❽下にぬれぶきんを敷いた、目の細かいすり鉢に⑦を入れる。すりこぎをしっかり握り、力を入れてすする。途中で何度か塩を集めてはすることをくり返す。このとき、つまようじを数本まとめてセロハンテープで止めたものを使うと、溝から塩を上手にかき出せる。塩がパウダースノー状になれば、すりあがり。
❾鍋を温め、⑥のごまを大さじ2～3杯ずつ分けて入れ、中火でいる。最初は火の上で木べらで混ぜながらいり、パチパチいってきたら鍋を火から少し離し、ゆすりつつ木べらで混ぜながらいる。
❿親指と人差し指でつぶれるようになったら、もうほんの少しだけいる。ごまが十分にふくらむと、割れて縦に白い線が入るのでよく見るとわかる。
⓫⑧に⑩を加え、力を入れないようにしてすり混ぜる。右の親指、人差し指、中指ですりこぎの下のほうを持ち、左手は上にのせるだけですると、力を入れずにすれる。強い力が加わるとごまから油が出てしまい、しっとりとしたごま塩になって、酸化が早いので注意する。

⓬全体が完全に細かくなるまですれたら、密閉容器に入れて保存する。
＊できあがった市販品もある【85】。

ごま汁

適応症／むくみ（腎臓が悪くて、冷えがあるとき）、高齢者
適応体質／陽性体質、中庸
材料と作り方（3人分）
❶さといも3個は皮をむかずに包丁を立ててこそげ取り、1㎝厚さの輪切りにしてから、塩もみして洗う。大根15㎝とにんじん3㎝は、3㎝長さの少し厚めの短冊切りに。
❷白ごま大さじ3は香ばしくいり、すり鉢で油が出るまでする。
❸だし汁（【28】、昆布だしとしいたけだしを4対1に）2½カップと①の野菜を鍋に入れて火にかけ、野菜に火が通ったら、②の白ごまと塩小さじ½を加える。
❹味をみて好みに調整し、刻んだみつば2株分を加えて火を止める。

雑穀（粟、きび）入り玄米ごはん

適応症／貧血、低血圧
適応体質／陰性体質、中庸
材料と作り方（基本分量）
玄米1¼カップ、きび¼カップ、水3カップ、塩少々で玄米ごはん【20】と同様に炊く。

雑穀（粟、きび）入り分搗《ぶづ》き米《まい》ごはん

適応症／アトピー性皮膚炎、肝

臓疾患、玄米がおいしくないとき

適応体質／陰性体質、中庸

材料と作り方（基本分量）

❶五分搗き米1¼カップと栗、またはきび¼カップは別々に洗い、よく水をきる。

❷圧力鍋に①と水2～2½カップを入れ、平和圧力鍋の場合は、軽いおもりをのせて強火にかける。ほかの圧力鍋の場合、圧力が弱くなるようにセットする。

❸シュルシュルいってきたら弱火にし、8分炊いて火を止める。

❹ガス台から鍋をおろし、蒸らし10分のあと、おもりをとる。蒸気が抜けたらふたをとって、飯台やおひつにごはんを移す。

＊五分搗き米は普通の炊飯器でも炊けるが、その際は白米より水を少々多めにする。また文化鍋【262】やマスタークック【262】を使用すると、おいしく炊ける。

炊き方は、米を炊く30分前に洗ってザルにあげ、米より少し多めの水と（雑穀と）中火にかける。煮立ったら強火で2分炊き、弱火10分のあと、火を止めて10分蒸らす。

さといもの含め煮

適応症／乳腺炎

適応体質／陽性体質、中庸

材料と作り方（基本分量）

❶さといも250gは縦に皮をむき、大きいものは縦半分に切って塩適量でもみ、洗ってぬめりをとる。

❷鍋に昆布だし汁【28】1カップとさといもを入れて火にかけ、いもに竹串が通るまで煮る。

❸塩少々としょうゆ大さじ1½を②に加え、弱火で10～15分、紙ぶたをして静かに煮、火を止めて味を含ませる。器に盛り、ゆずの皮¼個分のせん切りをのせる。

塩昆布 ★

適応症／脱肛、陰性のつわり、陣痛が弱いとき、ヘルニア、陰性の病気

適応体質／陰性体質、中庸

材料と作り方（基本分量）

❶利尻昆布30gはゴミがついていたら除き、調理用ばさみで2×3cmに切る。洗ったり、ぬれぶきんでふいたりすると、うまみが逃げてしまう。

❷しょうが3gは繊維を直角に切るようにして、薄くスライスしておく。

❸小さめの鍋に①を入れ、昆布の八分目までしょうゆ（½カップ）を入れ、ふたをして弱火で煮る。

❹煮汁がなくなったら、1カップの水を入れる。ここで箸を入れると、粘りが出てしまうので注意。

❺沸騰したら弱火にして煮込み、汁気がほんの少し残っているくらいまで煮る。

❻昆布を鍋の端に寄せてしょうがを入れ、昆布をかぶせてふたをして煮る。ひと煮立ちしたら、両手で鍋を持って天地返しをして仕上げる。

＊一食に2切れを食べる。

しぐれみそ

適応症／アトピーの赤い発疹

適応体質／すべての体質

材料と作り方（基本分量）

❶ごぼう50g、玉ねぎ150g、れんこん40g、にんじん30gはみじん切りにし、ごま油大さじ2で、順に炒める。

❷野菜に火が通ったらみそ（豆みそと麦みそを半々）120gを加えて少し炒め、しょうがのみじん切り少々を加える。

＊陽性の萎縮体質（かちかちタイプ）は、玉ねぎを切り干し大根50gに替えて。アトピー性皮膚炎の人には、にんじんを除いて作る。

じねんじょ入り鉄火みそ

適応症／極度の貧血、ガン、陰性の白血病、脳腫瘍、脳軟化症、脳脊髄膜炎、その他重症時

適応体質／陰性体質、中庸

＊陽性過多、高血圧、狭心症、多

血症（赤血球が増加）、脳溢血、くも膜下出血、子どもの病気、陽性の精神病、陽性の不眠症には不向きなので、注意すること。

材料と作り方（基本分量）

❶ごぼう100gとれんこん60g、にんじん40g、しょうが5gはすべてできるだけ細かいみじん切りに、じねんじょはすりおろす。

❷厚手の鍋にごま油大さじ2を熱し、①のごぼうを入れて香りがしてくるまで炒める。ごぼうを鍋の向こう側に寄せ、あいたところにごま油大さじ1を入れ、れんこんとにんじんを順に加えて炒める。

❸野菜を鍋の向こう側に寄せ、ごま油大さじ1を入れて温まったら、鍋を火からおろし、ぬれぶきんの上に置いてみそ（麦みそと豆みそを半々）200gを入れる。油とみそをよく混ぜてから野菜と混ぜ合わせ、さらにすりおろしたじねんじょ100gを加える。

❹全体をよく混ぜて鍋を火の上に戻し、材料を鍋底に押しつけるようにしながらいっていく。焦げそうになったら鍋をぬれぶきんの上に置き、火の上とぬれぶきんの上を移動させながら、2時間ほどかけてぽろぽろになるまでいる。

❺八分どおりできたころ、④を鍋の向こう側に寄せ、あいたところで①のしょうがを軽く炒め、全体と混ぜて仕上げる。

＊詳しい作り方は、鉄火みそ【73】を参照。

しょうがみそ★

適応症／産後に胎盤が残っているとき、疲れたとき、婦人科の病気

適応体質／陽性体質、中庸（夏季）

材料と作り方（基本分量）

❶しょうが50gは繊維に直角にスライスする。

❷鍋にごま油大さじ1を熱し、①を入れて透明になるまで炒める。

❸火からおろしてみそ（豆みそと麦みそを半々）200gを加え、よく練り混ぜる。

❹再び③を火にかけて、照りが出るまで弱火で練る。

白うりのくず引き汁

適応症／腎盂腎炎

適応体質／陽性体質、中庸

材料と作り方（3人分）

❶白うり300gは2cm角に切り、赤パプリカ10gは8mm角に切る。えのきだけ1/4パックは石づきをとり、1cm長さに切る。

❷鍋にだし昆布5×5cm1枚を敷き、①の白うりと水2カップを入れて火にかける。煮立ったら弱火にし、うりが透明になるまで煮る。

❸本くず粉大さじ2を水大さじ4で溶いておく。

❹②のうりが煮えたら塩少々を加え、しいたけだし汁【28】1カップと①のえのきだけ、パプリカを加える。

❺④に③の水溶きくずを流し入れ、汁が透明になったら器に盛る。

白ごまのふりかけ

適応体質／陰性の肥大体質（ぷよぷよタイプ）、陽性体質、中庸

＊特に子どもに向いているが、食べ過ぎないよう注意。

材料と作り方（基本分量）

❶しょうが5gは、みじん切りにしておく。

❷白ごま100gは、「ごま塩」【68】の③④を参照して洗い、香ばしくいってから、油を出さないように力を入れずに半ずりに（全部細かくすらずに、半分くらいする）。

❸みそ（豆みそと麦みそを半々）200gを加え、ごまとみそをよくすり混ぜる。

❹厚手のフライパンを熱してごま油少々をひき、③を入れて木べらで混ぜながら弱めの火でいりあげていく。パラパラになってきたら少し火を強くして5秒いり、ぬれぶきんの上にとって、余熱でいる。

❺火の上とぬれぶきんの上でいるのをくり返しながら、みその水分がなくなってくるまでいる。
❻みそがサラサラになってきたら、鍋のまんなかをあけて①のしょうがを入れる。しょうがをそこでさっといり、全体と混ぜて1～2分いったら火からおろす。
❼⑥に青のり10gを加えて、混ぜ合わせる。

すぎなのふりかけ

適応症／骨折、骨の弱い人、骨の病気のとき
適応体質／右記の症状があるときのみ。
＊過剰摂取は体をかたくするので、症状がない場合は使用禁止。
材料と作り方（基本分量）
豆みそ・白ごま各100g、しょうが5g、青のり大さじ2、ごま油少々で「白ごまのふりかけ」【71】と同様に作り、最後にすぎな末【170】大さじ2を混ぜ合わせる。

赤飯

適応症／産後に胎盤が残っているとき、頻尿（萎縮タイプ）、むくみ（腎臓が悪くて冷えがあるとき）
適応体質／陽性の萎縮（かちかちタイプ）、中庸
＊炎症のある人、糖尿病の人は使用禁止。
材料と作り方（基本分量）
❶もち米3カップは、前日に洗ってザルにあげておく。
❷ささげ$\frac{1}{2}$カップも前日に、5倍の水（$2\frac{1}{2}$カップ）と鍋に入れて火にかけ、沸騰したら弱火で20分煮、火を止める。冷めたらささげをザルにとり、煮汁も別にとっておく。
❸煮汁1カップを別にとり、残りの煮汁に塩大さじ1を加え、①の米を加えて、米がかぶるくらいまで水を足して1晩つけ込む。
❹翌日、米をザルにあげ、②のささげと混ぜて、せいろに入れて中央をくぼませ、蒸気の上がっている蒸し器にかける。
❺再び蒸気が上がってきたら、②でとっておいたささげの煮汁を手にとって、米にかける。10分後と20分後に、同じように煮汁を米にかける。
❻40分ほど蒸し上げたら、飯台にとり、冷まして器に盛る。「ごま塩」【68・85】を添えて。

そばがき

適応症／低血圧
適応体質／陰性体質、中庸
材料と作り方（基本分量）
❶鍋に湯1～2カップを沸騰させ、そこにそば粉1カップのなかから少量を入れ、菜箸で混ぜる。
❷粘りが出たところに残りのそば粉を一度に入れ、強めの火のまま菜箸4本で、力を入れて2～3分ほどかく（混ぜる）。
❸器に②をとり、刻みねぎ大さじ1とわさび・しょうゆ各適量を添えて。

大根入りみそおじや

適応症／かぜ、風疹、食べ過ぎ
適応体質／すべての体質
材料と作り方（基本分量）
❶油揚げ$\frac{1}{2}$枚は熱湯に入れて油抜きをし、縦長に三つに切り分け、それぞれ袋を開いて小口切りにする。大根100gはせん切り、長ねぎ1本は小口切りにする。
❷昆布だし汁【28】4カップを用意し、そのなかから$\frac{1}{2}$カップとって、みそ（【83】、基本は豆みそと麦みそを半々）45gをのばしておく。みその比率は好みで変えるとよい。
❸大きめの鍋に②の残りのだし汁と①の大根を入れて火にかけ、煮立ったら油揚げと②を加える。
❹③に玄米ごはん300gをほぐしながら入れ、中火で40分煮込む。
❺ふたをあけて鍋底にしゃもじを入れ、上下を返してから①のねぎ

を加え、さっと全体を混ぜてふたをし、火を止めて20分蒸らす。

大根葉の磯あえ

写真は16ページ

適応体質／すべての体質

材料と作り方（基本分量）

❶鍋にたっぷりの湯をわかし、塩少々を加えてすぐに大根葉１００gの葉先のほうを入れ、次に根元まで入れて、沸騰後に菜箸で裏返してゆでる。

❷ゆであがったらザルにとり、細かく小口切りにする。

❸しょうゆ大さじ1のなかに、あぶったのり1枚をちぎって浸す。

❹②の水気をよく絞って③と混ぜ合わせる。

たけのこきんぴら

適応症／ガン、中耳炎

適応体質／中庸

材料と作り方（基本分量）

❶水煮のたけのこ（あれば生のたけのこをゆでたもの）の、穂先を除いたかたい部分40gをさっと湯通しし、繊維にそってせん切りにする。

❷「きんぴらごぼう」【64】を参照し、ごま油大さじ1でせん切りにしたごぼう１００g、れんこん60g、①のたけのこを順に炒め、材料の8分目くらいの水を加えて煮たら、しょうゆ大さじ4、しょうが少々を。

たけのこ昆布 ★

適応症／脱肛、腎萎縮

適応体質／陽性体質、中庸

＊肺結核の既往症のある人は、厳禁。

材料と作り方（基本分量）

❶ごま油大さじ1で、小さめに切った水煮のたけのこ４００gを炒め、容量でたけのこの10％の昆布（もどさず小さめに切る）を炒め合わせる。

❷昆布だし汁【28】2カップを加えて煮、しょうゆ大さじ6～7を加えて煮きる。

たんぽぽの根のきんぴら

適応症／脳性小児マヒ、陰性の母乳不足、足の弱い人

適応体質／陰性体質、中庸

材料と作り方（基本分量）

❶たんぽぽの根40gはきれいに洗って3～4㎝長さに切り、太い部分は裂く。

❷「きんぴらごぼう」【64】を参照し、ごま油大さじ1で、せん切りにしたごぼう１００g、れんこん60g、①のたんぽぽの根を順に炒め、材料の8分目くらいの水を加えて煮たら、しょうゆ大さじ2～3を。

＊たんぽぽの根が豊富にある場合は、ごぼうやれんこんを入れずに、たんぽぽの根１００％で。

鉄火みそ ★

適応症／骨折、妊婦のおなかが張るとき、貧血、産後に悪露が長引くとき、陽性症状以外の病人（特に重症時）

適応体質／すべての体質（おいしい場合）

＊通常は、一食に小さじ1杯が基準。貧血や冷え性など陰性の症状が気になる場合はそれ以上、反対に高血圧や陽性の肥大症状が気になる人は、ほしくないときにむりに摂らないこと。

材料と作り方（基本分量）

❶包丁をよくといでおき、ごぼう１００g、れんこん60g、にんじん40g、しょうが5gをすべてできるだけ細かいみじん切りにする。最初に極薄い斜め輪切りにし、ずらして重ねたら、包丁を前へスッスッとすべらせるようにして、極細のせん切りにする。そろえて、端からみじん切りに。

❷さらにまな板のまんなかに集め、音がしなくなるまで包丁でたたき、指でつまんでざらつかないくらいまで細かく刻む。

❸底の広い厚手の鍋を弱火で熱

しておき、ごま油大さじ2を入れて温め、木べらを立ててみて泡がジュクジュク出るくらいの温度になったら、鍋を少し傾けて向こう側に油を寄せ、手前にごぼうを入れる。

❹鍋を元に戻してごぼうを甘い香りが立つまで炒めたら、片側に寄せて油大さじ$\frac{1}{2}$を入れ、油が温まったられんこんを入れる。そこでれんこんにだけ火を入れて、よく粘らせてからごぼうと混ぜ、切るようにしながら炒め合わせる。

❺よく混ざったら片側に寄せてにんじんを入れ、同様に。木べらの下のほうを握ってねかせ、材料を鍋底に押しつけるようにして炒めていく。

❻野菜がパラパラになったら片側に寄せ、あいたところにごま油大さじ$1\frac{1}{2}$を入れ、③と同様に木べらで温度をみて火からおろし、ぬれぶきん（厚手のもの）の上に置いてみそ（麦みそと豆みそを半々）200gを入れる。

❼みそと油を木べらで完全に混ぜてから、野菜と混ぜ合わせて火の上に戻す。

❽⑤と同様に、材料を鍋底に押しつけるようにして、弱火でいる。焦げそうになったら、ぬれぶきんの上におろして、しばらく余熱でいり、また火の上でいる。これをくり返す。ふきんは、常に冷たいものに取り替えて。

❾水分が抜けてきてさらにパラパラになってきたら、切るようにしていり、底に焦げができたら、木べらを垂直にして両手で持ち、前後にかくようにしてこそげとって混ぜる。このとき鍋の端からやるととりやすい。

❿約2時間いってすっかりポロポロになるまでいりあげたら、まんなかをあけ、しょうがを入れて軽く炒めてから、全体に混ぜて仕上げる。

⓫十分にさましてから、密閉容器に入れて保存する。

＊できあがった市販品もある【85】。

なすのしぎ焼き

適応症／むくみ（腎臓が悪くて、冷えがないとき）

適応体質／陽性体質、中庸（いずれも夏季のみ）

＊陰性体質、陰性症状のある人は禁止。

材料と作り方（3人分）

❶なす2個は2cm幅の輪切りにし、ボウルに入れた水に放してあくを抜き、ザルにあげて水をきる。

❷中華鍋にごま油大さじ$1\frac{1}{2}$を熱し、①を入れてよく炒める。

❸小容器に入れた豆みそ（【83】、好みで、豆みそと麦みそを半々で使用しても）30〜60gに同量の昆布だし汁【28】を加え、菜箸でみそを十字に切ってかたまりを四つに分けてから、②のなすの上にのせる。

❹ふたをして蒸し煮にし、汁気がなくなったらへらを入れ、みそを全体にからませる。

＊みその量は、なすの大きさによって加減する。

菜の花のからしあえ

写真は13ページ

適応体質／陽性体質、中庸

＊陰性過多の人には不向き。

材料と作り方（3人分）

❶菜の花100gは色よくゆでて、3cm長さに切りそろえる。

❷粉がらし大さじ$\frac{1}{3}$は、同量の熱い三年番茶【156】で溶く。

❸②にしょうゆ大さじ$1\frac{3}{4}$と昆布だし汁【28】大さじ$1\frac{1}{2}$を加え、あえごろもを作って水気を絞った①をあえる。

煮込みうどん（みそ仕立て）

適応症／陰性の熱

適応体質／すべての体質

＊陰性体質の場合は、しいたけを除いて作ること。

材料と作り方（3人分）

❶干しうどん150gはゆでて、

3等分する（分けておくと、あとで3人分一緒に煮ても盛りつけやすい）。

❷かぼちゃ150gは1cm角に切り、にんじん1/3本はいちょう切り、もどした干ししいたけ2枚はそぎ切りにして、ねぎは小口切りにする。油揚げ1枚は、油抜きしてから6等分する。

❸土鍋に昆布だし汁【28】3 1/2カップを入れて火にかけ、煮立ったらみそ（【83】、基本は豆みそと麦みそを半々）48〜54gを溶き入れる。みその比率は好みで変えるとよい。

❹③に①のうどんを入れ、かぼちゃ、しいたけ、にんじん、油揚げをきれいに入れて煮込む。

❺どんぶりに④を盛りつけ、②のねぎをのせる。

煮豆

写真は16ページ

適応体質／すべての体質

材料と作り方（3人分）

❶鍋に洗った白いんげん豆1/2カップと水3〜4カップを入れて、一晩つけておく。

❷翌朝①を強火にかけ、沸騰したら弱火にして豆がやわらかくなるまで煮る。

❸塩小さじ1/4を加え、仕上げに香りづけのしょうゆ少々をからませて火を止める。

＊汁気がほんの少し残る程度に仕上げる。

ねぎみそ ★

適応症／かぜ、花粉症、中耳炎、のどや目の病気、疲れ

適応体質／すべての体質

材料と作り方（基本分量）

❶ねぎ400gは2mm幅の小口切りにし、青い部分と白い部分に分けておく。ひげ根もあれば、よく洗ってみじん切りにする。

❷厚手の鍋にごま油大さじ1を熱し、あればひげ根から入れて中火で軽く炒め、向こう側に寄せてあいたところにねぎの青い部分を入れ、そこで少し炒める。ひげ根と混ぜて炒めるが、あまりかき混ぜないように。木べらを垂直にして押さえたり、たまに天地を返す程度にする。

❸しんなりしてきたら鍋の向こう側に寄せ、あいたところにねぎの白い部分を入れて、そこで軽く炒め、上に緑の部分をのせて少しおき、②と同様にしてあまりかき混ぜないように炒める。

❹ねぎの形がなくなって、生のにおいがとれ、甘い香りがしたら、小さな容器に入れたみそ50gに同量の水を加え、みそを菜箸で十字を2回切って、かたまりを8つに分け、ねぎの上にのせる。みそは、体調、好み、季節に応じて、麦100%でも、豆100%でも、麦と豆を半々でもよい。

❺ふたをしてとろ火で汁気がなくなるまで煮る。コンロがとろ火にならない場合は、焼き網をはさむとよい。

❻全体に汁気がなくなったら、木べらを鍋底に入れ、焦げたところもこそげて混ぜ合わせ、ほんの少し火の上で練って水分をとばして仕上げる。

❼白ごま大さじ2を香ばしくいって粗く切り、器によそった⑥に混ぜ合わせる。

のりのつくだ煮 ★

適応症／貧血、産後に胎盤が残っているとき、神経痛、すべての症状

適応体質／すべての体質

材料と作り方（基本分量）

❶板のり5枚は両面をあぶり、ちぎっておく。

❷鍋にしょうゆ大さじ5を入れて煮立たせ、水大さじ6を加える。再び煮立ったら①を入れ、菜箸でよく混ぜながら煮る。

❸煮汁が少し残っている段階で針しょうが（極薄切りしてから細くせん切り）2・5gを加え、煮きって火を止める。長く煮ないこと。

❹器によそい、いり白ごま大さじ1/2を入れて全体に混ぜ込む。

＊健康な人なら、水のかわりに同量の酒を使っても。最初に酒を煮きってアルコール分をとばしてから、しょうゆ、のりを。

白菜のスープ煮

写真は19ページ

適応体質／すべての体質

材料と作り方（3人分）

❶白菜1/2株の外葉と内葉を分ける。外葉3枚の根元部分に包丁を入れ、そのままぐっと引っ張って薄皮をむきとる。葉先は縦2等分、中央部は4等分して、根元は1cm幅に切る。

❷中華鍋に昆布だし汁【28】3カップを入れて火にかけ、陰性な葉先から先に入れて煮、残りの白菜も入れ、静かにコトコトと煮る。

❸白菜に七分どおり火が通ったら、塩小さじ2と発芽玄米粉【84】70㎖を入れる。

❹くず粉1対水2の割合で溶いたくず大さじ1を用意し、③がクツクツと煮立ってきたら、流し入れてとろみをつける。

発芽玄米ごはん

適応症／妊娠中毒症、玄米ごはんを重く感じるとき

適応体質／陽性体質、中庸

材料と作り方（基本分量）

❶発芽玄米【84】1 1/2カップは洗ってザルにとり、水気をきる。

❷圧力鍋に①と水3カップ、塩少々を入れてセットし、おもりをのせないで中火にかける。

❸蒸気が上がってきたら、おもりをのせて強火に。おもりが動き出したらそのまま2分炊き、弱火にして12分、もっと弱火にして13分炊く。

❹強火5秒のあとガス台からおろし、10分蒸らす。

八宝菜

適応体質／陰性の萎縮（ひょろりんタイプ）以外のすべての体質

材料と作り方（3人分）

❶かぼちゃ1/6個は5㎜厚さで、3〜4cmに切る。玉ねぎ80gは四つ割りにしてから乱切り、キャベツ3枚は4×5cmの角切り、干ししいたけ（だしをとったあとのもの）2枚は回し切り【80】、にんじん40gはいちょう切りに。いんげん6本は塩ゆでして、斜め切りにしておく。

❷合わせ調味料の材料〈しょうゆ大さじ1 1/2、塩小さじ1/3、本くず粉大さじ3＋水大さじ3、しょうがの絞り汁小さじ2、昆布だし汁1/3カップ〉を合わせておく。その際くず粉は分量の水で先に溶いておき、ほかの調味料と混ぜ合わせる。

❸厚揚げ1 1/2枚は縦半分に切って、斜めそぎ切りにし、下味の調味料〈しょうゆ大さじ1 1/2、しょうがの絞り汁小さじ1〉に少しつけ込んでおく。

❹十分鍋を温めてごま油大さじ1を熱し、厚揚げを入れて両面に強火で焼き色をつけて取り出す。

❺中華鍋を熱してごま油小さじ2を温め、しいたけを炒めて玉ねぎを加え、炒め合わせる。

❻キャベツを加えて少し炒めたら、塩少々を加え、にんじんとかぼちゃを加え、だし汁【28】、しいたけだしと昆布だしを3対1で）2/3カップを足して炒め合わせる。

❼野菜に火が通ったら④の厚揚げを加え、②の合わせ調味料をよく溶いてまわし入れ、木べらでざっくりと合わせてからめ、白濁が透明になったらいんげんを加えて火からおろす。

＊厚揚げを、セイタン【85】に替えて作ってもよい。

はと麦入り玄米ごはん

適応症／いぼ

適応体質／陽性体質、中庸

材料と作り方（基本分量）

❶はと麦1/4カップは、前の日に洗って水に一晩つける。

❷玄米1 1/4カップを洗い、ザル

にあげて水きりする。①のはと麦も、水きりする。

❸圧力鍋に②の玄米とはと麦、水3カップ、塩小さじ1を加えてセットし、おもりをしないで中火にかける。

❹蒸気が上がってきたらおもりをのせて強火にし、おもりが動きだしたらそのまま2分炊く。

❺弱火（おもりがかすかに動く程度）で12分炊き、さらに弱火（おもりは動かない）にして13分炊き、5秒強火のあと火からおろして10分蒸らす。

ひじきこんにゃく　★

適応症／脱肛、脱腸、鼻づまり、陰性の便秘、痔、腸の病気

適応体質／すべての体質

材料と作り方（**基本分量**）

❶ひじき50gはボウルに入れて、手で上からギュッと何度か押さえる。こうすると折れて短くなるが、長く残ったものは取り出して手で折る。

❷①のボウルにたっぷりの水を入れ、両手でもみ洗いしたあと、何度か水を替えて洗い、流水を入れてボウルをゆすりながらザルにあけて水気をきる。このとき、ボウルに砂やゴミが残るので全部入れてしまわないように。

❸こんにゃく150gは多めの塩をすりつけてもみ、まな板に置いてめん棒でたたく。熱湯に塩少々を入れたなかに入れて20分ほどゆで、ザルにとって水気をきったら薄い短冊切りにする。

❹鍋を温めてこんにゃくをからいりする。こんにゃくが少しやせ、躍ってきたら向こう側に寄せ、あいたところにごま油大さじ1を入れて、こんにゃくをサッと炒める。

❺ひじきを加え、油のつやがなくなるまで炒めたら、材料がかぶるくらいの水を加え、ふたをして煮る。

❻煮汁が2/3くらいになり、ひじきがやわらかくなったら、しょうゆ大さじ3～4をまわし入れ、火を強めて煮汁を煮とばす。

ひじきの油炒め

適応症／痔、陰性の便秘、腸の病気

適応体質／陰性の肥大（ぷよぷよタイプ）、中庸

材料と作り方（**3人分**）

❶ひじき50gは、ひじきこんにゃく【上】の①、②を参照して洗い、3㎝長さに切りそろえる。

❷厚手の鍋にごま油大さじ1を熱してひじきを炒め、ひじきがかぶるくらいの水を加えて煮る。

❸汁が1/3になるまで煮たら、しょうゆ大さじ1 1/2を加え、火を強めて煮汁を煮とばす。

ひじきの梅サラダ

写真は17ページ

適応体質／陽性体質、中庸（夏季）

＊洋食の添えに使う。

材料と作り方（**3人分**）

❶ひじき25gはサッと洗って4㎝長さに切りそろえ、熱湯で3～4分ゆでてザルにとる。

❷玉ねぎ120gは縦二つ割りし、繊維に直角にスライスして盆ザルに広げ、熱湯をかける。

❸すり鉢に梅干し大1個（種を除いたもの）を入れてすり、しょうゆ大さじ1、ごま油小さじ1/2、昆布だし汁【28】大さじ1を加えてすり混ぜてドレッシングを作る。

❹玉ねぎを③であえ、ひじきを加えてあえ混ぜる。

ひじきれんこん　★

適応症／気管支ぜんそく、先天性股関節脱臼、産後に悪露が長引くとき、痔、神経痛、胸部疾患、胃腸疾患

適応体質／すべての体質

材料と作り方（**基本分量**）

❶ひじき50gはひじきこんにゃく【上】の①、②を参照して洗い、水きりしておく。

❷れんこん150gは、薄いいちょう切りにする。

❸鍋にごま油大さじ1を熱してれんこんを入れ、弱火にして、鍋底をかくようにして少し透明になってくるまで炒める。
❹れんこんを向こう側に寄せ、あいたところにひじきを入れて、磯臭さが抜けるまでよく炒める。
❺材料がかぶるくらいの水を入れ、ふたをして強火にし、煮立ったら中火にして煮る。
❻ひじきがやわらかく煮えたらしょうゆ大さじ2 1/2〜3を加え、再びふたをして煮汁がなくなるまでゆっくり煮つける。味をみて、薄いようなら鍋肌からしょうゆ約大さじ1をまわし入れて仕上げる。

ふろふき大根

適応症／黄疸、妊娠中毒症、肝臓疾患、腎臓疾患、膀胱《ぼうこう》の病気、高齢者
適応体質／陰性の萎縮（ひょろりんタイプ）以外のすべての体質
材料と作り方（3人分）
❶大根12㎝は4㎝幅の輪切りにし、面取り（角を削る）して、裏面に隠し包丁（十文字に途中まで切り込み）を入れる。
❷鍋に昆布5×12㎝を1枚敷いて大根を入れ、ヒタヒタの水を加えて塩ひとつまみを加える。
❸いり玄米大さじ1は「おめでとう」【23】の①、②を参照して作り、ガーゼに包んで結ぶ。
❹②に③を入れ、紙ぶたをして竹串がスッと通るまでゆっくりと弱火で煮る。紙ぶたはキッチンペーパーを丸く切り、中央に十字の切り込みを入れて作る。
❺80ページを参照して「ゆずみそ」を作る。好みでもっとのばしたければ、大根の煮汁を加えるとよい。
❻器に昆布を3等分して敷いて大根を盛り、ゆずみそをかけ、あれば木の芽を飾る。

ほうとう

適応症／足がつるとき、食べ過ぎ、玄米が重く感じるとき、離乳食、幼児食
適応体質／すべての体質
材料と作り方（3人分）
❶ボウルに地粉2カップと粉の1〜2%の塩を入れて菜箸で混ぜ、ぬるま湯80㏄を加えてさらに混ぜ、手でよくこねて耳たぶくらいのかたさの生地を作る。
❷生地を小分けにして棒状に形作り、右手の親指と人差し指で握りながらちぎってゆく。これを直径2㎝くらいのだんごに丸め、ぬれぶきんを敷いたところに並べて置き、上からもぬれぶきんをかけて30分から2時間ねかせる。
❸ごぼう20gはささがき、油揚げ1/2枚は熱湯にひたして油抜きしたあと、細切りに。さといも中3個は皮をこそげて塩もみして洗い、小口切り。にんじん20gは薄いいちょう切りに、玉ねぎ100gは回し切り（80ページを参照）、かぼちゃ180gは5㎜厚さで、2×3㎝くらいに切っておく。いんげん3本は塩ゆでして、斜め切りにする。
❹鍋にごま油少々をひき、ごぼうを炒めて向こう側に寄せ、玉ねぎを入れて炒め、塩少々をふる。にんじんと油揚げも順に加えて炒め、昆布だし汁【28】4カップからまずヒタヒタになるだけ入れて煮立たせ、それから残りのだし汁も加えて煮る。
❺再び煮立ったらさといもを加えて煮、野菜が煮えたら塩小さじ1/3としょうゆ（味をみて好みの量）で調味。
❻②のだんごのまんなかを両手の親指と人差し指で軽く持って、左右にひきのばし、手を持ち替えてまんなかを持つ。
❼生地を左右にさき、そーっとのばしていって大きなリング状にする。
❽⑦を縦に持ち替え、菜箸を使って煮汁のなかに沈めていく。同様に全部のだんごをのばして入れる。
❾かぼちゃを加えて煮、かぼち

ゃが煮えたら、カットわかめ3gといんげんを入れてできあがり。

マカロニグラタン

適応症／萎縮タイプの頻尿

適応体質／すべての体質

材料と作り方（3人分）

❶5カップの湯に塩大さじ2を入れてマカロニ150gを入れ、くっつかないようにかき混ぜながら、袋の表示より1分少ない時間でゆであげ、水気をきる。

❷玉ねぎ中$\frac{1}{2}$個はみじん切りにする。

❸鍋にごま油大さじ2を熱して玉ねぎ、マッシュルーム（缶詰）50g、セイタン80g【85】の順に加えて炒め、地粉大さじ2を全体にふり入れて1～2分炒めたら、昆布だし汁【28】2$\frac{1}{2}$カップを加え、全体がなめらかになるまで煮る。

❹③に発芽玄米粉大さじ3を加えて静かにかき混ぜ、ひと煮立ちしたら塩小さじ$\frac{2}{3}$、こしょう少々を加えてソースを作る。

❺④の半量と①のマカロニを混ぜ合わせる。

❻グラタン皿にごま油大さじ1を3等分して塗り、それぞれ⑤の$\frac{1}{3}$を入れて残りのソースの$\frac{1}{3}$をかけ、上に練りごま【85】各5gとパン粉各小さじ1をかける。

❼200度に熱したオーブンの上段に⑥を入れ、焼き色がつくまで焼く。

麦入り玄米ごはん

適応症／右の肩こり、むくみ（腎臓が悪くて、冷えがないとき）

適応体質／陽性体質、中庸

材料と作り方（3人分）

玄米2$\frac{1}{3}$カップ、丸麦$\frac{2}{3}$カップ、水4カップ、塩小さじ$\frac{2}{3}$で玄米ごはん【20】と同様に炊く。陽性過多には麦を50％に。

麦入り分搗《ぶづ》き米《まい》ごはん

適応症／出産後の便秘、右の肩こり

適応体質／陽性体質、中庸

材料と作り方（3人分）

五分搗き米1$\frac{1}{4}$カップ、押し麦$\frac{1}{4}$カップ、水2カップで雑穀（粟、きび）入り分搗きごはん【69】と同様に炊く。

もち入り玄米雑炊

適応症／下痢（陰性の下痢のときは、みそ味にして濃いめに）

適応体質／すべての体質、ただし陰性体質はみそ味

材料と作り方（3人分）

❶昆布だし汁【28】3カップとせん切りの大根180g、しめじ$\frac{2}{3}$パック、塩小さじ$\frac{2}{3}$を煮立たせる。

❷しょうゆ大さじ1$\frac{2}{3}$、玄米ごはん270g、焼いたもち一人分$\frac{1}{2}$切れを①に入れ、再度煮立ったら、塩ゆでして3㎝長さに切った青菜$\frac{1}{4}$束分を入れて火からおろす。椀に盛り、刻みねぎ少々を散らす。

焼きうどん

適応症／夏かぜ

適応体質／陰性の肥大（ぷよぷよタイプ）、中庸

材料と作り方（3人分）

❶干しうどん150gは、半分に折って少々かためにゆで、水にとってザルにあげて水気をきっておく。

❷玉ねぎ100gは回し切り（80ページ）、キャベツ100gは少し広めのせん切り、にんじん50gは斜め薄切りしてからせん切り、青菜$\frac{1}{2}$束は塩ゆでにして、3㎝長さに切りそろえておく。

❸中華鍋にごま油大さじ1を熱し、玉ねぎ、キャベツ、にんじんの順に炒め、塩少々をして別皿にとる。

❹中華鍋にごま油大さじ1を温め、うどんを入れて焼きつける。少し焦げ目がついたところで、③の野菜と青菜を加え、ざっくりと炒めたら、しょうゆ・昆布

だし汁【28】各大さじ3を混ぜて加え、さらにいりつける。

❺④を皿に盛り、紅しょうがのせん切り少々を添える。

野菜の水なし煮

適応症／異常食欲があるとき（主食がわりにする）

適応体質／陽性体質、中庸

材料と作り方（3人分）

❶キャベツ180gは4～5cm角に、玉ねぎ100gは回し切りにする。回し切りの仕方は、半分に切った玉ねぎをまな板に立て、回しながら放射状に切っていく。

玉ねぎを半分に

回し切り

❷いんげん90gは大きいものは三つに、小さいものは半分にちぎる。じゃがいも120gは大きめのいちょう切り。にんじん45gは輪切りにする。

❸ごま油少々でキャベツ、玉ねぎ、いんげんをざっくり炒める。

❹深鍋に昆布5×15cm1枚を敷き、じゃがいも、③の炒めた野菜、にんじんを加え、水1/4カップを加え、20～30分蒸し煮する。

ゆずみそ ★

適応症／高血圧

適応体質／陽性体質、中庸

材料と作り方（3人分）

❶ゆず1/5個は皮をすりおろし、汁を絞る。

❷鍋にごま油小さじ2を熱し、火からおろして豆みそ【83】50gを入れ、木べらでなめらかに練る。

❸おろした皮を加えて練り、絞り汁も入れてさらに練る。

りんごのくず煮

適応症／かぜで熱がないとき、のどのはれ・痛み、陽性の便秘

適応体質／陰性の萎縮（ひょろりんタイプ）以外のすべての体質

材料と作り方（基本分量）

❶りんご1個は八つ割りにして皮をむき（無農薬なら皮ごと）、芯を除いて3％の塩水にくぐらせ、1切れを4～5等分する。

❷本くず粉大さじ1½は、2倍の水で溶いておく。

❸ステンレスまたはホウロウの厚めの鍋にりんごを入れ、水50mlを加えて火にかけ、ふたをして蒸し煮する。

❹りんごが透明になったところで、②を再び溶いて加え、りんごにからませるように木べらで軽く練り、くずが完全に透明になるまで煮て火を止める。

れんこんきんぴら ★

写真は18ページ

適応症／乳腺炎、胸部疾患、胃腸病

適応体質／陰性体質、中庸

材料と作り方（3人分）

❶れんこん150gは、たわしで洗って節の汚れをとる。皮はむかず、節も使う。

❷節の部分は細かく切り、太い部分は3mm厚さのいちょう切りにする。

❸ごま油小さじ2を鍋に熱し、れんこんを入れ、手早く混ぜて油をまわす。焦がさないように、ざっくりと混ぜながら炒める。

❹れんこんが透明になってきたら、昆布だし汁【28】大さじ1としょうゆ大さじ1½を混ぜておき、鍋肌から加え、強火でいりつける。

❺仕上がったらすぐに器に移し、一味とうがらしほんの少々かいりごま大さじ1をまぶす。

献立の立て方

基本的に、主食とおかずといったきちんとした食事は、一日２食にします。食間をあけると、消化吸収がスムーズにいくからです。間に摂るなら、軽いものに。よく玄米を３食食べる人がいますが、体には負担になってしまいます。

まず朝食は一日のエネルギー源となるので、ごはんとみそ汁をしっかり食べ、基本食【60】を添えましょう。間食はおやつ程度のもの。夕食は野菜を多めにし、主食は玄米ごはんを減らしてめん類や天然酵母パンなどを加えます。汁もすまし汁やスープにして食事全体を少し陰性にすると、疲労物質の排出が促されます。

これが基本のパターンですが、さまざまな事情に合わせ、応用パターンを三つあげました。主食とおかずの選択は、特に症状のない人、中庸の人は、穀物菜食の範囲内で自由に。体質改善をめざす人は、54～59ページの各体質に照らし合わせて選択してください。病気や症状のある人は、192～237ページを参照し、できれば適切な指導を受けることをおすすめします（相談できる団体は274ページを参照）。

＊【　】内は、掲載されているページ。

基本のパターン

■**朝食**（AM9：00～10：00）

・玄米ごはん　80～160g　・みそ汁　1杯
・基本食　小皿１皿　・漬けもの　2切れ
・季節の野菜料理　中皿１皿
・常備菜（ごま塩、鉄火みそや他のなめみそ）
・加えていいもの（のり、納豆〈陽性体質の人や子ども〉）
・必要があれば体質改善のためのもの（あずきかぼちゃ、あずき昆布など）

■**間食**（PM2：00～3：00）

・軽いおやつのようなもの。例えば、おろしもち、きなこもち、そばがき【72】、天然酵母パン、無糖の自然食クッキー、玄米クリーム（市販も可）、玄米せんべい、とうもろこし、ゆでた栗、寒天寄せなど好みで。陽性タイプや子どもなら、ふかしたさつまいも、みかん、りんご（無・低農薬）なども。

■**夕食**（PM6：00～7：00）

・朝食の残りに、めんを作り足す程度でよい。時間があれば、以下のような献立も。
・玄米ごはん　80～100g（うどん、そば、パンなどを加えてよい）
・汁もの　１杯　・基本食　小皿1皿
・季節の野菜料理（主菜）　大皿1皿（コロッケ、野菜ハンバーグなど、野菜の形を変えた変形料理を含む）
・季節の野菜料理（副菜）　中皿1～2皿
・漬けもの　2切れ

朝忙しい人、弁当持参の人のパターン

■**朝食**

抜く。またはみそ汁　1杯、またはしょうゆ番茶【156】、梅しょう番茶【156】、ヤンノー【169】、玄米スープ【162】のいずれか1杯

■**昼食　弁当**

・玄米ごはん　80～160g
・変形野菜料理（コロッケ、カツなど）１～２個
・つけ合わせ（野菜の蒸し煮、サラダ、果物など）少々
・煮もの　中皿１皿分
・基本食　小皿１皿分　・漬けもの　2切れ

■**夕食**

・玄米ごはん　80～100g（うどん、そば、パンなどを加えてよい）
・すまし汁　1杯
・季節の野菜料理　大皿１皿
・基本食　小皿１皿　・漬けもの　2切れ

昼食が外食、そば、うどんなどの人のパターン

■**夕食**

・玄米ごはん　80～120g　・すまし汁　1杯
・季節の野菜料理、コロッケや野菜ハンバーグなどの変形野菜料理（主菜）　大皿１皿
・季節の野菜料理（副菜）　中皿１皿
・漬けもの　2切れ

夜遅く帰る人のパターン

■**朝食**

基本のパターンの朝食

■**昼食**

弁当持参の人のパターンの弁当

■**夕食**

めん類、またはパンなどの軽いもののみ

子どもたちの小さな体に、毎日農薬や添加物が入ったとしたら、その影響ははかり知れないものがあるでしょう。現に、アトピー性皮膚炎や冷え性の子どもの増加、大人になってからの花粉症なども無関係ではないといわれています。

自然な工程で作られたものは多少高価ですが、まずは調味料だけでも切り替えてみてください。昔ながらのおいしいしょうゆと油を使えば、煮ものに砂糖やみりん、酒がいらなくなり、みそ汁にはかつお節も煮干しもいらなくなります。結局、出費はあまり変わらないことになるはず。

＊各メーカーの問い合わせ先は、282ページを参照。
＊【　】内は、掲載されているページ。

●自然素材を原料とした、古式製法の調味料

■海の精・赤ラベル
（240ｇ　480円＋税／オーサワジャパン）
60種類以上のミネラルが含まれる、純国産自然海塩。伊豆大島の海水を、タワー式塩田で濃縮して製造。

■深層海塩ハイソルト（200ｇ　480円＋税／加藤農園）
伊豆大島の海岸から100mほど陸地に入ったところで採取する深層海水を原料に、じっくり低温で結晶させた塩。塩分濃度が低く、ミネラルなどの微量成分が多く含まれているので、料理をおいしくする。

■粟国《あぐに》の塩　釜炊き（250ｇ　630円＋税／沖縄海塩研究所）
沖縄本島から離れた粟国島のきれいな海水を原料にした、まろやかな味の自然塩。含まれるミネラル分が15〜20％、と驚くほど多い。天日干し（250ｇ　1000円＋税）もある。

立科麦みそ

■ **手づくりしょうゆ**

(1 ℓ　900円十税／オーサワジャパン)

有機栽培丸大豆と有機栽培小麦、自然塩が原料。木樽で二夏以上熟成させた、コクのあるしょうゆ。

■ **立科麦みそ**

(800 g　890円十税／オーサワジャパン)

有機栽培麦が原料の麦こうじと有機栽培丸大豆、自然塩で作ったもの。無添加、天然醸造法で1年以上熟成の非加熱みそ。豆みそに比べ陰性。

立科豆みそ

■ **立科豆みそ**

(800 g　890円十税／オーサワジャパン)

有機栽培丸大豆が原料の豆こうじと自然塩だけで作ったもの。無添加、天然醸造法で二夏以上熟成の非加熱みそ。麦みそより陽性。

■ **長寿豆味噌**（500 g　850円十税／長生堂）

国産大豆と粗塩を原料にした、とても陽性なみそ。料理だけでなく、手当て法の「ねぎみそ湯」には、このみそが最適。

オーサワ
ごま油

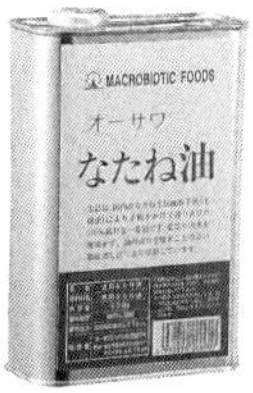

オーサワ
なたね油

■ **オーサワごま油（缶）**

(930 g　2200円十税／オーサワジャパン)

「玉締め法」という伝統的な圧搾法でゆっくり時間をかけて搾り、和紙でこした一番搾りの無添加油。炒めものや炒め煮に最適。揚げ油には、菜種油と半々で。

■ **オーサワなたね油（缶）**

(930 g　1000円十税／オーサワジャパン)

原料は国産菜種100％。「玉締め法」で圧搾のあと和紙でろ過した一番搾りの無添加油。ごま油と半々で揚げ油に使用すると、最高級の揚げものに。

百姓赤梅酢

オーサワの
トマトケチャップ

■ **百姓赤梅酢**

(150mℓ　320円十税／オーサワジャパン)

減農薬栽培の梅としそ、天塩を使用して作った梅干しの梅酢。無着色、無添加。

■ **オーサワのトマトケチャップ**

(300 g　520円十税／オーサワジャパン)

有機栽培のトマト、麦芽水あめ、純米酢、食塩、玉ねぎ、にんにく、香辛料を原料にした、ノンシュガーの無添加ケチャップ。

●薬品を一切使わずに作られた、安全な調理用材料

■ 特選南部地粉
（500ｇ　200円＋税／オーサワジャパン）

岩手産の契約栽培ナンブ小麦を100％使用した、準強力粉。パン、うどん、お好み焼きに最適。

■ 本葛粉（150ｇ　680円＋税／オーサワジャパン）
原料は、マメ科のクズの根。炒めもののとろみづけやあんかけ、くず寄せなどの料理や菓子作りに利用するほか、整腸作用があるので、くず湯やくず練りにして手当てにも活躍する。

■ 吉野くず・粉末（100ｇ　430円＋税／ムソー）
国内産のクズ根100％で作られた、粉末状のくず粉。コーフーや厚揚げを揚げものにする際、ころもとして使うのにとても便利。

■ オーサワの有機発芽玄米粉
（300ｇ　600円＋税／オーサワジャパン）

有機栽培活性発芽玄米を100％使用して、粉末化したもの。玄米は発芽によって各種栄養素が増加し、特に血流改善・血圧降下作用のあるギャバ（γ-アミノ酪酸）が豊富に。発芽玄米粉は臭みがなく、消化吸収にすぐれる粉。

■ ツルシマ　コッコー（250ｇ　600円＋税／ツルシマ）
国産のうるち玄米ともち玄米をいり、粉にしたもの。水で溶いて煮るが、濃く作れば玄米クリームのようになり、薄く作ればスープがわりに。母乳の代用にも。

■ 発芽玄米（乾燥）
（1kg　1250円＋税／加藤農園）

無農薬の玄米を水に１～３日浸し、発芽させたものを特殊加工して乾燥させた米。発芽した玄米は、眠っていた玄米の酵素が起きて活発になり、特にアミノ酸が増加。玄米が苦手な人でも食べやすく、炊飯器で炊けるのも便利。

■ 南瓜フレーク（100ｇ　450円＋税／長生堂）
国産かぼちゃ100％を乾燥させてフレーク状にしたもの。蒸してつぶしてお菓子に使っていたかぼちゃが、手軽な形に。

本葛粉

吉野くず・粉末

オーサワの
有機発芽玄米粉

南瓜フレーク

純練りごま

生こうふう

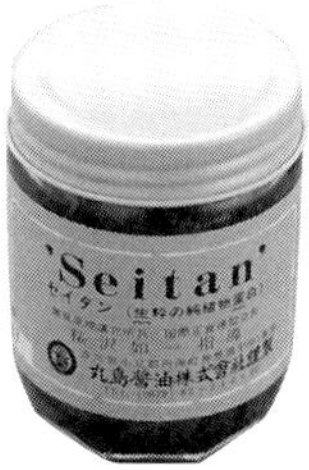

セイタン

フレーク寒天

■ **純練りごま**（150ｇ　400円＋税／九鬼産業）
薬品をまったく使わずにごまの皮を取り除き、香ばしくいって練りあげ、コクのあるペーストにした白練りごまと、皮つきのままいってペーストにした黒練りごまがある。ソースやドレッシング、あえごろもに。

■ **生こうふう**（150ｇ　390円＋税／長生堂）
小麦から抽出したグルテンを原料にして、薄いしょうゆ味で長時間煮たもの。フライごろもをつけてカツにしたり、野菜と炒めたりと、肉がわりに使用できる。写真のようなかたまり状のほかに、ミンチになったものや、小切りにしたものもある。味なしの「無地生こうふう」も。

■ **セイタン**（180ｇ　390円＋税／オーサワジャパン）
小麦グルテンを純正しょうゆで長時間煮つめて、濃い味に仕上げたもの。ほぐして肉じゃが風【15】などの煮ものや、炒めものに、細かく刻んでチャーハンやコロッケの具に最適。

■ **ツルシマ　糸そば**（150ｇ　160円＋税／ツルシマ）
そば粉40％、小麦粉60％で作った、あっさり風味の細めん。かけそば【63】、ざるそば、そばずし【25】に。

■ **ツルシマ　亀うどん**（250ｇ　170円＋税／ツルシマ）
国内産小麦粉と自然塩を原料にした、無添加の干しうどん。コシがあって素朴な味わい。煮込みうどんや離乳食に。

■ **フレーク寒天**（30ｇ　390円＋税／ムソー）
天草を100％使用した、フレーク状の寒天。繊維がたっぷりと含まれているので、腸の掃除に一役。果汁の寒天寄せ【31】などに。

●無添加・無糖でていねいに作られた、便利な加工食品

■ **特選胡麻《ごま》塩**（50ｇ　480円＋税／オーサワジャパン）
国産の黒ごまと、自然塩（海の精）を使用。ごまと塩は、９対１の割合。ごはんにふりかけたり、あえものやお菓子作りにも。

■ **こだわりてっか味噌**（65ｇ　980円＋税／大口食養村）

無農薬のごぼう、れんこん、にんじん、しょうがと手搾りの最高級ごま油（無農薬のごまを使用）、麦みそ、豆みそを原料とした、陽性のふりかけ。毎日ごはんにかけて食べると、陰性体質の改善に。

■ **玄米クリーム**（200ｇ　230円＋税／コジマ）
玄米がゆを裏ごししてクリーム状にしたもので、玄米のパワーが凝縮されている。消化吸収が非常にいいので、病人食や離乳食に最適。薄めると玄米スープ【162】に。

玄米クリーム

■ **玄米粥**（200ｇ　180円＋税／コジマ）
じっくりと炊きあげて、食べやすくなった玄米がゆ。離乳食にもよく、レトルトパックなので、お出かけや旅行の際の携帯に便利。粉と混ぜて焼くと、おいしいおやつに【32】。

■ **玄米もち**（300ｇ・6個入り　400円＋税／コジマ）
国内産のもち玄米を原料とした、栄養価の高いもち。５〜８分蒸すと、つきたてのもちのようになる。大根おろしを添えて。

■ **玄米甘酒**（250ｇ　320円＋税／オーサワジャパン）
砂糖などの甘味料は一切加えていないのに、甘みは強いので、甘酒として飲むだけでなく、手作り菓子の材料にも利用できる。レトルトパック入り。

玄米甘酒

■ **玄米ぽんせん**（８枚　200円＋税／ミヤコ）
薄い塩味で香ばしい、玄米100％の素朴な菓子。おやつに、ポタージュのクルトンがわりに。熱湯を注げば玄米がゆに。

■ **ツルシマ　香蓮飴**（100ｇ　330円＋税／ツルシマ）
三分搗き米を煮つめて水あめにし、れんこん粉末としょうが粉末を加えて固めたあめ。砂糖などの甘味料は不使用。

ツルシマ
香蓮飴

■ **玄米キャンディー（梅肉エキス）**
（50ｇ　180円＋税／オーサワジャパン）

国内産玄米を有機麦芽で糖化した、玄米水あめが主原料。梅肉エキス入りで、甘酸っぱい味わいがさわやか。

■ **鯉こく**（140ｇ　600円＋税／オーサワジャパン）
抗生物質や添加物を使わないえさで育てた鯉を、ごぼうと一緒に煮て、みそ仕立てにしたもの。水を加えて温め、みそ汁のようにして、貧血時などに飲む。

鯉こく

■ **寒漬大根**（200ｇ　600円＋税／オーサワジャパン）
国産無農薬栽培の大根と自然塩を原料にし、寒風でカラカラに干した漬けもの。食べ方は63ページを参照。

第2章

妊娠・出産・育児のなんでも相談編

悩みや不安、心配事は、話して楽に！

妊娠中の気がかりなこと

Q1

妊娠してから、おなかのあたりがかゆくてたまらないことがあります。どうしてかゆくなるのでしょう。かゆみを止めるには、どうしたらいいの？

A 妊娠することで、体内の機能やホルモン分泌すべてが促進されます。いろいろなものに過敏になりやすく、食べものや衣類などにも反応しがちです。
まず第一大根湯[1]【160】を飲んでみてください。乳製品や卵、肉や魚介類を控え、ごはんにみそ汁、野菜の煮ものといった日本型の食生活を心がけ、過食と便秘に注意を。

Q2

つわりで、まともにものが食べられません。おなかの赤ちゃんに、十分な栄養がいかないようで心配です。発育に影響はないのでしょうか？

A 食べられないということは、陽性体質で血液が濃いということです。赤ちゃんの栄養は十分と考えられるので、発育を心配しなくてだいじょうぶ。食べられるものだけ食べてください。固形物が食べられなければ、水分でも。食べられそうなものは、まず自然食品で考えてください。そのなかに食べられるものがない場合、少し範囲を広げ、少量をテストしてみましょう。食べたあとに、異常がなければ量をふやすといったぐあいです。
同じ食べものでも、濃度や温度を変えると食べられる場合もあります。一口の分量をごくごく少量にし、吐かないようならまた一口食べる、という方法も試してみてください。吐きやすいときは、何かを飲み込む刺激だけでも、引き金になってしまいますから。

Q3

カレーやキムチなど、辛い食べものが好きですが、妊娠したら食べないほうがいいのですか？

A　極陰性の辛い食べものが好きということは、今までに反対の陽性食品、例えば肉、魚、卵などが多く体に入っているから。体は陰性を要求して、バランスをとろうとしています。

いくらバランスをとろうとしているとはいえ、これは一種の悪循環。動物性食品を食べる→辛いものがほしくなり、食べる→動物性食品がほしくなり、食べる→辛いものがほしくなる。これでは赤ちゃんにとって好ましい環境とはいえません。野菜を多めに摂るようにして、辛いものを控えていくと、自然に動物性食品も要求しなくなります。

Q4

一人目を産んだとき、胎児が子宮にいるのに胎盤がはがれてしまう「胎盤早期剥離《たいばんそうきはくり》」が起こってしまいました。どんな食事が原因だったのでしょうか？　二人目を産むにあたって、食べ方や日々の過ごし方でどんなことに気をつけたらよいのでしょうか？

A　胎盤早期剥離は、陰性の食事、例えば甘いものや果物、酢のものなどが多かったり、おかずが多いことが原因と考えられます。清涼飲料水などの多飲でも起こるので、まずこれらの陰性食品を控えることが肝心。穀物と野菜の食事に切り替えて、穀物が食事全体の60〜70％の食生活を心がけてください。体を動かし、規則正しい生活を。

Q5

妊娠後期ですが、逆子《さかご》が直りません。逆子になるのはどうしてでしょう。直す方法は？

A　逆子は主食に対して副食過多、つまりおかずが多いことが原因です。どういうことかというと、人間の胎児は体より脳のほうが重いのが正常で、体のほうが重いと逆子になります。脳の栄養となるのはブドウ糖で、これにはごはんのでんぷんからつくられるブドウ糖が最適。だから、ごはんが少ないと脳が重くならないことになり、逆子になるというわけです

副食を減らし、主食をしっかり食べると、正常な位置に戻ります。

Q 6

双児を妊娠しています。帝王切開でなく自然に産むには、何かできることがありますか？

A　双児を妊娠したこと自体、特別な症状がない限り自然分娩できる能力があると考えますが、保証はできません。食事を穀物菜食に切り替え、大根干葉《ひば》の腰湯【174】をしたり、軽い運動を続けるなどの方法を実施してみてください。

Q 7

妊娠7か月ですが、赤ちゃんのへその緒《お》が首に巻きついている、と診断されました。なぜ巻きついてしまったのでしょう。出産までに直せますか？

A　お母さんの食事内容に、ムラがあるのでしょう。その影響を受けた子宮内環境の変化につれて、赤ちゃんが回転したためと考えられます。直ることは保証できませんが、へその緒が巻いていても自然分娩できる場合もあります。状況しだい、と言わざるをえません。

食を正して、手当て法の干葉の腰湯【174】をします（冷えがある場合は塩入りで）。貧血がある場合は、梅しょう番茶[1]【156】を1日1回、150cc飲んでください。しょうゆ番茶【156】でもよいですが、梅しょう番茶もしょうゆ番茶も、おいしくないときは飲まないこと。腰湯のあとに疲れがないようなら、どちらもいらないでしょう。梅しょう番茶

がはっきりとおいしくないとわかるときは、果汁【163】が必要なこともあります。

Q8

乳首が、かゆくてたまらなくなるときがあります。かゆみを止めるには、どうしたら?

A　乳首がかゆくなるのは、乳汁分泌が始まっている証《あかし》です。しょうが湯【175】か、熱い湯に浸して絞ったタオルで蒸しながらマッサージをし、搾るとよいでしょう。ただし、おなかがはるようでしたら、中止。

Q9

羊水の量が少なめ、と診断されました。食事や手当てで羊水をふやすことはできますか?

A　羊水の量が少なめとのことですが、日常生活でほかに異常がなければ心配ないと思います。乾燥肌とか、とてもやせた方でしょうか? 食生活は動物性食品や揚げもの、甘いものなどをお好みでしょうか? いずれにしても、動物性食品や菓子類を減らして、ごはんをしっかり食べ、おかずは野菜中心で、煮た料理を多くしてください。

Q10

妊娠7か月で、おなかの赤ちゃんが発育不良と診断。食事を変えて大きくなりますか?

A　お母さんの毎日の食事が血液の質を左右し、おなかの赤ちゃんはそのお母さんの血液によって成長しています。お母さんの食事を変えれば発育の仕方は変わりますが、大きくなれば発育がいいともいえません。赤ちゃんの動きや、心臓の鼓動などが元気でなら、小さくても心配ありません。昔の人は、「小さく産んで大きく育てよ」と言いました。

ただしあなたの食生活が、主食が少なくておかずが多い、アルコールや嗜好品《しこうひん》が多い、また生活が不規則な場合は、大きくくずれた生活習慣を変えることが必要です。

お母さんがストレスを受けやすかったり、睡眠不足が続いているようでしたら、まず睡眠を十分にとること。そして、状況はさまざまだとは思いますが、赤ちゃんのためになるべくゆったりとした時間をもつことです。

Q11

胎動が強い子と弱い子とありますが、その差はどうして？　どっちがいいの？

A　胎動の強弱は、元気な子とおとなしい子がいるといえますが、元気よく動くからよいわけではなく、胎児にとって心地よくない胎内環境や強いストレスによって強く動くことも。例えばお母さんがお酒を飲んだりタバコを吸うことで胎内環境のバランスがくずれ、赤ちゃんは苦しくて極端に動いたり、また逆に動かなくなってしまうことがあります。

安定した環境では、胎動が静かな場合もあります。極端に胎動が強かったり弱かったりするのではなく、お母さんに話しかけるような穏やかな胎動が理想的といえるでしょう。

お母さんは生まれてくるあなたを待っていること、愛していることを話してあげます。胎児の動きが、お母さんの生活態度や精神状態と無縁でないことが体験でき、いとしさが増すでしょう。

Q12

母乳の出がよくなるような、妊娠中の乳房の手当てなどがありますか？

A　産み月の前に、乳房をしょうが湿布で5〜10分間蒸したあと、わきの下→乳房→乳首の順で軽くマッサージをします。お風呂で熱めの蒸しタオルを当て、同様にしても。ただし、マッサージを強くし過ぎると、子宮を刺激して流産のおそれがあるので、注意。

陥没乳頭の場合も、しょうが湿布をしたあとでつまみ出すようにするといいでしょう。

体験報告

食事を変えたら、お産も楽！　子育ても楽！

どの子のときも、陣痛は生まれる直前の15〜20分だけ

左から、
佳《か》なみちゃん（15歳）、
燿嘉君《あきよし》（9歳）、
東史子さん（50歳）、
妹佳《まいか》ちゃん（12歳）。

夫がやや太りぎみだったことをきっかけに、穀物菜食に切り替えたのが、21年前。夫はどんどんやせ、まわりは心配しましたが、体調はよくなっていきました。私は食事を変えてから３か月間生理が止まったのですが、その後は普通に戻り、以前は濃い色だった生理の血液が、鮮やかな真っ赤に変化。植物性だけの食事を続けたために、きれいな血液になったことを実感しました。

その後、長女、次女、長男がたて続けに生まれたのですが、3回とも妊娠4か月くらいまではつわりで食欲が落ち、やせました。けれど、それを過ぎると食欲が出て体重も戻り、産む直前まで元気よく動き回っていました。そのころの食事は基本的な玄米菜食で、果物はほとんど食べませんでした。

お産はどの子のときも、夜明け前に始まり、１時間ぐらいかかって明け方に生まれました。いずれの場合も陣痛は、生まれる直前の15〜20分間だけ。その間は、短く息を吐き、いきまないようにしました。3人とも、助産師さんを呼ばずに、自宅で夫に手伝ってもらいながら、無事に産むことができたのです。

それからも、子どもたちはとても健康に育っています。本を通して桜沢如一先生に「台所は生命の薬局」、大森一慧先生に「食べものが愛情なんですよ」と教えていただいたことが、今の私を大きく支えています。そしてなによりも、平凡な主婦が責任感と使命感をもって生きていけることに、感謝しています。

真田東史子《としこ》（神奈川県）

出産直前と直後の心配なこと

Q1

破水したら、どうしたらいいですか？　先に破水が起こる原因は？

A　破水したら産院、助産師に連絡をとり、指示を受けてください。本来出産は、赤ちゃん主動で始まるのが普通なのですが、破水するとそうではなくなります。
破水は身体的、精神的トラブルがない場合、食事の陰性過多から起こるもので、お母さんの食事に甘いものや果物、生野菜などが多かったのかもしれません。

Q2

予定日が近づくにつれ、お産が怖いのと、自分に育児ができるかという不安で、すっかりブルーな気分になってきました。リラックスできるような飲みものなどないでしょうか？

A　少々疲れていますね。梅しょう番茶 1 【156】を1杯飲んで、おにぎりでもよくかんでみましょう。お産とは、自然現象です。自分の子宮と赤ちゃんを信じて、なるにまかせましょう。

Q3

陣痛が始まりました。安全なお産ができるような、手当ての飲みものなどがありますか。

A　特別ありません。自信と勇気をを持ちましょう。お産は自分がするという自覚を持ち、医師や助産婦を信頼することです。

Q4

出産間近なのに、子宮口がかたいと言われました。なぜかたいのでしょう。対処法は？

A　少々陽性過多です。干葉《ひば》の腰湯【175】をし、陣痛が始まったら、りんごを1個食べてみてください。

Q5

予定日よりだいぶ早く生まれる場合と、1～2週間遅れて生まれる場合がありますが、どうしてでしょう。

A　早く生まれる場合は陽性で、比較的赤ちゃんも元気。遅れる場合は陰性で、赤ちゃんも静かです。お母さんの体質と食事の差によるもので、早い場合は食事内容でみると動物性食品が多かったり、植物性でも陽性食品が多く、行動的な人です。遅れる場合は甘い菓子や果物、香辛料、アルコールなどの陰性食品が多く、静的な人の場合といえます。

規則正しい食生活で、その内容も主食と副食のバランスも正しい場合【35】、予定日に近い出産になります。また、妊娠中の動きにも大きく左右されます。

Q6

お産による出血が多かった場合の、手当てを教えてください。

A　ごま塩の頓服《とんぷく》【170】です。それから、腹帯をしっかり締めること。

Q7

産後、お風呂から出ると膣《ちつ》から湯が出てきます。どうしたら、治りますか？

A　膣の筋肉が完全に回復していないためですから、意識的に筋肉を締める運動、つまり肛門を締める運動をくり返すとよいでしょう。肛門を締めれば、膣も締まります。食事は陰性食品（甘いものや果物、清涼飲料水など）を控え、料理の味を濃いめにします。

Q8

出産後、精神状態が不安定で、つらくてたまりません。マタニティブルーは、時期が過ぎるまで治らないのでしょうか？

A マタニティブルーも体調の現れです。まずは一日1回、梅しょう番茶1【156】を飲んでみてください。主食は十分食べていますか。毎朝みそ汁は忘れずに。また根菜の炒め煮のような、時間をかけた野菜の煮込み料理を食べるようにしましょう。

食生活が変われば、マタニティブルーも自然に解消します。それまでは、自分だけで抱えていないで、声に出して身近な人に話すことです。きっと、気持ちが楽になります。

Q9

第二子は、体じゅうに白くなるほど体脂がべったりとついて生まれました。第一子はそんなことはなかったのですが、その差はどうして？

A 体脂が白くなるのは、母体が冷えていたため。動物性脂肪は、温度が下がると白く固まります。それと同じ原理で、子宮が冷えていたために体脂が白くなったというわけで、意外に冬のお産より夏のお産のほうに多いものです。暑いからと体を冷やすものを食べたために起こったことで、冷房や薄着の影響もあります。

新生児（生後4週間まで）の悩みと気になること

Q1

へその緒を切ってからの消毒は、何を使ったらいいの？

A オウバク末【188】か、ふきの根の煎じ汁をガーゼにしめらせ、ばんそうこうで貼っておきます。

Q2

へその緒がとれたあと、いつまでもじゅくじゅくしています。どんな手当てをしたらいいですか？

A 母乳をあげているお母さんの食事に、陰性食品（甘いものや、果物、生野菜や薄味のもの）が多いですね。水分量を調整し、食事があなたの必要量より多い場合は少し控えめに。手当てはオウバク末【188】を脱脂綿につけてたたいておくといいでしょう。

Q3

赤ちゃんに着せるものや布団は、大人より少なめでいいのでしょうか。

A 赤ちゃんは大人より体温が高いので、衣類や寝具は大人より1枚少なめにするのが基本です。なお、布団はかためのものを使用します。赤ちゃんは体温の調節がまだうまくできないので、気温、室温の変化に合わせて、こまめに調整してあげましょう。

Q4

1か月ですが、ときどき「うーん、うーん」とうなっています。母乳の飲み過ぎで苦しいのでしょうか？

A 昔から、「赤ちゃんは、うーん、うーんとうなって育つ」といわれていて、月齢が進み、体の動きが活発になるとうならなくなります。だからあまり心配することはありませんが、少々母乳が濃いのが原因でうなることも。お母さんが野菜を多く摂るようにすると、母乳が薄くなって赤ちゃんは楽になります。

Q5

生後半月の子ですが、おっぱいをあげても寝てくれず、ベッドに寝かせるとすぐに泣きだします。体重の増加は順調なので、母乳不足ではなさそうなのですが。

A ほかに異常がない場合、母乳の与え過ぎを考えてみましょう。抱きぐせもあるかもしれませんが。お母さんの食事内容を一時的に玄米がゆ【23・86】にするか、野菜を多めにしてみましょう。

Q6

ビタミンK欠乏症を防ぐために、病院では出生時と生後1週間目、1か月検診時にビタミンK₂シロップを投与していますが、飲ませたほうがいいのでしょうか？

A ビタミンKは、緑黄色野菜に多く含まれています。野菜中心の玄米食の方たちにもシロップはすすめていませんが、そのための異常は聞いていません。あなたが自信をもてれば必要ありませんが、どうしても心配と思うのでしたら投与してもいいでしょう。要は、お母さんの考え方しだいです。

Q7

上唇が生まれつき割れています。妊娠中の食事が原因なのでしょうか。手術をしなければ、治せませんか？

A 妊娠中の、陰性食品過多の食事が原因です。甘いものや清涼飲料水、果物や生野菜が多くありませんでしたか。状況はわかりませんが、場合によったら医師と相談のうえで手術をしてから、穀物と野菜の食事にする方法も考えましょう。

Q8

生まれたときからつめが両わきにくい込んではえていて、伸びるときもさらに肉にくい込んでしまって赤くなります。近所の赤ちゃんは、つめが外側に反《そ》り返って伸びるそうです。この違いは、なぜ起こるの？

A 陽性過多の現れです。お母さんの食事を穀物と野菜中心にし、主食は麦、めん、天然酵母パン、玄米がゆ【23・86】などにしてください。少々酸味のある果物、例えばかんきつ類や酸っぱいりんごなども摂るといいでしょう。

反対につめが反り返るのは、陰性過多。この場合は、甘いものや果物などを食べたくても野菜料理を食べて抑え、玄米ごはん【20】をしっかり食べます。

Q9

口からカニのように、泡を出しているときがあります。機嫌はいいのですが、気になります。

A あまり心配はありませんが、母乳をあげているお母さんの食事のバランスがくずれているせいだと思います。甘いものや動物性食品を控えて、穀物と野菜、海藻をよくかんで食べてみましょう。泡が出るのも、おさまってくるはずです。

赤ちゃんの体と発達の悩み

Q1 赤ちゃんのうんちは、どういう状態が正常なの？　食べものとの関係は？

A　母乳栄養児の場合、卵の黄身と同じような、粘り気のあるやわらかい黄色の便が健康時のものです。ただ、お母さんの食事内容によって、ときには白いツブツブがあったり、色が白っぽくなったり（陰）、反対に色が茶色っぽくなってかたくなる（陽）こともあります。

排便直後は黄色でも、空気に触れると緑色っぽくなる場合もありますが、赤ちゃんの機嫌がよく、特別異常がなければ心配はいりません。不消化であったり、酸っぱいにおいがする場合も同様です。

人工栄養児の場合は、便の色は淡黄色で、特有のにおいがあり、かたくてしっかりした形になっていることもあります。不消化便やツブツブがある場合は、病的なこともあるので医師の診断を受けてください。

Q2 うんちに血が混ざって出てきました。赤ちゃんでも「痔」になるの？　それとも、腸からの出血？

A　目で見て血とわかる場合は、便がかたいため、排便時に肛門に傷ができたと考えられます。腸出血の場合は水のような軟便や粘液が混ざり、おっぱいを飲まない、ぐずるといった異常を伴います。様子をみて、出血が続くようなら病院に。

Q3

右の黒目が、内側に寄っています。外側に向く子もいるようですが、どうしてそうなるのでしょう。食事を変えると治りますか？

A　黒目が内側に寄っているのは陽性過多で、外側に向いているのは陰性過多です。さらに右目の場合は陽、左目の場合は陰とみます。

ご相談は右目が内斜視ですから、お母さんの食事が陽性過ぎたということです。動物性食品を控え、ごはんと野菜中心のおかずにしていくと、正常な位置になっていきます。本来、赤ちゃんは陽性体質で生まれてくるので内斜視が多く、成長すると陰性になって正常になります。

Q4

舌小帯《ぜっしょうたい》短縮症の手術をすすめられました。母乳の飲みがよくなるそうですが、小さな子に手術というのは、かわいそうな気がします。食事で徐々に治せないでしょうか。

A　症状の程度によりますが、赤ちゃんにとって母乳は生命の源ですので、飲みが悪い場合は手術もやむをえないかもしれません。舌小帯が短過ぎると吸う力が弱いので、母乳の分泌が抑えられ、早く出なくなってしまうということもあります。

乳児期は、人間の一生で最も盛んに発育するとき。その時期に栄養不足ということは、大変なダメージになります。舌小帯の手術はほんの瞬時ですので、早い時点で正常な状態にしてから、正しい食事にするのも一つの方法ではないでしょうか。

Q5

しじゅう鼻が詰まっていて、おっぱいが飲みづらそうです。鼻づまりは、体質的なもの？

A　鼻づまりは鼻くそが詰まっているだけのこともありますが、冬場では湿度不足が引き起こしていると考えられます。湿度が不足すると、鼻の粘膜が乾いて刺激となり、そのために出た分泌物が鼻を詰まらせているのです。

加湿器を使って、湿度を40～60％に保つようにし、詰まったときは、ねぎの白いところを細かく刻んでガーゼに包み、香りをかがせると鼻が通ります。ねぎを刻んで出る汁を、鼻の両サイドに塗ってもいいでしょう。

食事面から要因を考えると、お母さんが主食（ごはん）が少なくおかずを多く食べているか、肉類や飲みものが多くないでしょうか。そのような食事のために母乳の分泌がとても多くなり、赤ちゃんの飲み方もよいと、結果的に母乳の飲み過ぎになって、鼻づまりを起こしてしまいます。

ごはんと野菜中心の食事にし、飲みものも必要以上に飲まないようにしていれば、母乳の分泌は適量になり、鼻づまりのような不快症状も治っていくでしょう。

Q6　寝ているとき、大人のように大きないびきをかきます。鼻に異常があるのでしょうか。

A　おっぱいの飲み過ぎで、肥満ぎみではありませんか？　Q５の答えと同様、お母さんの食事が副食過多（おかずが多い）のことが多いので、穀物を主体とした菜食にしていけば改善されると思います。

食事が思いあたらない場合、寝かせたときの首の角度にも関係があるので、寝ている子の首の角度を変えてやります。それでも治らない場合は、医師の診断を。

Q7　首のすわりが早い子と遅い子がいますが、食事と関係ありますか？

Aもちろん食事と関係があります。首のすわりが早い子は陽性、遅い子は陰性で、お母さんの食事が中庸であれば普通にすわるものです。

すわりが遅い場合、特別に遅くない限り心配はないと思いますが、母乳をあげているお母さんの食事を見直すべきでしょう。甘いものや果物、飲みもので母乳を陰性にしていないでしょうか。カルシウム源となるごまや海藻、緑黄色野菜を油で炒め、しょうゆ味で煮て食べるようにしてください。

また、赤ちゃんの日光浴はできていますか？　丈夫な骨をつくるのに太陽の光は不可欠ですから、外には努めて連れ出すようにしましょう。

Q8

8か月なのに、まだ寝返りをうたなくて心配です。

A寝返りの時期は子どもによって早い遅いはありますが、お母さんの食べ方のくせが関係していそうです。毎日の食事内容と量を記録すると、原因がつかめると思います。玄米菜食に切り替え、ごま塩【68・85】や鉄火みそ【73・85】を多めに摂るのも一法。

Q9

頭がひどい「絶壁」ですが、直るのでしょうか。あおむけに寝かせていても、「絶壁」にならない子もいますが、どうしてでしょう。


A一般的な栄養指導が主食より副食重現の傾向にあり、「副食すなわち栄養」という見方が常識化しています。その結果、現代は「絶壁児」がふえているわけですが、要は主食の不足が原因で、そうなると持久力も弱い傾向があります。

食事のバランスを主食メインにして、副食40～30％を実践することで、「絶壁頭」も直ります。それから、「絶壁」の子の場合、寝るときに顔が向くほうの首筋が、特にかたいので、朝夕しょうが湿布【180】をするとか、入浴時にもみほぐすといった手当てをしてあげましょう。

Q10

夜寝る前にだけ、せきをします。昼間はせきも出ず、元気に過ごしているのですが。

A　昼間優位に働いていた交感神経が、夜働く副交感神経と交替するのが、寝入るとき。この子の場合、神経の交替時に体内の毒素を吐き出すために、せきをすると考えられます。食事は、体を陰性にするものに注意します。つまり、甘いものや、清涼飲料水などを控えるようにすると改善に向かうでしょう。

Q11

マクロビオティックの先輩ママが、「うちの子は、予防接種をしていない」と言っていました。何もしなくて、だいじょうぶなんでしょうか。

A　予防接種は、一度感染症にかかったら、免疫ができて二度はかからないという「二度なし現象」から発展したもの。病原菌を無毒化して注射すると、その病原菌に感染しても発病しないか、軽くすむことから、予防接種が行われるようになりました。

けれど、予防接種の発想の元となった「二度なし現象」は、自然感染でできる免疫力によるもので、人工的な予防接種は不自然なものと言わざるをえません。予防接種によって引き起こされる、副反応（発熱や発疹など）や副作用（ごくまれに死亡、重度の障害）の問題もあります。

生まれたばかりの赤ちゃんは、おっぱいに備わった免疫力によって守られていますが、発育するにしたがって、突発性発疹や嘔吐下痢症《おうとげりしょう》など、乳幼児感染症の洗礼を受けます。

穀物菜食の育児をしていると、このような感染症は発病しても軽くすむか、発病しないという体験をもっているのが普通。まさに、子どもは元気そのものといわれた一昔前の自然育児です。この場合、食材は無農薬で、調味料も天然醸造のもの。化学加工品は一切排除しています。

平成6年の予防接種法の改正で、予防接種は強制的な義務接種ではなく、努力義務であることが法文上明らかになりました。予防接種に限らないことですが、赤ちゃんに対する行為に関して、他人の言葉は参考までにとどめ、お母さん自身の判断に従うべきだと私は考えます。

Q 12

生後1か月くらいの間に、子どもの髪の毛が抜け、はげたようになってしまいました。そのうちまた毛ははえてきたのですが、なぜ抜けたのでしょう？

A 髪の毛は血液の変形したものです。その髪の毛が抜けるということは、大変な陰性です。質問によりますと、はげたようになったのがまたはえてきたとのことですが、その間に食事の内容が大きく変わったことで体質が変化し、はえ替わったともとれます。思いあたることはありませんか？

頭の各所は、各臓器と関連があります。例えば頭のある部分だけ抜けたという場合は、その場所に関連する臓器を極端に弱める食べものか、薬品などが体内に入ったことが原因と考えられます。

ちなみに、一般的にいって秋口に髪が抜けるのは、夏の間の陰性な飲食物、例えば夏野菜、清涼飲料水、水、ビールなどの過剰摂取によるものなのです。

Q 13

子どもの便の回数が気になるのですが、月齢、年齢によっての目安を教えてください。

A　便の回数は個人差が大きく、同じ子どもでも、食事や環境によって変わってきます。誕生から1か月くらいまでは一日2～3回の子もいれば、7～8回の子も。その後月齢が進むにつれて、回数は少なくなっていきます。

私の体験では、完全母乳育児でしたので、子どもの便秘で困ったことがありません。便の回数よりも、便の状態、かたいかやわらかいか、下痢便に近いか、不消化物や粘液が混ざっていないか、またにおいのよしあし、色などで体調の判断をしました。

大小便は、「体のお便り」。つまり、体調のバロメーターです。健康ならばよい便が、回数も安定して出るはず。細心の注意を払いつつ、あまりとらわれ過ぎないことも肝要です。

Q 14

1歳2か月になりますが、まだ歩きだしません。どのくらいまでなら心配ないのでしょう。また、歩くのは早いほうがよいのでしょうか？

A　赤ちゃんの成長と発達には、かなり個人差があります。ともすると、早く歩きだす子は歩行の遅い子より発達が良好と受け止められがちですが、いい悪いではなく体質の違いなのです。遅くとも1年半までには歩きだすでしょうから、しばらく様子をみましょう。特に体がやわらかくぐにゃぐにゃしているとか、歩行以外にも異常があるようでしたら医師に相談を。

ところで、お子さんは離乳食が進んでいますか？　また断乳はできましたか？　自分で立って歩くということは、お母さんからの自立を意味します。お母さんも子どもが自立しやすいよう、少し距離をおいて見守りましょう。

おっぱいと離乳食の悩み

Q1 もちを食べると母乳の出がよくなるって、本当ですか？

A　貧血ぎみで、造血が十分でない場合は効果があります。昔はこのタイプが多かったのですが、現代のお母さん方の場合、肉や魚、乳製品や揚げものなどを多く摂ってきている人がほとんどなので、脂肪過多で乳腺が詰まっているうえに、おっぱいの質が濃くて出ない場合が多いようです。

　このような場合は、もちを食べることで、さらに母乳の出が悪くなってしまいます。

Q2 おっぱいは、泣くたびに与えていいのでしょうか。

A　おっぱいがほしくて泣いてる場合は、あげます。ただし、おっぱいは食事ですから、リズムがあることを心得てください。初めは1～2時間おき、そのうちに3時間おきと変わっていきます。基本的には大ざっぱな間隔のあけ方で、泣いたら飲ませるでよいわけですが。

　いつまでも乳房を離さなかったり、離してもすぐほしがるときは、母乳不足も考えてみます。このような場合はお母さんが、玄米クリーム【65・86】や玄米がゆ【23・86】を摂ってください。

Q3

おっぱいを飲んだあと、乳首をかむことがあります。母親が食べたもので母乳が変わると聞いたことがありますが、そのせいでしょうか？

A 赤ちゃんは、母乳の質に敏感に反応します。今の赤ちゃんの状態に合わない、つまり赤ちゃんが植物性でできたさらりとしたおっぱいを求めているのに、出てくる母乳が動物性でできた濃すぎるおっぱいだということはないでしょうか。お母さんが「鶏肉を食べたら、乳首をかまれて困った」といった話は、よく耳にすることです。また「カレーを食べたら、かまれた」とも。この場合は、陰性な香辛料のせい。

いずれにしても、陰陽両極端な食事でなく、穀物を主体としたまんなか（中庸）あたりの食事でつくられるおっぱいが、赤ちゃんはいちばん好きなのです。

離乳食が進んでいる場合は、おっぱいがほしいのではなく、湯かお茶を要求していることもあります。「断乳」の早い子と遅い子がいますが、発育がよい陽性の子のほうが、早いようです。お母さんより、赤ちゃんのほうが自立の準備が早くできている、という受け止め方もできます。

また、乳歯がはえる前には歯ぐきがかゆいので、おっぱいをかむことがあります。昔は、たくあんのしっぽを水に浸けて塩抜きし、そのころの赤ちゃんに持たせたものです。私は、寒漬け大根【86】をもどさず、縦長に切って持たせました。

Q4

おっぱいを頻繁《ひんぱん》にあげなければならないのは、母乳不足なのでしょうか？

A 母乳不足の場合は、いつまでも乳房を離さなかったり、体重増加が少ない、便の回数が少ないなどの症状が伴います。これらの状況がない場合は、1〜2時間の間隔をおき、赤ちゃんの相手をして遊んであげてください。しょうが湿布をしたり、乳房のマッサージもお忘れなく。常に細心の注意をしてこそ、赤ちゃんはすくすく育ちます。母乳不足のようなら、お母さんが玄米クリーム【65・86】や玄米がゆ【23・86】を摂ります。

Q5

3か月の子ですが、夜中の授乳が3時間もあきません。1〜2時間ごとに泣き、おっぱいをあげるとすーっと寝ます。

A 母乳が薄いことが、原因にあります。お母さんがごはんや玄米もち、みそ料理など、母乳の材料となるものを摂ると、母乳を要求する間隔は長くなります。

玄米菜食を継続してきた私の場合、2か月を過ぎると3〜4時間間隔が普通でした。また、夜の授乳は1〜2回くらいだったと記憶しています。

Q6

断乳まで夜中の授乳が続くのでしょうか?

A 子どもによって違います。私の場合、夜の授乳がなくなるときが断乳時期でした。第一子は断乳を強固に実践しましたが、次男は比較的早く自然に断乳しました。

Q7

離乳食を始めたら便が固まってくると聞いていたのに、2か月たってもやわらかい便が出ます。食べさせるものが、悪いのでしょうか?

A 食べた内容によって便が変化するので、状態をみながら離乳食を進めて行きます。便が少しやわらか過ぎるというのでしたら、主食の水分を今より少なくして、水分やスープは別に与えてください。さらに陽性食品をメニューに加えるとよいのですが、最初は麩から始め、高野豆腐、コーフーミンチ（85ページの「生こうふう」のミンチタイプ）なども徐々に加えていくといいでしょう。

Q 8

7か月の子ですが、よく食べてよく飲むのに、体重があまりふえません。動物性食品や、乳製品を摂らないせいでしょうか？

A 一般の食事の子どもに比べて、玄米菜食の子どもは体重増加が少ないのが普通。けれど知能の発達は早くて、どの子も生き生きとしているので心配ありません。

人間の子どもは体外胎児として生まれて来るのですが、変化する環境に適応するため、出生後に脳が著しく発達します。その脳の栄養がブドウ糖（糖質）です。

人乳の糖質は、牛乳の3倍。ごはんも糖質ですから、人間のほうが動物より脳の発達が早いのです。一方牛乳は、タンパク質や脂肪が人乳の2〜3倍。これは動物が出生と同時に自分で立ち、敵に対応できなければならないからで、体を早く発達させる必要があるためです。そのぶん糖質が少ないので、動物の脳は小さいのだと考えられます。

ですから人間は脳の発育が先で、体の発育は遅くても心配ありません。

Q 9

8か月になりますが、離乳食をあまり食べたがらず、母乳ばかりほしがります。どうすれば、食べるようになるのでしょう？

A 子どもによっては、満足するまで母乳を飲んで自分からおっぱいを離すタイプもあります。まだおっぱいを飲み足らないし、お母さんのおっぱいがおいしいのですから、しばらくは飲ませてあげてください。離乳食はマニュアルどおり進まなくても、月齢が高くなれば、急速に進みます。なにより赤ちゃんの気持ちを大切にしましょう。

Q 10

11か月の子ですが離乳食はごはんしか食べたがらず、おかずをまったく食べません。だいじょうぶでしょうか？

A 子どもの食欲は、親からみると大変勝手ですが、本能のままに表現しているもの。必要なものを必要なときに、必要量摂っているのです。生理に順応しているのが赤ちゃんで、一般常識にとらわれているのがお母さんだということを、覚えておいてください。

Q 11

1歳の子ですが、ごはんをいやがり、おかずにしか手を出しません。うちのごはんが玄米だからでしょうか？　うどんはよく食べます。

A 体質的に陽性の子のようです。穀物が主食であれば、玄米でなくても、うどんなどでもかまいません。

また、おかずをよく食べるようですが、子どもの好むカツやコロッケなど油を使った料理では、主食はおのずとうどんのような軽いものになってしまいます。おかずに野菜の煮もののような、代謝を促すものを多くすれば、自然にごはんを食べるようになっていきます。

あるいは、今のこの子にごはんが必要ないのでは？とも思います。子どもは自分に必要なものを、本能で知っています。お母さんの判断を押しつけるのではなく、子どもの内なる声を静かに聞いてあげてください。

それから、食生活の悪循環ということもあります。過去に食べていたもので、穀物と野菜中心の食事では摂らない食べものをほしがる場合です。例えば、肉を要求して食べる→甘いものや果物を要求してごはんを食べない→また肉を要求する、といったケースなど。

そのようなときには、穀物と野菜、海藻の食事の範囲で、本人が要求したものと近いものを考えて、代替してみてください。肉をほしがるときは、コーフーカツ【68】や生こうふう【85】のフライでも案外満足するものです。

Q12

断乳の時期は、いつ頃がよいのでしょう。その方法は？


A 私は歩き始めの時期、1年3か月ごろまでとみています。離乳とは母からの分離であり、自立です。子どもによく話して始めますが、基本的には母親の意思しだいで、できるできないが決まるのではないでしょうか。

方法は、子どものタイプによりさまざまだと思います。、話し聞かせてもうまくいかない場合、昔は一晩泣かせてあきらめさせるようなこともありましたが、おっぱいに絵を描いてみせるとか、レモン汁を乳首に塗るといった方法も耳にします。

早いうちに自然におっぱいから離れる子は、離乳食をよく食べる子だと思います。あまり食べない子は、母乳の栄養が必要で、離乳が遅いということがあるでしょう。また、第一子は、いつまでも母乳を飲んでいたけれど、第二子は上の子につられて早く固形物を食べるようになるので、離乳も早いという例もあります。

Q13

子どもにムラ食いが多いのはどうして？　安定して食べる子もいるの？

A 子どものムラ食いは、生理に順応しているので、ムラ食いとみないほうがいいでしょう。お母さんの作る食事内容が常にバランスよく、子どもの生理に順応するものであれば、毎食同じように食べるのかもしれませんが……。

子どもは生理的要求を満たすのに、朝食はごはんだけ、昼食はおかずのみといった食べ方をしたりします。一日のなかで、バランスをとっているのです。ですから、親の理想を押しつけるのではなく、子どもが好んで食べるものから子どもの生理状態を読み取ることが親の役割かと思います。

Q 14

かぜをひいて熱を出すと、何も食べようとしません。栄養を摂らせなくて、だいじょうぶでしょうか？

A 先日聞いた、7歳と3歳、6か月のお子さんをもったお母さんの話ですが、お姉ちゃんがインフルエンザに感染し、続いて次の子、お母さん、赤ちゃんと続いたとき、子どもたちは熱が下がるまで食事を一切拒否。水分だけを摂っていたとのことです。

私も子育て中によく体験しましたが、子どもは回復するために断食状態になります。その間、水分だけを要求するのですが、親は静かに見守ってやれば自力回復します。子どもはそれだけの生命力をもっているのです。

Q 15

子どもの食べものの「好き嫌い」は、どう考えたらよいのでしょうか？

A 昔の子どもはにんじんが嫌いでしたが、今は食べられる子もふえています。これはどういうことだと思いますか？　陰陽で考えると、昔の子は陽性だったのでにんじんのような陽性な食べものが苦手でしたが、動物性過多の反動で砂糖づけになり、陰性になった現代の子はにんじんを体が求めているというわけです。

私たちは食べものを機械的に食べているだけでなく、体を正常に維持するため、必要な栄養素を摂取しています。ですから、欠乏しているものは本能的に要求し、不必要なものは拒否するのです。これは人間としての正しい本能の表れで、子どもの「好き嫌い」はまさに生理状態の表現なのです。

「好き嫌い」が体の要求とはいっても、注意しなければならない誤った「好き嫌い」もあります。肉ばかりだとかスナック菓子ばかりといった偏った食生活をしていますと、生理的に陰陽で反対の不足物を要求するようになります。例えば甘い菓子や果物、清涼飲料水などを要求するのは、悪循環なのです。極陽食品（肉、魚など）を食べていると、極陰食品（砂糖、果物など）を食べたくなり、それを食べればまた極陽食品を食べたくなる、といったぐあいでくり返していくのです。

このような悪循環と本能的な要求との見極めは、主食をきちんと食べているか否かです。

Q 16

幼児になってから、氷を食べることを覚え、好んでよく食べています。好きなだけ与えてよいのでしょうか。

A　子どもは元来陽性なので氷を好みますが、常時となると少々心配。冷たいものを食べることで、腸内環境が善玉優先から悪玉優先になって、体調をくずす結果になるからです。
氷を好んで食べるのは、食事の内容が陽性過多だからです。つまり、動物性食品が多かったり、植物性だけでも本人の体質に対して陽性過ぎるということなのです。野菜やきのこをもっと取り入れて、火を通すのもサッとにし、氷を要求しない程度の、少し陰性な食事内容にしてみてください。

赤ちゃん・幼児の皮膚の悩み

Q1

口のまわりについた食べものやよだれで、ほおやあご、首のあたりまで赤くただれたようになります。どうしてただれるの？　ただれたときの手当ては？

A　ただれるかどうかは、食物のなかの塩分や酸などに強く反応するかしないかの違いで、肌の弱い子ほど反応します。三年番茶【156】を含ませて絞ったおしぼりで、口のまわりが汚れるたびにふいてあげると、アルカリが炎症を抑えます。

また肌を強くする食品は、食材の皮の部分です。精白米や精白糖、精白小麦粉を食べて、野菜の皮をむいている食生活では、肌は丈夫にはなりません。

Q2

蚊に刺されると、広範囲が真っ赤になり、いつまでも紫色に跡が残っています。なぜ、こんなふうになるのでしょう。蚊に刺されて、すぐにすべき手当ては？

A　アレルギー体質のように、刺激に対して強く反応する子としない子がいます。それは体質的なものですが、その体質を左右しているのは日々の食べもの。食事（特に主食）の量が少なく、甘い菓子や乳製品、スナック菓子、清涼飲料水などを多く摂っている場合、体の酸性化で抵抗力が弱まって、こういったことが起こります。

またマンション生活のように、自然に接する機会の少ないことも、体質、免疫力を弱める結果になります。蚊に刺されても、免疫力が強ければ悪化はしないのです。

手当てとしては、朝顔やヨモギの葉をもんでその汁をすり込む、または水道水でよく洗い流すなど。はれにはしょうが油【176】のすり込みをして、さといもパスター【182】を貼ります。はれたときは、はぶ茶を飲ませるのもいいでしょう。

Q3

口のまわりがカサカサになっていますが、クリームを塗るのは、ちょっと心配。食用のもので、何かいいものはありませんか。

A ごま油【190】を塗ります。口のまわりのカサカサは、消化器のトラブルの現れ。動物性食品、甘いもの、パン食を控え、1～2食おかゆにしてみましょう。

Q4

寒くなってきたら、ほおがひび割れてカサカサになってしまいました。何か塗って治せるものはありますか。

A しょうが油【176】を塗ってあげてください。ほおがひび割れるのは、肌によい働きをする油分が足りていないということです。

昔から「美肌に米ぬか」と言うように、米ぬかには肌を丈夫に、美しくする成分と良質な油分が多く入っています。しかし、現代人は、米を精白して、このぬかを捨ててしまっているのです。外から塗ることを考える前に、体内から丈夫で美しい肌をつくってくれる玄米を食べることを考えてみてはいかがでしょう。

Q5

肛門周辺が真っ赤なときがあります。原因は何でしょう。手当てはどうしたら？

A 下痢をしている場合や、体が特に酸化しているときになります。おしぼりでふいてやりますが、ひどい場合は干葉湯《ひばゆ》【174】か三年番茶【156】を含ませたおしぼりでふいてあげるといいでしょう。洗面器に干葉湯を入れて、ときどき腰湯をしてあげると、さらに早く治ります。

原因としては、おかずの多い食事内容か、食事量全体が多くて、体の負担になっていることが考えられます。やわらかめの食事を心がけ、おやき【27】やマカロニグラタン【79】のようなものを加えてください。

通気性のよいおむつカバーを選ぶことも、お忘れなく。

Q6

首とわきの下が赤くなっています。痛々しいのですが。

A 健康な赤ちゃんでも、首やわきの下は少し赤みが強いです。ひどくただれたようになっている場合は、三年番茶【156】かヨモギ、栗の葉の煎じ汁【176】でふいてあげるか、オウバク末【188】をたたいてあげてください。

Q7

アトピー性皮膚炎だと、除去食をしなくてはいけませんか。

A 除去食を、私はすすめません。それよりも、穀物と野菜、海藻の食事を正しく実践することをおすすめします。アトピー性皮膚炎も、今までの食事の誤りの結果です。食生活や生活習慣を変えること以外に、完治する方法はありません。

そして、なるべく早く完治させるよう努めましょう。なぜなら生後2〜3か月ころにアトピー性皮膚炎の症状が出た赤ちゃんが、1〜3歳になって小児ぜんそくを起こし、大人になってアレルギー性鼻炎にかかる、というように、アレルギーは年齢や生活習慣、環境などの違いで、形を変えて発症することが多いからです（これを「アレルギーマーチ」といいます）。

症状はよくなったり悪くなったりしますが、根本は、食生活の見直しによる体質改善以外にないと考えています（アトピー性皮膚炎の手当てと食事は、193ページを参照のこと）。

Q8

顔、背中、手、足など、アトピーが出る場所と、その原因となる食べものとの関係は何かあるの？

A　背中や手足のアトピーのほうが、顔に出るものより陽性の症状で、動物性食品が原因です。顔のなかでも、まゆげから上は甘いものや果物と関係があり、まゆげと口の間は肉、乳製品と、そして口から下、あごにかけては魚類と関係があります。

いずれにしても、本来人間が必要とする米、麦、野菜、少量のごま油、自然塩、自然醸造のみそとしょうゆでは、アトピーは一切出ません。あなたの家庭での食生活を、見直してください。

Q9

アトピーがひどい4か月の子がいます。私が玄米を食べたら、その母乳を飲んだ翌朝、子どもの顔のブツブツから滲出液がふき出してしまいました。玄米を食べるのは、皮膚が治るまでやめたほうがいいですか？

A　現代医学的には、症状が出るものはやめるべきだというのでしょうが、玄米菜食というのは、単に症状を抑えるのではなく、体質を改善して、あらゆる病気やストレスに強い体になるための生き方です。

玄米は、健康体にとって不必要な細胞（異物）を代謝し、排泄させる力をもっています。あなたや赤ちゃんが正常であれば、玄米を食べてもなんら異常は起こりません。現にアトピーがひどいということ自体、赤ちゃんの肝臓、腎臓で処理できる以上に異物が体に多く入り、本来は尿や便で排泄する毒素を肌から出している状態ですから、玄米を食べたことで、さらに押し出されたといえます。

まずこの状態での玄米の食べ方には、テクニックが必要です。圧力鍋で炊いたかたい玄米は排毒作用が強いので、玄米クリーム【65・86】や玄米がゆ【23・86】がいいでしょう。また、症状に応じた手当て【193】をし、毎日少しずつ代謝をくり返すことで、体質改善をしていきます。

Q10

アトピーの子は冷え性といわれますが、そうなのですか？　子どもの冷えを取る方法はありますか？

A　アトピーの子に限らず、体になんらかの疾患がある場合、冷え性が伴うことがあるでしょう。冷えをとるのではなく、体質を改善して健康体になれば冷えはなくなると私は考えます。現状維持で、気になる症状だけをとることは不可能。食生活や生活習慣の誤りが症状として現れているのですから、その誤りを正すことで体質が改善され、自然に症状はなくなります。

Q11

赤ちゃんのときに出たアトピーは、いつごろ治るのでしょう？　皮膚が治っても、ぜんそくやアレルギー性鼻炎に移行したりするのでしょうか？

A　赤ちゃんのときに出たアトピー性皮膚炎は、1～2歳で完治することもありますが、年齢が進むにつれてぜんそくや鼻炎に移行したり、いったん消えたアトピーが思春期や大人になってまた出てくるケースもあります。これをアレルギーマーチ（Q7を参照）というのですが、赤ちゃんのときに食事による体質改善をしたことで、アレルギーマーチを防げた例は数多くあります。まずアトピーが治るような食事をすることが、体質改善への早道です（アトピー性皮膚炎の手当てと食事は、193ページを参照）。

Q12

子どものアトピーがあまりひどいので、毎日憂鬱《ゆううつ》です。薬を塗るとアッという間に皮膚がきれいになるので、ときどきそうしてしまいたい気持ちになるのですが、塗り薬はどれほど害があるのですか？

A　ひと塗りで肌はつるつる、かゆみから解放され、夜も熟睡してくれるため、つい薬に頼りたくなる気持ちはよくわかりますが、薬を使用すれば、長い目で見て症状の重症化につながるのです。

体内に不必要な物質（酸化血）が蓄積すると、体は生命維持のために、自己治癒力による排出を始めます。これがアトピー性皮膚炎の実態です。本来肝臓や腎臓が健全であれば解毒・排泄されるのですが、誤った食生活によってそれらの機能が弱まり、通常の代謝では排出しきれなくなります。それを、春から夏にかけては皮膚炎として毛穴から、冬はぜんそくの形で排出しています。

ここで薬を使用するということは、排出作用を妨げることになり、毒素は体内に蓄積されるだけでなく、薬の化学物質が薬害としてプラスされます。薬の有効期限（1週間前後）が切れると再発しますが、薬がまたアレルゲンとして働き、症状は重くなるのです。

赤ちゃんの、日常の気になること

Q1

夜泣きがひどくて困っています。どうしたら、朝までぐっすり寝てくれるのでしょうか？

A　夜泣きの原因ですが、空腹、体の不快感、昼間の興奮などがあげられます。これらの原因に心当たりがないようでしたら、神経が過敏な子どもで、夜の陰という環境のなかで不安なのかもしれません。眠るまでの間、お母さんがしっかりとスキンシップをしながら、「怖くないよ。お母さんがいるから、だいじょうぶ」と話しかけてください。

母乳を飲んでいる場合は、お母さんの食事に「極陰」と「極陽」の食品が入っているのでしょう。「極陰」とは極端な陰性のことで、食べものでは砂糖、アルコール、清涼飲料水、酢、南国産の果物などです。また、「極陽」とは極端な陽性のことで、肉、魚、卵、乳製品など。

お母さんが穀物と野菜、海藻などで中庸の食事に切り替えると、この子の夜泣きも変わってくるでしょう。自分で食べ始めている子どもの場合も、同様です。

Q2

夕方になると、決まって泣きだします。「夕暮れ泣き」というそうですが、何か対策はありますか？

A　私たちの体は自律神経によってコントロールされていますが、昼間働く交感神経（陰）

と夜の間働く副交感神経（陽）があって、その切り替えが夕方。この子は、その切り替えにまだ体調がついていけないのだと思います。食事をととのえていると、だんだんと体調もよくなり、「夕暮れ泣き」もおさまっていくはずです。それまでの間、しばらくは子どもにつきあってあげてください。

Q3

激しく泣きわめくと、顔が紫色になって意識をなくしたり、ひきつけを起こしたりします。何が原因なのでしょう?

A 特別に神経質か、過保護が原因ですが、こういう子どもは急に不快な状況になることで、発作が起こります。食事面ではビタミンB群や亜鉛の不足が考えられますので、ごはんを未精白米（できるだけ玄米）にして、自然農法の緑黄色野菜、ごま、ひじきを多めに摂らせるようにします。食品添加物や砂糖の入ったもの、加工食品は避けましょう。

このような症状は、自然の法則から逸脱した現代社会がつくったもの。まずは、生活習慣を見直してみること。自然との共存こそ、健康への早道です。

Q4

赤ちゃんに靴下は、はかせないほうがいいの?

A 室温調節がされている室内では、特に寒いとき以外は必要ないと思います。外出時、だっこされている赤ちゃんの衣服が上に上がってしまい、赤紫になった足が出ている光景によく出合いますが、冬に出かけるときには、長めの靴下をはかせたいですね。気温の変化に対応すると同時にけがを防ぐためにも、靴下だけでなく帽子も忘れずに。

また、夏に冷房の強いところに行くときには、パーカやカーディガンとともに靴下も持っていきましょう。自然の涼しさとは異なる冷房の強い冷却のために、赤ちゃんは、大人以上に体温を低下させてしまいます。それは、体重１kgあたりの体表面積比が、大人１に対して、新生児なら３、生後６か月なら２、というように、大人より赤ちゃんのほうがはるかに大きいためです。

穀物と野菜、海藻の食事で育てていると、動物性食品の摂取がないぶん、体がカッカするような酸化燃焼がないのはいいのですが、不自然な冷房には敏感になりやすいということもあるので、特に気を使いたいものです。

Q5

足が冷たくて、色が変わるほど冷えています。赤ちゃんにも冷え性の子がいるのでしょうか?

A 赤ちゃんを陰陽でみますと、大人に比べて陽性、しかも陽性の肥大（58ページを参照）で、冷え性はないとみます。おねむになると、手足がぽかぽかしてくることからも、実感できると思います。

ただ、適応力に乏しく、環境の影響を受けやすいため、気温の変化にも敏感に反応し、足が冷たくなることもあります。反面、回復力、生命力は大人にまさるすばらしいものをもっているので、Ｑ４の回答を参考にしながらも、あまり過保護にしないようにしていきましょう。

Q6

朝起きて、目やにが出ている日とそうでない日があります。片目が開きにくくなるくらいのときもあるのですが、どうしてでしょう?

A 原因は、二つあると思います。一つは前日の食べもので、精白米、甘い菓子類、いもや白米のもちなどが重なったり、食事量が多過ぎたりしたとき。母乳児の場合は、お母さんの食事がこのようなときに、赤ちゃんに目やにが出ることがあるでしょう。前日のお母さんの食事内容と赤ちゃんの体調を記録することで、目やにの原因がわかるだけでなく、食の重要性がみえてきます。

二つ目は、室温が高かったり、厚着にしていたり、湯たんぽなどでの保温のし過ぎが原因のこともあります。うみや粘液を伴う場合は、結膜炎やアレルギー体質ということも考えられます。

手当てとしては、三年番茶【156】をガーゼやカット綿に含ませて、ふいてあげます。

Q7

10か月の子ですが、一日中よだれが出ているのが、気になります。ほとんど出ていない子もいるのに、なぜ?

A 昔は「よだれがよく出る子は健康だ」といわれました。確かに消化酵素の分泌が盛んになったことの現れですが、陰陽でみますと、体質的に体を締めるもの（陽性）が少なく、水分過剰だといえます。

食事を食べさせながら、水分を多く飲ませていませんか? それから、飲み下す力が弱いようですね。食べ方はぷよぷよタイプ（陰性の肥大【56】）の食事を参考に。

歯がはえる前にも、よだれがよく出るということがあります。

Q8

昼間よく眠り、夜中に起きていることが多くて困っています。何か対策は、ありますか?

A 現代風の子どものようですね。ご両親の生活はいかがですか? 食事は動物性食品や、植物性でも陽性食（揚げものや、味の濃いよく火を通した根菜のおかずなど）が多く、主食が少ないのでしょう。

また、昼間の運動量が足りないために、食べたぶんのエネルギーが残っていて眠れないこともあります。昼間いっぱい遊ばせたら、夕食の時間を早めにし、めん類やおやき【27】などの軽めの食事にしてみましょう。

Q9 キーキーと、よく奇声をあげます。どうして、あんな高い声を出すのでしょうか？

A 赤ちゃんの体質や月齢に対して、食事が陽性過ぎるのではないでしょうか。玄米食がいいからとむりに玄米を食べさせたり、子どもの要求以上に食べさせたり、または動物性食品が毎日の食事に入っている場合、赤ちゃんは苦しくてSOSをいろいろな形で出してきます。

思いきって白湯《さゆ》だけにしてみるとか、赤ちゃんが要求するまでは食べさせないくらいの気持ちで対応してみてください。ただし、水分の補給だけはお忘れなく。昔は「乳を飲ませる親はいるが、湯茶を飲ませる親はいない」と、近所のおばさんたちが子どもに湯茶を飲ませてくれたものです。

この子どもの場合、果汁【163】を薄めて飲ませたり、野菜スープ【168】、玄米スープ【162】などを試してみて、よく飲むものを与えてください。

母乳児の場合、お母さんが玄米をむりに食べているとか、「陽性にしなければ」と、今自分が最も要求するものを頭でうち消しているようなことはないでしょうか？　自分の要求に素直に従ってみましょう。ただし、あくまでも穀物と野菜、海藻の食事の範囲内で、ということをお忘れなく。

Q10

転んで頭をぶつけることが多いのですが、脳に影響がないか心配です。

A 脳に影響があるかいないかよりも、現状での体のバランスが心配。今お子さんは、頭の重さのわりに、体、特に下半身が弱いと思われます。つまり、頭を体が支えられない状態にあるようです。

食物が私たちの体に入ると、陰性のものは上半身に、陽性のものは下半身にいきます。ですから、陰性な糖分が脳にいくのですが、そのブドウ糖が脳の栄養となるのです。この子の場合、ブドウ糖がごはんなどの穀物のでんぷんから分解されたものではなく、砂糖や果物のような陰性食品からできたものが多いのではないでしょうか?

穀物を主体にし、野菜や海藻の煮ものなどで陽性食に切り替えていってください。転んで頭をぶつけることが、少なくなっていくでしょう。

頭をぶつけたときは、すぐに大きな声で泣けばだいじょうぶ。青菜やキャベツの葉を当ててください。さらに痛むようなら、首にさといもパスター【182】を貼ってあげます。貼るのがぶつけた箇所でなくても、酸化した血液が変化するので、楽になっていきます。

ぐったりしたり、吐き気をもよおすような場合は、脳への影響が心配されるので、即、病院へ。

Q11

1歳の子ですが、最近、自分で壁などに頭をゴンゴンとぶつけていることがあります。

A 欲求不満があるのでしょうか? お母さんが話しかけを多くして、ときにはぎゅっと抱きしめてあげてください。

体のほうから見ると、食べたものが十分に消化吸収されていないように思います。玄米がゆ【23・86】やマカロニグラタン【79】、うどんまたは玄米もちなどを主食にして、緑黄色野菜を多めに食べさせましょう。

Q 12

11か月の子ですが、寝ているときだけでなく、起きているときも歯ぎしりをするようになりました。何が原因なのでしょう?

A 完全に食べ過ぎです。ほかの子どもに比べて多いというのではなく、この子の体質に対して食事量が多かったり、陽性過ぎているのです。離乳食中のようですので、1～2段階前に戻してみてください。お子さんの消化吸収能力よりも、離乳食のテンポが早過ぎるのだと思います。

Q 13

1歳の子ですが、母親やお兄ちゃんにかみつくことがあります。ほかの赤ちゃんにかみついたこともあり、困っています。

A かみつくという攻撃的な行動は、陽性過多です。ただ、1歳の赤ちゃんであることを考えますと、抱きしめてほしいという要求の表現とも思えます。

甘えたい気持ちを素直に表現できるようにするためには、野菜中心の日本食にしてください。動物性食品の多い食事は、攻撃性を育てます。植物のような静けさや、やさしさを育むためにも、野菜と海藻、ごはんに切り替えることをおすすめします。きれいな血液になれば、しだいに攻撃性は消えていくでしょう。

家族みんなが食を変えることで、家庭内が穏やかになれば、この子のイライラもなくなると思います。

Q 14

おならをよくするので、気になります。

A　私たち人間の大腸のなかには、多い人では100兆個もの細菌が棲んでいますが、それらは善玉菌（腸の働きをよくする有用菌）、悪玉菌（有害な物質をつくって、腸のなかを腐敗させる菌）、そしてどちらにもなりうる日和見菌《ひよりみ》に分けられます。日和見菌は、食べ物が正しく、腸内環境が良好だと、善玉菌になり、腸内環境が悪化すると、悪玉菌に変わります。

悪玉菌の多い腸内環境のときに、食べ過ぎなどで肝臓を疲れさせていると、腸内が発酵してガスを作ったり、体調をくずしたりします（このときに出るガスは、臭い）。腸内環境がよい状態なら、おならが頻繁に出ることはないのです。

ちなみに母乳を飲んでいる赤ちゃんの大便のなかにある菌は、100％善玉のビフィズス菌ですので、腸内環境はよい状態といえます。

おっぱいを飲むときに一緒に飲み込んだ空気がおならになって出るともいわれていますが、このときのガスは無臭です。

Q 15

髪の毛が逆立っています。ピンと立ってしまって、くしでとかしてもねないのですが、どうして立つのでしょう？

A　髪の毛が立つのは、交感神経の働きが強いため。母乳を飲んでいる子の場合、お母さんが香辛料のような陰性食品を摂ったか、なんらかのストレスを受けるなど、極端な緊張がなかったでしょうか。いずれにしても、一時的なもの。そのうちに治るので、心配ないと思います。

Q16

寝相から子どもの体調が判断できますか？　あおむけで寝る日やうつぶせで寝る日があり、よく動く日やあまり動かない日もありますが。

A　寝相でいちばんいいのは、床についたときの状態のまま朝を迎える、という状態ですが、子どもの場合は1晩で1回転することもあります。

寝る姿勢は、あおむけが普通です。うつぶせに寝たりよく動いたりするのは、胃に食物が残っているような場合が多いと思います。うつぶせは陰性な食物が残っているとき、よく動くのは陽性な食物が残っているときです。

Q17

弟妹ができたとき、上の子の扱い方はどうしたらいいのでしょう？

A　下の子に意識が集中しないよう、むしろ上の子と一緒に子育てをする気持ちで対応してみては？　下の子が寝ているときには、二人だけの時間を少しでもゆっくり過ごせるように工夫してほしいものです。上の子の甘えたい気持ちを受け止めることも大事。できるだけ抱きしめてあげましょう。

幼児期の悩みと気になること

Q1 O脚やX脚には、どうしてなるのでしょう？ 食事で治るのでしょうか？

A O脚やX脚も、原因は胎児時代のお母さんの食の偏りです。O脚は陽性過多（陽性食品の摂り過ぎ）で、X脚は陰性過多（陰性食品の摂り過ぎ）が原因。食事で改善できるので、だいじょうぶです。

O脚の場合は、りんごを一日1個食べさせ、がっぷりタイプ（陽性の肥大【58】）の食事に。X脚なら、果物、甘いもの、夏野菜など、陰性食品を避け、きんぴらごぼう【64】、特にたんぽぽの根のきんぴら【73】など、陽性なおかずを与えます。食事はひょろりんタイプ（陰性の萎縮【57】）の食事を心がけるとよいでしょう。

Q2 なにかにつけ、めそめそとよく泣く子です。このままでだいじょうぶ？

A 泣くというのは、陰性な行動。つまり、よく泣くということは、食事内容がこの子にとって陰性ということです。副食や間食が多くはありませんか？ 主食と副食を正しい割合で（59ページを参照）、正しく食べさせましょう。

Q3 左ききの子ですが、右手を使うようにさせたほうがいいのですか？ 左ききには、どうし

てなるのでしょう？

A 左ききは陽性の現れ。だから、陽性タイプの野球選手には、左ききが多いわけですが……。きき手は体全体の問題なので、むりに右ききにするのはよくありません。

食事内容を穀物と野菜中心に変えることと、右手も使うようにすることで、自然と両手が使えるようになっていきます。

Q4

夜、なかなか寝なくて困っています。夕食は玄米ごはんと、野菜や植物性タンパク質のものを煮たり揚げたりしたものです。

A 夕食の玄米と、植物性タンパク質が多いと思います。夜は胃腸を休めるときなのに、胃腸に不消化の食べものがたくさん入っているために、眠れないのでしょう。また、一日の食事全体のカロリーオーバー、ということも考えられます。昼間の運動不足もあるでしょう。

食事量を減らすか、外での運動を十分させるようにしてみてください。夕食は早めにし、めん類のような軽いものに。

穀物菜食にして動物性食品を摂らないことで、お母さんが栄養不足やタンパク質不足を心配していらっしゃるのでは？　その気持ちが、必要以上のカロリー過多をきたしているのだと思います。一般の食事をしている子に比べて、玄米食児のパワーは大人以上。そこのところをよく理解して、食事の用意をしましょう。

Q5

買ってほしいものがあると、おもちゃ屋さんの床でひっくり返って泣き叫びます。ふだんからちょっとしたことでかんしゃくを起こす子ですが、どうしたらいいのでしょう？

A　生活習慣そのものを、見直す必要があります。この子は食事量も多く、陽性が過ぎていて、肝臓が疲れている状態。主食をおかゆにするとか、根菜や海藻、ごまなどを多くして、ビタミンやミネラルを十分摂取できるようにしていきましょう。

脳のなかのカルシウムイオンの不足ということもあります。甘いお菓子や清涼飲料水は、ビタミン類、特にB2や、カルシウムを奪うので、気をつけましょう。

子どもへの対応としては、お母さんが子どもの行動にオロオロするのではなく、「なぜダメなのか」の理由をしっかりと話してあげることが大切だと思います。

また家庭内と家庭外で、同じ事柄に対して親の対応が異なると、子どもは自分に有利な対応のほうをキャッチして、親を納得させようとします。しつけをする場合、父母で同一の見解をもち、一貫性のある対応をすることで、このようなことはなくなってくるはずです。

Q 6

2歳の長男ですが、生後間もない下の子に乱暴なことをして困ります。殴ったり、けったりするのですが、なんとかやめさせる方法はないものでしょうか。

A　2歳というと、まだまだお母さんに甘えたいころ。下の子に対するジェラシーなのですから、お母さんがお兄ちゃんをしっかりと抱きしめてあげてほしいと思います。

食事から判断しますと、極陽（肉、魚、卵、乳製品など）と極陰（砂糖や冷たいものなど）の食品が多くて、中庸の主食が不足していると考えられます。この子の場合、主食は玄米を押しつけるのではなく、めん類、パスタ、天然酵母パン、雑穀入り分搗《ぶづ》き米ごはん【69】、五分搗き米ごはん【21】などのなかから、自由に選ばせてください。自分に合った主食を十分に食べることで、おかずは野菜食で満足いくと思います。

「食とは愛である」と私はよく言うのですが、食が満たされるとき心も満たされるのです。

Q7

夜中に突然泣きだしたり、叫んだりします。昼間怖い思いをしたようなことは、思い当たらないのですが。

A 親にとってはショッキングな行動ですが、幼児期には多くみられ、成長とともに軽快していくことが多いようです。一般的には、昼間のストレスなどが原因といわれていますので、しばらくは昼間の行動に気を配ってみましょう。

食事としては、寝る前に温かいものを飲ませてください。玄米スープ【162】、ヤンノー【169】、野菜スープ【168】、みかんジュースかりんごジュースを湯で割ったものなど、本人がおいしいというものでけっこうです。

Q8

2歳になったのですが、まだおしゃぶりをしています。自然にしなくなるのでしょうか？

A おしゃぶりは一種の欲求不満の現れ、ということもあるのですが、生理的にはカルシウムなどの陽性ファクターの不足。ひじきやあらめ（コンブ科の海藻）などの海藻類や、青菜を使ったカルシウムたっぷりの料理を摂らせることです。と同時に、カルシウムを奪う砂糖の摂取を避けるよう心がけましょう。食事を正すことで、おしゃぶりはしなくなっていきます。

Q9

3歳の子ですが、ひざをひどく痛がったり、足のつけ根を痛がることがあります。そのときだけで、ふだんは痛がらず、ずっと続くこともありません。「成長痛」でしょうか？

A 成長痛と考えられます。痛がりだしたら、お母さんが愛情をもって、しょうが油【176】

をすり込んでマッサージしてあげるといいでしょう。

Q 10

よその子よりけがをすることが多いので、いつもハラハラしています。反射神経がにぶいのでしょうか？

A けがをしやすいのは、食事内容に、陽性な食品が多過ぎる「陽性過多」か陰性な食品が多過ぎる「陰性過多」だからです。自分からぶつかっていくのは「陽性」、やられてしまう、受け身になってしまうのは「陰性」、というふうにけがをする状況から判断します。

反射神経がにぶいことを心配していますが、神経伝達は電気と同じ。塩水は微弱な電気を通し、砂糖水は通さないのですから、人間の体も甘いものばかり食べていると神経伝達が鈍くなります。健康体であれば、一秒の何百分の一かの時間で難を逃れることができるのです。

Q 11

おばあちゃんの家で甘い菓子を食べたり、動物性食品を食べると必ずかぜをひいたり、けがをしたりするのですが、思い過ごしでしょうか？

A おっしゃるとおり。すべてのことが、食べたものの結果です。ただ、目に入れても痛くないほどかわいい孫の来訪を待ちわびているおじいちゃんやおばあちゃんが、たくさんのごちそうを作って待っていてくれる気持ちに出会うと、「穀物菜食だから食べられない」とはなかなか言えませんよね。

でも、思い切ってそう言ってしまったほうが、のちのちうまくいくと思います。私の場合は、結婚したときに夫の両親がすでに他界していたので、嫁としての対応の経験がありませんが、自分の実家にはお重持参で里帰りしました。性格や相性の問題があり、これはかりはケースバイケース。おのおのの工夫のなかで、ご両親とのかかわりを築いていってほしいものです。

とはいっても、おばあちゃんの家に行くたびに体調をくずす、という状態は解消すべきです。用意してくださったもの全部を拒否するのではなく、食べられるものと食べられないものを、子どもがお母さんと一緒に取り分けるようにしたほうがいいでしょうね。

それに、子どもたちは、これから生活のなかで「選択の場」ばかりなのです。取り分けをすることは、子どもの社会参加のなかで必要なことですし、おじいちゃん、おばあちゃんに対しても、理屈ではなく具体的に理解していただく、よい機会になるのではないでしょうか。

Q 12

寝るときに足を熱がって、冬でも布団から足首より下を出しています。夏はいらつくほど足が熱いようですが、どうしたらいいのでしょう?

A 甘い菓子や清涼飲料水をたくさん摂ったために冷え性になった子がふえている現代では、珍しい陽性タイプですね。この子の場合、玄米も本人が欲しがらなければ不要です。まして、もっと陽性な動物性食品は、一切不要。植物性のものでも、揚げもののようなカロリーのあるものはいりません。緑黄色野菜や果物など、自由に食べさせてください。

足が熱くて眠れないときは、きゅうりのスライスやキャベツの葉を足の裏に貼ってあげるとよいでしょう。

Q 13

3歳で肥満ぎみの子ですが、今まで普通の食事をしていたので、お菓子の制限など、なか

Q14

もうすぐ3歳になりますが、言葉がほとんど出てきません。こちらの言うことは、わかるのですが。

なかなか徹底できません。うまく切り替えるには、どうしたらいい？

A　穀物菜食に切り替えていちばん困るのは、陰陽もわからないし、料理を作っても受けつけてくれない、といった少し大きなお子さんのケースです。こういった場合、何をどう食べさせてよいのかわからなくて、せっかく体質改善のために始めた食事が、かえって苦しみになってしまいます。

けれど、穀物と野菜、海藻の食事を続けていくとこの子の体質も変わり、今まで受けつけなかったものも、おいしいと感じてくれるようになります。それまでは、どうかがんばってください。ただ、中途半端ではいつになっても、穀物菜食の料理をおいしいと感じる体にはなりません。少々厳しく実践することで、体質が変わり、味覚が変わるのです。

子どもの場合、本能が侵されていないので、人間本来の食べものである「玄米菜食」の味がわかるのはすぐです。けれど、これまで食べてきたものを、完全に代謝、排泄させなくてはなりません。それには、空腹をがまんさせるのが早道。この子は肥満ぎみとのことですので、2～3日は玄米がゆ【23・86】、くず練り【158】、めん類などだけを摂らせ、そのあとでごはんに移行していく方法をやってみてください。

また、穀物菜食で育った子どもたちと一緒に生活する機会をもつのも、一法です。私のところ（宇宙法則研究会、274ページを参照）でも、親子の合宿を毎年していますが、そういった会に参加してみてはどうでしょう。

A　言葉が出にくい場合、耳に障害があることが多いのですが、こちらの言うことがわかるのであれば、耳に異常はないようですね。だとすれば、お母さんやお父さんの話し方が早いということはありませんか。お母さんは、子どもの目を見て、ゆっくりと話すようにしてみてください。

陰陽でみますと、極陰性か極陽性と判断できますので、元気がなくて陰性とわかるようなら玄米ごはん【20】に8対2のごま塩【68・85】をかけて食べさせます。また、鉄火みそ【73・85】、きんぴらごぼう【64】、ひじきれんこん【77】、ひじきこんにゃく【77】など、基本食【60】を必ず一品摂らせるようにしてみてください。血液を薄くするもの、例えば果物や甘いものは厳禁です。

玄米ごはんやよく煮た煮ものなどをいやがる子は、陽性と判断できます。この場合は、あまり煮込んでいない、適度に塩気のあるさっぱりしたおかずを添えて、ごはんを食べさせてみましょう。

Q15

3歳の子ですが、どもってしゃべります。これから先、ずっとどもるのでしょうか？

A　どもるのは、陽性過多。つまり今まで食べてきたものが、陽性過ぎたのです。食事を陰性にすることで改善していきます。がっぷりタイプ（陽性の肥大【58】）と、かちかちタイプ（陽性の萎縮【59】）の食事を参考にしてください。

それから、この場合もお母さんはゆっくりと話すようにしてくださいね。

Q16

落ち着きがなく、しじゅう動き回っています。ADHD（注意欠陥多動性障害）ではないかと、心配です。

A　ＡＤＨＤは最近多いですね。その原因は、食生活の変化。穀物と野菜中心の日本型の食事から、欧米型の食事になり、動物性食品や甘いものの過剰摂取が日常となったことによります。エネルギーも栄養も体のなかで余っているのですから、小さな子どもは体を動かすしかないのです。

まず、ごはんを食べさせることから実践してみてください。玄米でなく五分搗き米【21】や麦ごはん（胚芽米や白米に押し麦を1～2割混ぜて炊く）などにして、お母さんと一緒によくかむように努めましょう。

おかずの食べ過ぎも、要注意です。主食50％、副食50％くらいが目安ですが、もともとカロリー過多の状態ですから、主食はごはんでなくても、子どもが好むものでかまいません。めん類やパンも好まないときは、じゃがいもなどのでんぷん質でも。

Q 17

2歳の子ですが、公園でいただいたり、友だちの家で出された菓子を食べさせずにすむいい方法はありますか？　相手のお母さんが気分を悪くしないようにと、子どもに食べさせてしまったら、湿疹は出るし、また甘い菓子をほしがるしで、ほとほと困りました。

A　子どもを理想どおりに育てたいという気持ちはわからなくもないのですが、なかなかそうはいかないものでしょう。しかも、相手のお母さんの気持ちもそこねないで……。子どもに一つの生き方を徹底させる場合、お母さんが子ども以上の苦しみと対面し、解決しなければなりません。その苦しみを、親子で乗り越えてこそ実現できます。

しっかりやろうと思うなら、友だちのお母さんたちに玄米菜食であることを、はっきり伝えることが必要でしょう。子どもとは、家の外でいただいた菓子などは、お母さんに見せてから食べるとか、いただいたものによっては家のものと取り替える約束をしておきたいものです。その際、いただいた菓子などを食べることで、湿疹が出たり、悪化したりすることをよく話すことです。

そして、子どもが約束を破って症状が悪化したときは、チャンス。食べたものとの関連性を実感させる好機です。「湿疹が出る、かゆくなる→いやなイメージ→食べない→治る」をインプットすることです。

Q 18

夫の父母は牛乳が体にいいと思っているので、私が3歳の子に飲ませないことをよく思っていません。どう説明したらいいのでしょう？

A 「牛乳は完全栄養食品」という信仰が、一般ではまだまだ根強いですね。あなた自身が牛乳と母乳の違いや牛乳の弊害を理解したうえで、ご両親に説明してください。

まず、「牛乳は、牛の赤ちゃんのための飲みもの」ということです。赤ちゃんに自分以外の乳を飲ませる動物は人間以外にいません。

110ページのQ8で述べていますが、牛は生まれると同時に、自分で立って歩き、外敵に備えます。だから、まず体を発達させる必要があります。一方、人間の場合は一人の力では生きていけない体、つまり「体外胎児」と呼ばれるほど未熟な体で生まれて、変化した環境に対応するためにまず脳が発達します。そのため、人乳は脳の栄養となる糖質が多く、牛乳は体をつくるタンパク質が多いのです。

「骨粗鬆症《こつそしょうしょう》にならないために牛乳を」ともいわれていますが、日本人は戦前に比べて27倍も牛乳を摂っているのに、骨粗鬆症はふえているのです。そしてなにより、「アレルギー疾患の原因の一端が、牛乳である」と私は考えていますから、牛乳が体にいいとは思えません。

Q19

マクロビオティックの本を見て作った料理を、子どもはどれも食べてくれません。どんな料理を作ったらよいのでしょうか？　ごはんは納豆をかけて食べるのが好きで、りんごジュースや、ジュースを凍らせたもの、トマトソーススパゲティなどが好物です。

A　胎児のころから動物性食品がたくさん入っている今の子どもたちには、すぐにマクロビオティックの料理は合わない場合が多いと思います。そのときの体質に合ったものがおいしく、合わないものはどんなに贅《ぜい》をつくしたものでもおいしくないのです。

真の健康体の場合、あれこれ調理しなくてもよいのです。より自然に近い食べものであれば、食べやすいように切ったもの、陰陽バランスをととのえるためにサッと火を通したもの（陰性の野菜に陽性の火を使って、中庸にととのえる）でけっこう。またそれが、いちばんおいしいのです。

料理教室で教えられている料理や、本に載っているごちそうを毎日作ることはありません。シンプルな材料を使った、単純な調理法の料理、なにより本人が好むもの、というのが最高でしょう。

Q20

玄米をいやがる子どもの場合、主食は何にしたらいい？

A　玄米だけが穀物ではありません。分搗き米（三分搗きや五分搗きなど、玄米と白米の間に設定して精米した米、21ページを参照）、発芽玄米【84・76】、うどん、そば、天然酵母パン、スパゲティ、マカロニ、おやき【27】、雑穀などの中から、子どもがほしがるものを与えてください。

お母さんの体と心の悩み

Q1

子どもを産んで初めての冬ですが、これまでにないひどい冷えを感じています。以前は足先だけ冷たかったのですが、今は太ももから足先まで全部冷えていて、とてもつらいのですが。

A　妊娠出産という、女性にとって大変な事業をなしとげた体は、それまでに蓄積した陽性を消費したことになります。そのぶんが産後に十分補充される間もなく、出産後は授乳育児が始まって、お母さんは気が抜けません。

赤ちゃんが授かったということは、この大役を立派にやりとげる体力があるということ。にもかかわらず、冷えが強いということは、食事の誤りにほかなりません。体を冷やす食べものが多く、造血に必要な主食の不足が考えられます。

バランスのとれた食事を、しっかり摂りましょう。甘い菓子や果物、サラダ、清涼飲料水などは、体を冷やすだけでなく、体力の回復も遅らせます。雑穀、玄米もち、発芽玄米粉【84】、コッコー【84】などをじょうずに使った体の温まる料理や、鉄火みそ【73・85】、みそ料理、みそおじや【22】、高野豆腐やゆば料理、コーフー料理【67・85】など、造血や体力増進につながる食事を積極的に取り入れてみると、冷えの様子も変わってきます。

赤ちゃんにとって、お母さんは生命の源。ぜひ、元気で輝いているお母さんになってください。

Q2 甘いものが、ほしくてたまらなくなるときがあります。そんなときは、どうしたらいいのでしょう？

A　甘いものがほしくなるのは、かつて食べた動物性食品でできた細胞が代謝するときや、食事のかみ方が足りないときなどに、だれもが体験すること。じょうずに乗り切るためには、あずきかぼちゃ【61】やレーズン入りの無糖クッキーなど、甘いもののかわりになるものを探してください。その量が少し多くなっても、気にしないで食べてみましょう。無糖のジャム類や、ドライフルーツの活用、食べ過ぎない程度にナッツ類などもいいですよ。

体のなかに蓄積されている動物性食品が甘いものの要求の原因となっているので、それを中和してくれる洋野菜や果物なども、バランスよく摂っていくと、それほど甘いものが欲しくなくなっていくものです。

Q3 子どもがかわいく思えません。きつい言葉しか子どもには言えず、ぐずっただけでもキレてしまうことがあります。

A　子どもを好きになるということは、まず自分自身を好きになることから始まると思います。子どもを授かってから280日間、さまざまな状況に耐え、あのつらいお産に耐えてがんばった自分をいとしく思えませんか？　そしてそれを共に体験して、この世に生まれた自分の分身がわが子。このドラマチックなめぐり合いに、心ときめきませんか？

今までの人生で、「愛されること」が当然のように思ってきたと思います。けれど、これからは「与える側」。そうなることで、さらに大きな喜びがあなたに与えられます。そんなでも現実には、自分の思いどおりにならない状態に腹を立てているようですね。そんなときは、気分転換をして赤ちゃんに笑いかけてみてください。すばらしい笑顔が返ってきます。あなたに全生命を託し、無心にあなたを信じている赤ちゃん。そんな赤ちゃんを、受け入れることはできませんか？

ところで、あなた自身、食事はしっかり食べていますか？　イライラするときは、よくかんでみましょう。きっと気持ちが落ち着いてくるはずです。かめないときには、玄米がゆ【23・86】や煮込みうどん【24】、パスタなどを満足いくまで食べてみます。それもダメならば、果汁【163】を温めて飲んでみるといいでしょう。

また赤ちゃんが眠っているときは、家事などには目をつむって寝てしまいましょう。こんなささいなことでも気持ちが優しくなって、赤ちゃんのことがいとしくなってきますよ。

Q4

子どもがアトピー性皮膚炎で、夜中にかゆがって何度も起きるため、私も慢性的な睡眠不足になっています。こんな状況でも、元気に過ごすにはどうしたらいいのでしょう？

A　子どものアトピー性皮膚炎を治す以外に、方法はないと思います。193ページを参照して、愛情をもって手当てをしたり、食事をととのえてあげてください。

子どもも、アトピー性皮膚炎になりたくてなったのではありません。夜眠れないほどかゆがる子どものほうが、何倍も苦しいと思います。完治するまでは大変ですが、親子ともに元気に過ごすためにも、アトピー性皮膚炎を治しましょう。

アトピー自体は抗原抗体反応という体の異物に対する過剰反応ではありますが、食べものが完全消化されることで、症状の軽減はみられます。よくかむ習慣をつけ、一日2食（間に軽食が入ってもいいですが、菓子ではなく主食で、なるべく少なめに）の穀物菜食を実践することで、早い完治が期待できるでしょう。

Q5

母乳をあげているせいか、おなかがすいてたまりません。のどもすごくかわくのですが、いっぱい食べていっぱい飲んでいいものでしょうか。

A 授乳中は平常時より、大飲大食になると思いますが、よくかんである程度満足するまで食べてください。ただし、よく動くことです。

Q6

3か月の子が重く感じられて、とてもおぶえません。よそのお母さんは、もっと大きい子をおぶって、家事をしたり買いものに出たりしているのに、私はどうしてできないのでしょう?

A 赤ちゃんを授かったということは、育てる体力がある証。人ができることがあなたにできないことはありません。できないのではなく、しないだけです。赤ちゃんは毎日育っているのですから、知らず知らずにあなたの体力もついてくるはず。「女は弱し、されど母は強し」です。

とはいっても、体質や生活環境、やってきた仕事などにより胃腸がダメージを受けていて、つわりも強く、出産後に主食や陽性食品（梅干し、ごま塩、きんぴらごぼうなど）が食べにくい場合、体力が赤ちゃんの成長についていけないということもあります。そのようなときは、手当て法の飲みものも、自分のおいしいと思うものを摂り、主食は玄米クリーム【65・86】、玄米がゆ【23・86】など、食べられるものを試してみてください。

めん類やパスタ、コッコー【84】や発芽玄米粉【84】を使ったスープ、雑穀料理など、穀物をなるべく摂れるよう、自分に合う調理法を探してみてください。コッコーなどの濃度は薄くても、このタイプの人は体力がつきます。むしろ濃過ぎると食べにくいこともあります。水分を多くした少々薄めの穀物を摂ることで、ダメージを受けていた胃腸が回復し、食べたものが完全に消化吸収されることで、きれいな血液ができます。そして、きれいな血液は、各臓器や細胞を正常にととのえ、活性化してくれます。

Q 7

しじゅう落ち込んでいます。2歳の子が言うことをきいてくれないくらいで、涙がはらはら出てくることもあります。

A 2歳といえば毎日が新しい発見で、子どもの目も動きも、キラキラ輝いている時期のはず。まず、子どものすばらしいところを探してみましょう。

子どもはおもちゃではないので言うままにはなりませんが、お母さんが思う方向性は理解して動いてくれます。その状況をつくるのが、お母さんの仕事。子育てにおいて、お母さんは大演出家なのですから。

それと、お母さんの食事内容にも誤りがあるようです。涙がはらはら出るということは、今あなたの体は水分が多過ぎる状態だということ。血液も薄くなっています。あなたの体全体を循環している血液は、今のあなたと同じように生き生きしていないし、新鮮な酸素も不十分です。

元気になるまで、毎朝梅しょう番茶[1]【156】、大根おろし入り梅しょう番茶【157】、しょうゆ番茶【156】のなかでおいしいと思うものを飲んで、血液循環をよくしましょう。そして、思い切って外に出て太陽にあたり、ビタミンDをつくりましょう。太陽（紫外線）にあたることでビタミンDが合成され、カルシウムの吸収が促されて血液の質をよくしてくれます。

食事は玄米ごはん【20】にごま塩【68・85】か鉄火みそ【73・85】をかけて、一口を50

回かんで食べます。体のなかからパワーがわいてきますよ。

Q8

背中がバリバリにはって、痛いのですが？

A 陽性過多の症状です。痛みがなくなるまで、第一大根湯1【160】としいたけスープ【161】各200ccを飲むようにします。みかんジュースやりんごジュース、野菜サラダなども必要でしょう。主食は玄米クリーム【65・86】か玄米がゆ【23・86】、めん類に。それらがおいしくないときは、主食がわりにじゃがいもや果物などを食べます。食べたあとに尿の回数がふえたり、だるくなったりむくんだり、そのほか体に異常がないようなら、その食べ方でだいじょうぶです。

手当てとしては、しょうが湿布【180】をしてから、さといもパスター【182】またはしょうが油【176】のすり込み。入浴は、一日に2〜3回でもいいです。

Q9

朝起きると、耳のなかが痛いことがあります。しばらくすると治ってしまうのですが？

A 耳の状態は、腎臓の働きと関係があるので、そこを調整するものを飲みます。朝起きたら、大根おろし入り梅しょう番茶【157】か玄米スープ【162】を飲んでみてください。どちらかおいしいと思うほうでかまいません。

Q10

産後3か月ですが、足首の下あたりが痛くて台所に立っているのも苦痛です。公園仲間には、ひざや腰が痛くなったというお母さんもいますが、みんなお産のあとの食事や日常の過ごし方に問題があるのでしょうか？

A　直接的な原因はわかりませんが、足首、ひざ、腰とすべて下半身の痛みですので、陽性過多の症状と考えられます（上半身の症状は陰性過多で、下半身の症状は陽性過多です）。濃縮した血液が、体のなかでうまく循環しないためでしょう。

手当ては、足湯、しょうが湯の足湯【175】、しょうが湿布【180】、しょうが油【176】のすり込み、さといもパスター【182】など、いずれかできるものを。飲みものは、第一大根湯①【160】。これがおいしくないときは、大根おろしを一日1回食べたり、かんきつ類や野菜スープ【168】、果汁【163】を摂るなどして、血液循環を促します。

ただ、毎日快便であるような食べ方をしていけば、自然に治癒するとも思われます。便秘があるようなら、便秘の手当て（203ページを参照）をしてください。

Q 11

穀物と野菜の食事法に変えてから1か月たちましたが、体がだるい感じがします。先輩お母さんから「排毒」だと聞きましたが、「排毒」って何ですか？

A　「排毒」とは、穀物と野菜の食事をしたために、過去に何かを食べてできた細胞が逆分化（一度分化した細胞が、分かれる前の細胞に逆戻りすること）して血液に入り、排泄されるときに起こる症状。あなたのように倦怠感を感じる人もあれば、頭痛が起こる人、皮膚に出てくる人など、いろいろな形で現れてきます。

穀物と野菜の食事をしていると、体にとって必要のないもの、または有害なものがすべて排出されてきます。そのようにしてそれまでの体の細胞が、穀物と野菜でつくられた血液によってできた細胞と替わることで、さまざまな症状が消失していきます。

症状を抑えつけるのではなく、細胞を新しくつくり変えることで改善させていくのですが、その過程において起こる症状を「排毒」というのです。

Q 12

穀物と野菜中心の食事にしていますが、肉や魚、砂糖などを食べると体が不調になります。以前は、何を食べてもなんともなかったのに、どうしてですか？

A きれいな水のなかに色のついた水を加えると、その違いが明確にわかりますが、汚れた水のなかに同じように色つきの水を加えても、まったくわかりませんね。これと同じことで、動物性食品や甘いものをいつも食べていたときは、不調を不調と気づかずに生活していたのです。

穀物と野菜の食事を実践したことで体全体がより健康になり、体に違和感を感じないすっきりとした生活があたりまえになりました。そこにかつて食べていたものが入ると、血液は食べものでつくられるのですから、体は以前の不調な状態になるわけです。

体調は、日々の食事で左右されています。例外はないのです。

古い話になりますが、自宅で食養指導をしていたころ、病気の方に付き添ってみえたご家族の方たちは「私はどこも悪くない。健康には自信がある」とよくおっしゃっていました。けれど病人と同じ食事を摂ってもらって2〜3日もすると、「朝の目覚めから夜床につくまで、こんなに快適に過ごせるのは初めてです。健康だとばかり思っていましたが、食事を正すことでこんなに元気になれるなんて不思議です」と言われることが多々ありました。「逆もまた真なり」です。

Q 13

出産してから、膣《ちつ》の入り口がヒリヒリ痛むようになりました。お風呂では石けんがしみ、性交時にも痛みます。

A 出産によるホルモン分泌の変化によって出た症状ですが、体質的には陰性状態にあります。ごま塩【68・85】を摂ったり、食物繊維の多い根菜、海藻、緑黄色野菜などを煮込んで食べ、干葉《ひば》の腰湯【174】や、ヨモギを煮出した湯で腰湯をするとよいでしょう。

Q 14

体中が燃えたぎるように熱くなって、苦しいくらいになることがあります。汗をかくと楽になるのですが、そんなときはどうしたらいいでしょうか？

A 第一大根湯[1]【160】やしいたけスープ【161】を飲んで発汗させるか、果汁【163】やレモン汁のいずれか、おいしいと思われるものを飲んでみてください。この場合、りんごジュースやみかんジュースをそのまま飲んでも熱くなる場合があります。その際は水を足して濃度を薄めるか、冷たくする、または氷を足すなどして、飲んで気持ちのよいようにして摂るとよいでしょう。

Q 15

産後1か月ですが、最近、夜横になると足の裏がジンジン痛くなり、熱く感じます。そのために、なかなか眠れないのですが？

A 夕食を軽くして、大根おろしを摂ります。しばらくの間、揚げものや甘いものなど、カロリーの高いものは中止。それでも治らないときは、夕食のごはんも中止して、野菜やめん類を少々、またはスープだけにしてみてください。

また、キャベツの葉や青菜を足の裏に貼り、熱くなったら取り替えるとよいでしょう。枕の上に青菜を敷いて休むのも、このような陽性症状を緩和します。足の裏のことなのに、なぜ枕なのかと思うでしょうが、酸化した血液は全身を巡っているのですから、首がひんやりするとおちついて眠れるでしょう。

Q16

おっぱいをあげている間は生理の来ない人が多いようですが、断乳前に生理が再開する人もいます。体の違いや、食事との関連で再開時期が異なるのでしょうか？

A　日本人の食事スタイルの変化が、断乳前の生理の再開を増加させています。人間本来の食である穀物の摂取が減り、動物性食品の過剰摂取、人工食品の摂取など、自然からの逸脱は人間の生理をも乱しています。

Q17

夫と同居の家族が、穀物と野菜中心の食事に反対しています。私と子どもの食事と家族のぶんを2種類作る生活で、少々疲れてしまいました。私と子どもの体は好調でも、夫婦の関係がおかしくなってきているのがつらいです。

A　食事を切り替えたことでよく出てくる悩みですが、みなさん本当によくがんばっていると思います。けれど、限度がありますよね。夫との仲がおかしくなるのは問題ですが、二人の食事内容が違えば、当然の現象なのです。

どこかで妥協点を探したほうがよいと思うのですが、それには方法が二つあります。一つは、あなたや子どもに病的症状がある場合、これは食事の現状維持が求められます。症状が改善される様子は、当事者よりも夫のほうが明確に把握できますので、その変化を夫も認めてくれると信じます。

それまで、なぜ穀物と野菜の食事を実践するのか、そのために夫の協力がいかに必要か、相手を説得するのではなく、理解してもらうよう努めましょう。それと同時に、子どもと二人でマクロビオティックができるのも、夫や家族の理解があるからだということを、考えていただきたいと思います。

二つ目は、特別な症状がなく、健康状態がよい場合です。おかずを豪華にしないほうが体のトラブルが少ないので、あなたとしては不本意かもしれませんが、少し妥協して、穀物と野菜料理のなかでも、ちょっとごちそう風なもの（私の料理教室でいえば、上級クラスのメニュー）を多く取り入れることです。一食のなかで、一品でも家族全員が食べられる料理があるように、あなたがレシピを習得してください。

主食は、玄米と白米を両方炊くのもいいでしょう。ときおりは雑穀入り分搗き米【69】や、かやくごはん、変わりごはんなどを夕食に取り入れ、家族全員で食べられるようにしていけば、ほかの家族の好みも少しずつ変わってきます。急速にはむりでも、持久戦で効果を上げている方は多くいます。

めざすところは家族の健康増進にあるのですから、迷わず続けることが肝要です。残留農薬や食品添加物、砂糖、香辛料など、健康体には不必要な物質が少なくなることで、人間本来の生命力がよみがえり、結果的には家族の理解が得られると思います。

それまでは、ひたすら実践以外にありません。大変なことですが、夫や家族に愛情をもって接してください。特に夫が理解してくれるまでは、夫を責めるのではなく、待つ姿勢でいたいものです。

私たちは、より健康体になれば、相手を許し、受け入れることができるようになるのです。「健康とは、何にもまさる幸福」です。

体験報告

食事を変えたら、お産も楽！　子育ても楽！

長男のぜんそくは病院に頼らず、れんこんで乗り切った

左から、
厚綺《こうき》君（14歳）、
昇平《しょうへい》君（9歳）、
計寿《けいじゅ》君（11歳）、
いずみさん（42歳）。

玄米菜食を始めたのは、９年前。夫の十二指腸潰瘍が治らなくて、食事で体質改善するしかないと思ったためで、ちょうどそのころ、私もひざから下にむくみが出ていたので、食を変える必要性を感じていたところでした。

夫は、陽性の十二指腸潰瘍ということで、毎日どくだみ茶【172】を飲み、大根おろしを多量に摂るなど、陰性をプラスする食事を実行し、半年後の健康診断では、ひっかかるところがなく、びっくり。かなりきつい排毒はあったものの、今は医者いらずの体になりました。

私のむくみも、ヤンノー【169】や野菜スープ【168】を飲み、干葉の腰湯【174】をして、玄米ごはん【20】やほうとう【78】、あずきかぼちゃ昆布【61】などの食事で、だいぶよくなりました。

玄米菜食にしてよかったのは、体調が悪いときに、食事の摂り方がわかること。子どもたちの病気に対して、あわてずに手当てすることができることです。

長男が気管支ぜんそくを起こしたときも、生蓮汁《しょうれんじる》【164】やれんこん湯【164】を飲ませ、しょうが湿布【180】やしょうが油のすり込み【176】をして、乗り切ってきました。ふだんの食事には、れんこんのすりおろしで作るハンバーグやミートボール風、コロッケ、ひじきれんこん【77】、ごぼうとれんこんのきんぴらなど、れんこん料理を努めて用意。現在はかなり落ち着いています。

礒江《いそえ》いずみ（東京都）

＊文中の【　】は、掲載されているページ。

第3章

愛情いっぱい！
手当て編

お母さんの手で
治してあげるのが、
いちばん安心！

台所にあるもので、手軽にできる

いざというとき役立つ自然の「手当て法」

畑で遊んでいた子が傷をつくったら、おばあちゃんが「血止め草」を貼ってくれる。お湯が足にかかってやけどをしたら、お母さんがじゃがいもをすって当ててくれる。熱を出したときは、りんごのすりおろしを食べさせてくれる。ひと昔前の日本なら、どこでもみられた光景です。

子どもの熱も、やけどもけがも、病院に頼ったり、薬を使えば簡単かもしれません。けれど、私たちの体には「自然に治っていく力」が備わっているのです。薬を使うことで、自然の経過が乱されるだけでなく、病気や外傷を自分の力でクリアできないひ弱な体をつくってしまいます。

そしてなによりも大切なのは、お母さんが手当てをしてあげると、そのことが子どもの心に生涯刻まれるということ。自分を本気で心配してくれる人がいることを、肌で感じて育っていけるのです。

ここでは、しょうゆや梅干し、菜っぱやしょうがといった身近な食材で、だれでも簡単にできる手当てを、「内服の飲みもの」と「外用の手当て」に分けて、ご紹介しています。192〜237ページの「症状別・アイウエオ順　家庭でできる自然の手当てと食事法」とあわせて、活用してください。

＊文中の【　】内は、掲載されているページです。

内服の飲みもの

Taking

体調をくずしたときや、外傷を受けた際に服用する飲みものです。表示の分量は、大人用なので、子どもに使用する際は、下記を参照して分量を計算してください。なお、飲みものは、「おいしく飲める」が基本。口に合わないときは、体の状態に適していないということなので、使用しないこと。

服用の仕方

飲みものは、特に指定がない限りは、一日1～2回飲みます。2回の場合は、朝と夕方に。症状が改善するまで飲みますが、なかなか改善がみられない場合は、ほかの飲みものに変えてみてください。また、1回で効くこともあるので、体の状態をよくみながら服用すること。

子ども用の分量の計算法

内服する飲みものは、大人の体重を50kgとして、体重比で量を加減します。まず「50÷子どもの体重＝？」で、子どもの体重が大人の体重の何分の一になるかを出し、飲みもの量を割り出します。

手当ての飲みものの材料は、すべて食用のものなので、あまり厳密に計算することもありませんが、大きく間違えると、体に影響があるので注意しましょう。

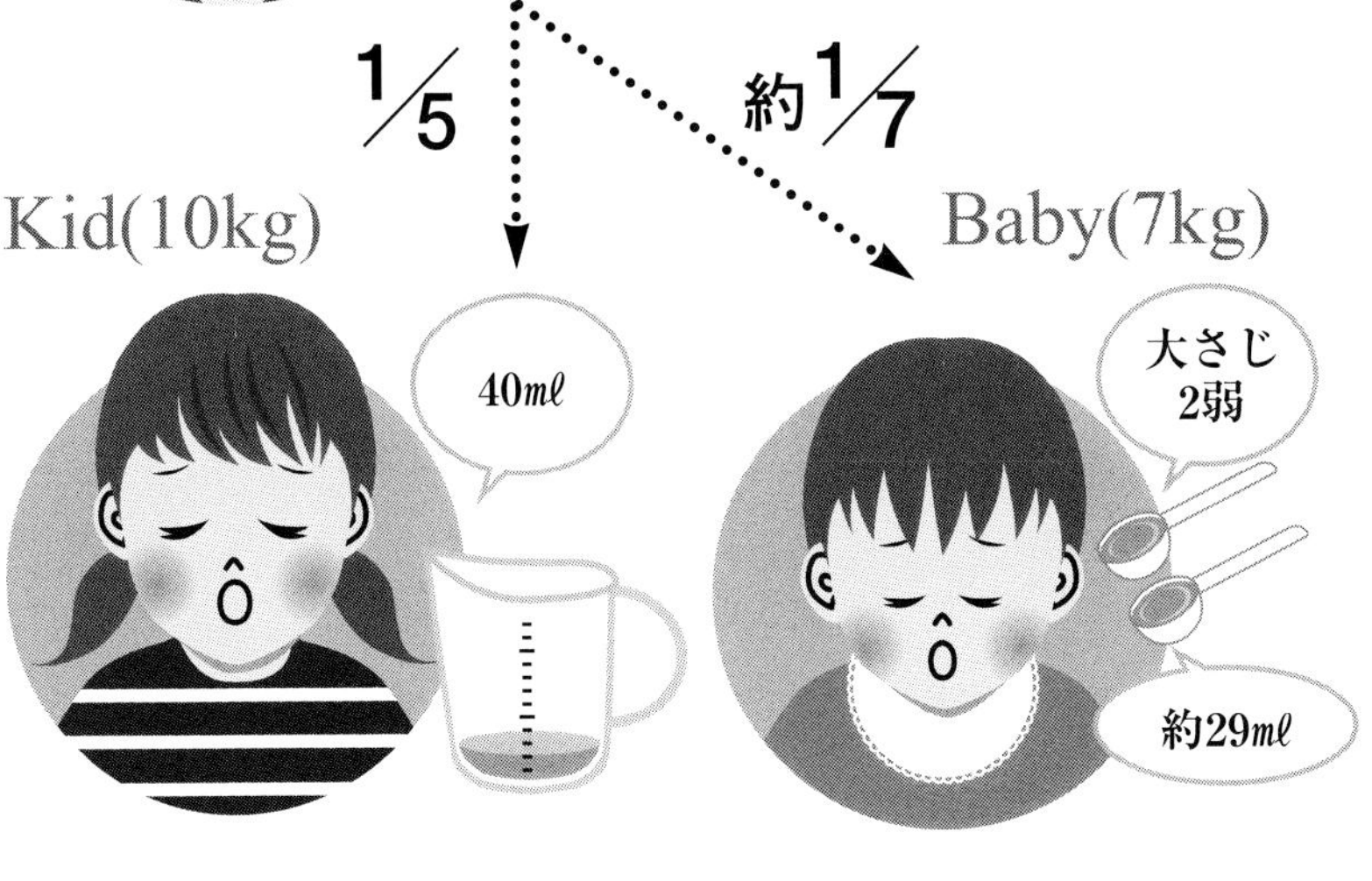

三年番茶

3年以上生育したお茶の木からとった葉を、鉄釜で焙煎したのが三年番茶。お茶のなかでは最も陽性で、血液をきれいにし、体の新陳代謝を促進させるという働きがあります。毎日飲むお茶として、常備したいもの。

適応症

日常の健康維持。しょうゆ番茶や梅しょう番茶などの材料

材料（基本分量）と器具

三年番茶（茶葉）大さじ2、水10カップ、やかん、茶こし、ポット

＊手当てには、枝を主体として炭火で焙煎したオーサワジャパンの赤い袋の三年番茶【238】が、いちばん陽性で適している。緑の袋や、黄色の袋（陰性ぎみ）もあり、他社製品もあるので、日常は体質、年齢、好みに応じて選ぶこと。

作り方

❶やかんに水と番茶を入れて強火にかけ、沸騰したら弱火にする。

❷40分煮出したら、茶こしでこしてポットに入れる。

しょうゆ番茶

血液をきれいにして、新陳代謝を促す飲みもの。疲れを感じたときや、入浴、運動の前後にも向いています。

適応症

ちょっと疲れたとき、軽い腹痛や頭痛など体が不調のとき、元気を出したいとき、冷房病。

＊陰陽いずれの症状に使用しても可

材料（1回分）

しょうゆ（天然醸造のもの）小さじ1 1/2、三年番茶（煮出したもの）2/3〜1カップ

作り方

❶先に湯飲み茶碗を計量して2/3カップがどこまでか調べておく。

❷三年番茶は、ポットに入れてあるものなら、もう一度わかす。

❸湯飲み茶碗にしょうゆを入れ、②の番茶を注ぐ。番茶を先に入れてしょうゆを加えると、味が変わるので注意。

梅しょう番茶

新陳代謝を高め、疲労回復を早める飲みもので、しょうゆ番茶より強い効力を発揮。陰性と判断される症状の多くに、よく効きます。梅しょう番茶[1]と[2]があり、[2]は症状が重い場合に使用。

梅しょう番茶 [1]

適応症

疲れのひどいとき、低血圧で朝起きられない人、左の肩こり、胃痛、腹痛、貧血、陰性

のたん、鼻水、心臓の弱い人、食欲不振、陰性食が原因の冷え症、卵巣炎

材料（1回分）

梅干し中1個、しょうゆ小さじ1½〜2、しょうがの絞り汁2〜3滴、三年番茶（煮出したもの）⅔〜1カップ

作り方

❶先に湯飲み茶碗を計量して⅔カップがどこまでか調べる。

❷湯飲み茶碗に梅干しを入れ箸を両手に1本ずつ持って、梅干しをまんべんなくつぶす。

❸しょうがの絞り汁を加え、しょうゆも加えて箸でよく練り合わせる。

❹わかした三年番茶を注ぐ。必ずわかしたてを使うこと。

梅しょう番茶 [2]

適応症

内臓の痛み、特に消化器の激痛時（十二指腸潰瘍《かいよう》、胃カタルなど）、食あたり、下痢、嘔《おう》吐《と》

＊打ち身のときは使用するが、外傷による出血時は厳禁（かえって出血を促す）。

材料（1回分）

梅干し大1個、しょうゆ大さじ1、おろししょうが少々（容量で梅干しの10％）、三年番茶（煮出したもの）⅔〜1カップ

作り方

しょうがの絞り汁をおろししょうがに替えて、梅しょう番茶[1]と同様に作る。

大根おろし入り梅しょう番茶

過去に摂った動物性食品や調味料などで体にたまった塩気（古塩）を、大根おろしで分解させ、梅干しとしょうゆで新しい塩を補います。

適応症

体がだるい、痛い、鬱《うつ》など不調なとき、症状が陰性か陽性かわからないとき

材料（1回分）

梅干し中1個、しょうゆ小さじ1½〜2、しょうがの絞り汁2〜3滴、大根おろし大さじ山盛り1、三年番茶（煮出したもの）⅔〜1カップ

作り方

❶梅しょう番茶[1]の①〜③と同様に作る。

❷①に大根おろしを加え、わかした三年番茶を注ぐ。大根おろしを加えてからは、練らないこと。

ごま塩番茶

ごまのカルシウムと塩のナトリウムが、細胞を活性化。飲みものにすることで、より早く血中に入り込ませます。

適応症

生理痛、陰性の不眠（クヨクヨ考え込んで眠れないとき）、乗りもの酔い、陰性の頭痛

材料（1回分）

ごま塩（8対2）大さじ1、三年番茶（煮出したもの）1カップ

※ごま塩の作り方は68ページ、市販品については85ページ。

作り方

湯飲み茶碗にごま塩を入れ、わかした三年番茶を加えてよく混ぜる。

塩番茶

陰性症状の改善に役立つお茶。番茶やしょうゆ番茶より、塩番茶のほうがおいしく飲める人は、ときどき飲むとよいでしょう。塩は自然塩を使って。

適応症

夏バテ、心臓の働きが悪くむくみがある場合

材料（1回分）

塩少々（お茶の1％）、三年番茶（煮出したもの）⅔〜1カップ

作り方

鍋に三年番茶と塩を入れ、サッとわかす。

くず湯

マメ科のクズの根を原料とした本くず粉を、薄く溶いて作る飲みもの。体を芯から温めてくれるので、かぜやおなかをこわしたときにとてもよく、寒い日の飲みものとしても最適。

　本くず粉は、自然食品店で購入でき、あんかけ料理など、とろみづけに使います【84】。

適応症

解熱（腸が原因の熱、子どもや老人の熱、陰性の熱）、陰性の嘔吐。下痢、腹痛があるときの食事

材料（1回分）

本くず粉大さじ1、水1カップ、塩少々

作り方

❶鍋に水を入れ、小さいボウルなどにくず粉を入れる。

❷鍋からくず粉と同量の水（大さじ1）をとってくず粉に加え、菜箸で混ぜてよく溶く。かたまりが残っていると、ダマになるので注意。

❸鍋に②を加えて混ぜ、火にかけて菜箸で混ぜながら煮る。

❹白濁していたのが透明になって、とろみがついてきたら塩少々を加える。

＊解熱に使う際、濃いくず練りのようにしてしまうと効果がない。

＊本くず粉は、購入時にまとめてミキサーやフードプロセッサーで粉末にしておくと、料理にも手当てにも便利。

くず練り

くずの粘り気が腸壁に付着し、強い整腸作用を発揮します。下痢の手当てに使うだけでなく、ふだんの食事や軽食にも取り入れられます。

　その際、濃さは好みにし、しょうゆをかけたり、梅干しを添えて食べてください。

適応症

下痢時、下痢のあとや腹痛のときの食事

材料（1回分）

本くず粉【84】大さじ3以上、水1カップ、塩少々

作り方

❶鍋に水を入れ、小さいボウルなどに本くず粉を入れる。

❷鍋からくず粉と同量の水をとってくず粉に加え、菜箸で混ぜてよく溶く。かたまりが残っていると、ダマになるので注意。

❸①の鍋に②と塩を入れて混ぜ、火にかける。木べらで鍋底からまんべんなく混ぜながら練り、白濁していたのが透明になってから、さらに2～3分練って仕上げる。

くず入り梅しょう番茶

梅しょう番茶に整腸作用のあるくずを加えて、下痢のときに用います。

適応症

梅しょう番茶で腹痛が治らない場合、特に腸の痛み。下痢、なかでも細菌性（陰性）の下痢

材料（1回分）

梅干し中1〜大1個、しょうゆ小さじ2〜大さじ1、おろししょうが少々（容量で梅干しの10％）、三年番茶1カップ、本くず粉・水各大さじ1〜2

＊梅干しの大きさと、しょうゆの量は下痢のひどさや痛みの程度で変えること。

作り方

❶梅干しを箸でつぶし、しょうがとしょうゆを加えて練る。

❷くず粉を小さなボウルなどに入れ、同量の水を加えて菜箸でよく溶いておく。

❸小鍋に三年番茶と①を入れ②を加えて混ぜ、強火にかける。菜箸でかき混ぜながら、1分ほど練り、白濁していたのが透明になってきたら火を止める。温かいうちに服用。

梅干しの黒焼き入りくず練り

何をしても下痢が止まらない、トイレに行くたびにゲッソリとしてくるといった事態になったら、極陽性の黒焼きが必要になってきます。このような下痢は陰性の下痢。陽性の下痢ならば、1回でスッキリします。

黒焼きは梅干しを焦がして作りますが（作り方は167ページ）、できあがったものも自然食品店で購入できます【239】。そのまま飲むと胃腸がただれるので、くず練りで包み込んで服用すること。

適応症

強度の下痢、特に細菌性の下痢や食中毒による下痢。食あたり

材料（1回分）

梅干しの黒焼き小さじ1、くず練り（本くず粉大さじ3、水1カップ）

作り方と服用の仕方

❶くず練りは158ページを参照して作り、器に入れる。梅干しの黒焼きは167ページを参照して作るか、市販品を用意する。

❷くず練りの上に梅干しの黒焼きをのせ、下からスプーンを入れて一回転させ、くず練りで黒焼きを包み込むようにしてスプーンにとる。黒焼きを、くず練りに混ぜ込んでしまわないこと。

＊口に入れたら、かまないで飲み込む。

ごま塩入りくず練り

外傷や内臓の出血の際、止血に効果のあるごま塩を頓服《とんぷく》する必要があるとき、特にごま塩を多量に摂らなければならないときに、くず練りと合わせて服用します。

「ごま塩の頓服」【170】と用途はほぼ同じですが、オブラートが飲み込めない場合や、オブラートがない場合にも、くず練りを使うとよいでしょう。

適応症

陰性の便秘、流産しかかったとき、不正出血時。下痢がくず湯で止まらないとき

材料（2〜3回分）

ごま塩大さじ1、くず練り（本くず粉大さじ3、水1カップ）

作り方

❶くず練りは　ページを参照して作り、器に入れる。

❷くず練りの上に、ごま塩をのせて一緒に食べる。

＊この量を、2〜3回に分けて服用。

第一大根湯 [1]

体が陽性になり過ぎて血液が酸化し、粘った状態になると、痛みや炎症、発熱といった症状が出てきます。そのようなときに、第一大根湯[1]が効果を発揮。大根の消化酵素が激しく酸化している腸に働き、解熱、抗炎症作用、抗酸化作用のあるしょうがとアルカリの番茶が、血液をスムーズに流してくれます。

陽性が原因のこりや炎症、痛みがあるときは、症状によってコップ1杯を1回だけ飲む場合と、毎日1回飲む場合があります。高熱の際には、どんぶり1杯を1回だけ服用。

第一大根湯[1]を使用するのは、陽性の熱のときで、これは顔や全身が赤くなり、夜から夜中にかけて高く上がります（夜中の2時がピーク）。一方陰性の熱は昼間高くなり（昼の2時がピーク）、顔色が悪く、おなかや手足が冷えています。高熱でも、陰性の熱の場合や、結核の熱には、第一大根湯[1]の使用は禁止。

赤ちゃんの熱の場合は、大根おろし汁入り玄米スープ【162】を使いますが、母乳を飲んでいる場合は、母親が第一大根湯[1]やしいたけスープ【161】を飲みます。

解熱用の第一大根湯（2カップ）

適応症

かぜによる高熱（38度以上）、熱が出る前の寒気があるとき（かぜとはっきりわかっている場合）。

＊中庸、陽性体質の人の、陽性の熱に対応するものなので、虚弱体質の人や、陰性体質（貧血や冷え症、低血圧）の人の解熱には使用しないこと。

材料（1回分）

大根おろし（大根の下のほう）大さじ山盛り3、おろししょうが少々（大根おろしの10％）、しょうゆ大さじ1〜1½、三年番茶【156】2カップ

作り方と服用の仕方

❶どんぶりに、大根おろしを量って入れる。すりきりではなく、自然に山になるようにすくう。

❷①に、おろししょうがとしょうゆ（体力のない人は多めに）を加える。

❸三年番茶（赤い袋、【156】）をわかし、②に回しながら注ぐ。かき混ぜないほうがおいしい。

❹これを一度に飲み、すぐに床に入る。頭から布団をかぶってしばらくすると、汗がふき出してくるので、十分に汗が出てしまうまで、そのままがまん。汗が出きったら（40分ほどしたら）、冷えないように注意して着替える。

＊頑強なタイプで、2カップを1回飲んでも汗が出ないという人は、40分してからもう1回飲む。

＊第一大根湯[1]で熱が下がりきらないときに、しいたけスープを併用する場合もある（161ページの「しいたけスープ」の項を参照）。

＊寒気のときも、同様に一度に飲んで、布団をかぶると、体にこもっていた熱が発散される。

＊いずれの場合も、食事はしいたけ入りの「みそおじや」【22】にするとよい。

痛み・炎症用の第一大根湯（1カップ）

適応症

●1回だけ服用：おたふくかぜ、産褥熱《さんじょくねつ》、急性中耳炎、急性腎炎、急性腎盂腎炎《じんうじんえん》、急性膀胱炎《ぼうこうえん》、急性尿道炎、急性涙腺炎、脳炎、破傷風

●継続して一日1回服用：右肩や首のこり、後頭部痛、耳鳴り、腰痛、じんましん、アトピー性皮膚炎、カサカサし

ている乾疹のかゆみ、アレルギー性鼻炎、リューマチの痛み、高血圧、自閉症

材料（1回分）

大根おろし（大根の下のほう）大さじ山盛り1 1/2、おろししょうが少々（大根おろしの10％）、しょうゆ大さじ1/2、三年番茶【156】1カップ

作り方と服用の仕方

❶大根おろしとおろししょうが、しょうゆを器に入れる。

❷①にわかしたての三年番茶を注ぐ。ポットに入っていた番茶を使用する場合は、わかしてから使うこと。

＊急性腎炎や腎盂腎炎などで熱を伴っている場合は、第一大根湯[1]を1カップ飲んで、30～40分後に第二大根湯【168】を飲む。この際、第一大根湯[1]は1回だけ使用。

＊おたふくかぜ、急性膀胱炎など、1回だけ服用の項にあるものは、発病時に1回飲む。ただし熱が下がらない場合のみ、もう1回飲む。

＊右肩のこりや腰痛など、陽性の慢性症状の改善には、毎日1回1カップを服用。アトピーやカサカサの乾疹の場合は、かゆみが出たときに飲む。

第一大根湯 [2]

かぜの諸症状や、さほど高くない熱に、効果がある飲みものです。第一大根湯[1]を飲めない子どもでも、これなら飲みやすいでしょう。

適応症

かぜの熱（高熱でない場合）、せき、頭痛、のどの痛み、胸の痛み

材料（3回分）

大根（上のほう）5㎜厚さの輪切り2～3枚、れんこん（あれば節のところがよい）5㎜厚さの輪切り2～3枚、干ししいたけ3枚、水3カップ、しょうゆ適量（腎系の病気の場合は少なめ）

作り方と服用の仕方

❶鍋にしょうゆ以外の材料をすべて入れ、火にかける。

❷①を2カップくらいに煮つめ、おいしいと思う程度にしょうゆを加え熱いうちに服用。

＊1回量は上記の分量の1/3にし、一日3回に分けて飲むこと。

しいたけスープ

陰性の強いしいたけが、陽性の熱を取り去り、血圧を下げる働きもします。また油を摂り過ぎた結果、血液が酸化して起こる頭痛にも、油の分解を助けるしいたけが有効。

適応症

かぜの高熱で第一大根湯[1]を使用したあと、熱が下がりきらないで頭痛があるとき。偏頭痛、側頭部と後頭部の頭痛、アトピーなどで赤い発疹が出てかゆいとき、体の締めつけられるような痛み、高血圧

材料（基本分量）

干ししいたけ（天日乾燥のもの）中4～5枚、水3カップ、しょうゆ大さじ1～2

作り方と服用の仕方

❶水と干ししいたけを鍋に入れ、ふたをしないで強火にかける。

❷沸騰したら中火にし、ブクブク煮立たせて煮つめる。解熱や頭痛用には1/2量に、アトピーのかゆみには2/3量に煮つめる。

❸②の鍋からしいたけを取り出し、しょうゆを加え、おいしいと思う味にして飲む。

＊通常は1カップ、症状がひどいときは2カップを飲む場合もある。

＊虚弱体質の人、陰性体質の人は使用禁止。しいたけスープを飲んでフラッとしてしまったら、しょうゆを多めに。心臓の弱い人はしょうゆの量を多めにするか、しいたけスープを飲んだあと、30～40分後に梅しょう番茶[1]【156】を。

玄米スープ（食事・飲料用）

いり玄米のおかゆから作った玄米クリーム【65】を、水で薄めてわかしたものが玄米スープです。主食がわりには濃いめに、お茶がわりに飲むためには薄めに。いずれの場合も、好みの濃さに調整してください。

手作りの玄米クリームがないときは、自然食品店に売られているレトルトパック【86】でもよいでしょう。

適応症

一般の保健飲料、重病時の主食がわり、離乳食

材料（1回分）

玄米クリーム適量、水適量（玄米クリームの2倍以上）、塩少々

作り方

❶鍋に玄米クリームを入れ、好みの濃さになるよう、水を加える。

❷菜箸で混ぜながら、なめらかになるまで煮、塩少々で調味する。

＊離乳食には、濃度を変えて試しながら、赤ちゃんが好む濃さに調節を。

＊重病人が玄米クリームでは濃過ぎて食べられない場合、本人が飲める程度まで薄めて与える。

玄米スープ（解熱・利尿用）

解熱用には、食事・飲料用玄米スープより薄くして作ります。幼児や体の弱った人、陰性体質の人が熱を出した場合、第一大根湯やしいたけスープのような陰性な飲みものを使うと、さらに体を弱めてしまうので、玄米クリーム【65・86】の陽性を少し入れた玄米スープを使用。

利尿効果も高いので、第二大根湯【168】を飲んでいたのに、尿の出が悪くなったという場合にも有効です。

適応症

穏やかな利尿に。虚弱体質の人の熱、気管支炎の熱。病気で弱っている人、幼児、高齢者、腎臓病や膀胱炎が慢性化した人のお茶がわり

材料（1回分）

玄米クリーム小さじ1、湯または水1カップ、塩少々

作り方と服用の仕方

❶鍋に湯または水を入れ、分量の玄米クリームを加える。

❷①を火にかけ、菜箸で混ぜながらなめらかなスープにし、塩で調味する。

＊子どもが飲まない場合は、果汁【163】を混ぜてもよい。

大根おろし汁入り玄米スープ

解熱用の玄米スープに、大根おろしの絞り汁を加えたもの。虚弱体質の人や陰性体質の人が高熱を出した場合、第一大根湯では体力を消耗するので、これを服用します。

子どもが熱を出したときにも、第一大根湯やしいたけスープを飲まないことが多いので、大根おろし汁入り玄米スープを使います。それでも飲まないときは、りんごの絞り汁や、りんごジュースを少量混ぜてみてください。

アレルギーで赤い発疹がある人がお茶がわりに飲むと、体質改善に役立ちます。

適応症

虚弱体質の人の解熱・発汗、子どもの熱、腹痛、嘔吐《おうと》下痢症、滲出性中耳炎、突発性発疹、アレルギー体質の改善、発疹が出てかゆいとき

材料（1回分）

玄米クリーム小さじ1、水1カップ、大根おろしの絞り汁大さじ1、塩少々

作り方

❶玄米クリームを小鍋にとり、水と塩を加える。
❷①に大根おろしの絞り汁を加えて火にかけ、沸騰寸前に火を止める。温かいうちに服用すること。

果汁

この本に出てくる「果汁」とは、りんごジュースとみかんジュースのことです。

　りんごジュースは肉の毒消しに、みかんジュースは魚の毒消しに有効で、いずれも陽性症状の緩和に役立ちます。

　症状によって、果汁をそのまま飲む場合と、水で薄めたり、レモン汁を混ぜたりする場合があります。

　できるだけ自然な形で栽培されたみかんやりんごを原料としたもので、果汁100％のもの（濃縮還元でないもの）を。ただし、急を要するときは、無農薬にこだわらずに、手に入ったもので対応してください。

適応症
◆みかんジュース、またはりんごジュースをそのまま服用する場合：高血圧、右肩のこり、興奮状態
◆みかんジュースをそのまま服用する場合：じんましん
◆りんごジュースをそのまま服用する場合：陽性の熱、耳鳴り、躁鬱《そううつ》病《びょう》の躁状態のとき
◆りんごジュースに、レモン汁少々を混ぜて服用する場合：陽性の熱に使うのに、りんごジュースが甘過ぎた場合
◆りんごジュースを、同量のレモン汁で割って服用する場合：躁鬱病の躁状態が、りんごジュースを飲んでもおさまらないとき
◆りんごジュースを同量の水で割って服用する場合：腎臓の炎症による子どもの熱、尿の出が悪いとき、または少食にし過ぎたために、体が陽性になっている場合

服用の仕方
量はジュースをそのまま飲む場合も、レモン汁や水を混ぜる場合も、総量で約1カップにするが、本人が飲める量が基本。回数は一日に1〜2回。ただし、躁鬱病の躁状態や極端な陽性症状が出ているときは、本人が好むだけ飲ませる場合もある。

りんごのすりおろしと絞り汁

　穀物菜食の家庭では、子どもが真っ赤な顔をして熱を出すことがたまにありますが、これは玄米の食べ過ぎが原因で、腸と腎臓が炎症を起こしている状態。このようなときは、りんごが効きます。

　絞り汁だけを飲ませると腎臓にしか効かないので、すりおろしを先に食べさせて、腸の強い酸化を緩和させて。

適応症
子どもの食べ過ぎの熱（陽性の熱）

材料（1回分）
りんご1個、レモン汁大さじ1（甘いりんごの場合。好みで減らしてよい）

作り方と服用の仕方
❶りんごはすりおろす（無農薬なら、皮つきのまま使用）。
❷半量はそのまま、半量はガーゼで包んで汁を絞り出す。
❸りんごが酸味の少ないもので、甘過ぎるようなら、絞り汁にレモン汁を加える。
＊必ずすりおろしを先に食べさせてから、絞り汁を飲ませること。

れんこん湯

れんこんには、収斂《しゅうれん》作用（ひきしめる作用）が強いタンニンという陽性な成分が含まれており、それが気管支粘膜のはれを改善し、せきを鎮めます。

れんこんの絞り汁を使ったれんこん湯は、陽性のせき（コンコンというからせき、強いせき）が出るときに使用。ただし、熱のない場合です。

適応症

乾いたせきが出るとき、せきが止まらないとき、たんがつかえているとき、のどの痛み、気管支炎、ぜんそくの発作時、胸部からきた熱（せきは出ないが微熱が続き、なかなか下がらないとき）

材料（1回分）

れんこんの絞り汁大さじ3、しょうがの絞り汁2～3滴、塩少々、湯または水1/2カップ前後（れんこんの絞り汁の2～3倍）

作り方と服用の仕方

❶れんこんは、なるべく陽性な節の部分を使用。すりおろしてガーゼで絞り、分量の絞り汁を作る。

❷鍋に①としょうがの絞り汁、塩を入れ、湯または水を加えて火にかけ、軽くひと煮立ちさせせたものを服用する。グラグラ煮立つ前に、火を止めること。

＊夜、床に入るとせき込む場合は、寝る前に飲むとよい。

生蓮汁《しょうれんじる》

熱が38度以上あってせきが出ているときや、激しいせきが出ているときは、れんこんの絞り汁を、わかさずに生（陰性な状態）で飲みます。

ぜんそくの発作で熱がないときなどは、おろしたものに熱湯を注ぎ、少し陽性にして服用します。

生で飲む場合

適応症

38度以上の熱を伴ったせき、ぜんそくの発作や気管支炎で熱があるとき、激しいせきのとき

材料（1回分）

れんこんのおろし汁大さじ3、しょうがの絞り汁小さじ1、塩少々（箸の先につく程度）

作り方

材料を混ぜ合わせて、服用。

熱湯を注ぐ場合

適応症

ぜんそくの発作で熱がないとき、咽喉《いんこう》カタル、百日ぜきなど

材料（1回分）

おろしれんこん大さじ1、おろししょうが小さじ1、塩少々、熱湯1/2～2/3カップ

作り方と服用の仕方

れんこんとしょうがのすりおろしと塩を混ぜ、熱湯を注いで、熱いうちに飲む。

コーレン

コション、コションと水っぽいせきをするとき、たんがよく出るようなせきのときは乾燥れんこんを粉末にしたコーレンが効きます。

せきがひどいときは、コーレン【239】を同量か2倍の水で溶いて煮て服用。

軽度のとき、慢性化しているときには、くず練りで包んで飲みます。

適応症

湿ったせきの場合、慢性化したせきに、またはれんこんのないとき

水で溶かす場合（せきがひどいとき）

材料（1回分）

コーレン小さじ2、水大さじ2～4

作り方

鍋にコーレンと水を入れて火

にかけ、木べらで混ぜながら煮て、わいたら火を止める。

くず練りと合わせる場合
（軽度のとき、慢性化しているとき）

材料（1回分）
コーレン小さじ1、くず練り大さじ2

作り方と服用の仕方
❶158ページを参照してくず練りを作り、上にコーレンをのせ、スプーンをコーレンの下に入れる。
❷スプーンを回して、コーレンをくず練りでくるむようにしてすくい、かまないで服用する。

れんこんの節入り玄米スープ

気管支やのどによい作用をするれんこんですが、特に節の部分は最も陽性なところで効力も強くなります。この節と、滋養のある玄米クリームを合わせることで、より体にやさしいスープができ、体質的に弱い人にも使用できるものになります。

れんこんの節は、毎日の料理の際にとっておき、薄くスライスしてザルに広げ、乾燥させておくと、いざというときに便利。

適応症
陰性の気管支炎のせき

材料（2〜3回分）
れんこんの節2〜3個分（乾燥れんこんでも可）、玄米クリーム小さじ1、水3カップ

作り方
❶れんこんの節は、薄くスライスする。
❷水と玄米クリームを鍋に入れて溶き、①を加えて火にかけ、1/2量になるまで煮つめる。れんこんを除いて服用。

れんこんの節入り玄米茶

「れんこんの節入り玄米スープ」と、同様の働きをする飲みもの。玄米クリームがないとき、玄米があれば手軽に作れます。

適応症
陰性の気管支炎のせき

材料（3〜4回分）
れんこんの節2〜3本分（乾燥れんこんでも可）、玄米小さじ1、塩1％、水3カップ

作り方
❶れんこんの節は、薄くスライスする。
❷玄米は23ページの「おめでとう」の①を参照して、香ばしくいる。
❸鍋に水と①、②を入れて火にかけ、2カップになるまで煮出す。
❹塩を加え、茶こしでこして飲む。
＊煮出したものを飲んだあと、鍋に残ったものは、おやき【27】やスープに混ぜて使うと無駄にならない。（節は細かく切って使用）。

節のパワー
料理のときに捨てないで！
スライスして乾燥

きんかんの葉の煎じ汁

　せきが出ていてもれんこん湯がおいしくない場合、きんかんの葉といり玄米を煮出したスープなら、おいしいことも。特に魚をたくさん食べてきた人には、よく効くでしょう。

　きんかんの木が近所にない場合は、ホームセンターの植木売り場などで入手できます。地植えでも鉢植えでも育てられるので、この煎じ汁が効く人は1本植えておくといいでしょう。

適応症

子どものほえるようなせき、百日ぜき。れんこん湯がおいしくない、効かないというとき

材料（2～3回分）

きんかんの葉5～6枚（小さい葉なら10枚）、玄米大さじ1、湯または水3カップ

作り方と服用の仕方

❶玄米は23ページの「おめでとう」の①を参照して、いる。
❷玄米をいった鍋にきんかんの葉と湯または水を入れ、強火にかける。
❸沸騰したら中火にし、$2/3$～$1/2$量まで煮つめ、ザルでこして温かいうちに服用する。
＊この量を一日2～3回に分けて、せきが出ないときに服用。

ねぎみそ湯

　鼻水が止まらないときや、体が冷えている陰性のかぜのとき、冷たいものの摂り過ぎによる夏かぜなどに、陽性なみそを使ったねぎみそ湯が効きます。

適応症

鼻水、夏かぜ、熱が上がらないかぜ。熱もなく、体の芯が冷えて食欲もなく、なんとなくスッキリしないとき

材料（1回分）

豆みそ（ここでは長生堂の長寿豆味噌を使用。【83】）20g（大さじ山盛り1）、刻みねぎ（白い部分）大さじ山盛り1、熱湯1カップ

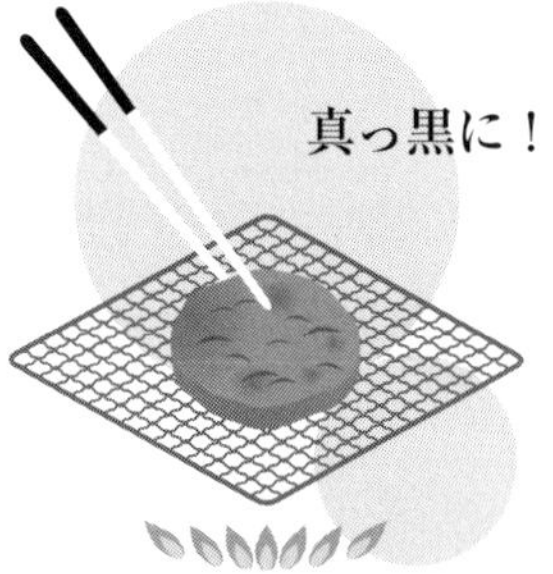

作り方と服用の仕方

❶みそは円盤状に形作る。この形にするとなかまで火が通り、焦げる面積も多くなる。
❷熱した焼き網に①をのせ、弱火でゆっくり焼いて焦がす。
❸菜箸で持ち上げて、きれいに離れるくらい黒く焦げたら返して裏面も焼く。
❹両面がまっ黒に焦げたら乳鉢（なければすり鉢）にとり、かたまりをしっかりつぶす。
❺器に④と刻みねぎを入れ、熱湯を注ぎ入れる。
＊夜、寝る前に飲むとよい。

焼きみかん

　みかんのクエン酸が、体にたまった疲労物質を分解。陰性な果物を使っていても、温めて摂るので、体を極度に冷やすことなく、解毒作用が発揮されます。

適応症

かぜのひきはじめ、せき、のどの痛み、天ぷらの油で気分が悪くなったとき

材料

みかん（酸味のある温州《うんしゅう》みかんが適している）

作り方

まるのままグリルに入れ、5分焼いてから裏返し、また5分焼く。オーブントースターなら、10分焼く。

黒豆の煮汁

黒豆の黒は、紫色が濃くな

ったもの。色の陰陽でみると紫は強い陰性を表し、黒豆が陰性食品だということがわかります。その陰性が働いて、陽性の声がれなどによく効きます。

適応症

のどのはれや痛み、声の出ないときに（陽性の声がれ）。産婦が産後2〜3日して飲むと瘀血《おけつ》が去る。青魚を食べてじんましんが出たとき、犬にかまれたとき

材料（2〜3回分）

黒豆1/2カップ、水3カップ、塩少々

作り方と服用の仕方

❶小鍋に黒豆と水を入れて強火にかけ、沸騰したら中火にして、2カップまで煮つめる。

❷①においしいと思うくらいの塩味をつけ、上澄みを服用する。

＊1回量は適宜。一日1〜2回飲む。

昆布の黒焼きの頓服《とんぷく》

主にひどいぜんそくを起こす人に用いますが、発作が起こっているときではなく、おさまっているときに服用します。一日3回、継続して飲むことが、呼吸器の機能改善につながります。

適応症

重症のぜんそく、卵巣嚢腫《のうしゅ》

材料（1回分）

昆布の黒焼き【左・239】3に対し、コーレン7の割合で、総量小さじ1/2〜1、くず練り（本くず粉大さじ3、水1カップ）

作り方と服用の仕方

❶くず練りは158ページを参照して作り、器に入れる。

❷①の上に昆布の黒焼きをのせ、下からスプーンを入れて一回転させ、くず練りで黒焼きを包み込むようにしてスプーンにとる。

＊黒焼きを、くず練りに混ぜ込んでしまわないこと。

＊口に入れたら、かまないで飲み込む。

＊昆布の黒焼きとコーレンを、オブラートに包み込んで飲んでもよい。

＊必ず発作のないときに一日3回服用。発作が出ているときに飲むと悪化するので注意。

極陽性パワーの黒焼き

元素を陰陽でみると、炭素（C）というのは、極陽性。つまり炭化させたものは、強い陽性の力を発揮するということです。梅干しを焦がして炭にした黒焼きは、極陰性の下痢症状の改善に役立ち（197ページを参照）、昆布を焦がした黒焼きはぜんそくなど、呼吸器の病気に効きます（右記を参照）。

下記の要領でまとめて作っておき、びんに保存しておくとよいのですが、手間がかかるので、市販品を利用してもよいでしょう（239ページを参照）。

梅干しの黒焼き、昆布の黒焼きの作り方

材料

梅干し、または昆布適量

❶焼き網を熱して梅干し（昆布）をのせ、中火から弱火で焼く。火が強いと灰になってしまうので、注意する。

❷まわりが焦げたら、焦げた部分を乳鉢にとり、すりつぶす。

❸まわりをこそげた残りの梅干し（昆布）を焼き網に戻し、さらに焼いて焦がす。

❹まわりの焦げた部分をとり②と同様にし、残りはまた焼く。これをくり返し、黒焼きの粉を作る。

＊ びんなどに保存し、用途に応じて使う。

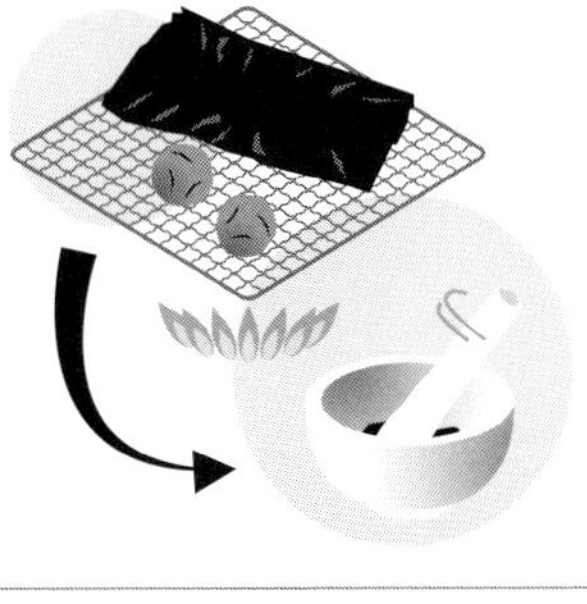

第二大根湯

尿が濃くなり過ぎて、出が悪くなったためにむくみがあるときは、大根の絞り汁で作る第二大根湯が効きます。腎臓のろ過装置である糸球体の目づまりが解消され、尿が薄まって排出されるので、尿の異常やむくみが改善されるのです。

第二大根湯は、陽性の腎臓病（動物性食品の過剰摂取などが原因の場合）にのみ用いる飲みもので、陰性の腎臓病（腎臓の糸球体がゆるんでいる状態）には使用できません。

急性膀胱炎《ぼうこうえん》、急性腎盂腎炎《じんうじんえん》で熱を伴う場合は、第一大根湯1【160】と併用。慢性化した場合は、一日2回、薄くしてお茶がわりに飲みます。

適応症

腎臓や膀胱の炎症、利尿、むくみ（腎臓が悪くて冷えがない場合）、妊娠中毒症

材料（1回分）

大根おろし汁（大根の上のほう）大さじ3、湯または水1/2カップ前後（大根おろしの2〜3倍）、塩微量

作り方と服用の仕方

❶ガーゼを重ねたボウルに大根おろしを入れ、分量の絞り汁を作る。

❷鍋に①と湯または水を入れ、ぬらした菜箸1本の先を塩にチョンとつけ、箸先についただけの塩を鍋に加える。

❸②を火にかけ、煮立ち始めたところで火を止める。ブクブクわかすと粘りが出てしまい、利尿効果が低下するので注意。熱いうちに服用する。

＊一日1〜1 1/2カップまでにし、3回以上連続して飲まないこと。

野菜スープ

陽性症状の解消に、白い野菜の陰性が効果を発揮。にんじんの甘みとりんごの酸味が加わって、さわやかなスープに仕上がるので、日々の食卓にも取り入れられます。

適応症

陽性が原因のむくみ、利尿（軽度の場合）、陽性の嘔吐《おうと》

材料（基本分量）

大根・にんじん各100g、玉ねぎ50g、キャベツ150g、りんご1/2個、水5カップ、塩少々（水の0・5％）

作り方と服用の仕方

❶野菜は、それぞれ繊維を断ち切るように包丁を入れ、薄く切る。

❷大きめの鍋に水と①を入れ、ふたをして火にかける。沸騰したら弱火にし、30分煮る。

❸りんごは皮つきのまま四つ割りにし、薄くスライスして②に加え、塩も加えてもう10分煮る。

❹ボウルにザルを重ねて③を入れ、スープをこして服用する。

＊1回量は2/3〜1カップ、通常一日1回まで。症状がひどいときは、一日に何度でも飲めるだけ。

＊こしたあとの野菜は、13ページのごまだれをかけておかずに。おやき【27】の具にしてもよい。

ヤンノー

水分のとり過ぎや、果物をたくさん食べて冷えのある人のむくみには、あずきをいって粉末にした「ヤンノー」【169】を利尿剤として使用します。

膀胱炎の症状が慢性的にある人も、日常的に飲むとよく、むくみがなくて冷え症の人は、濃く作って飲むと体が温まります。

薄いヤンノー

適応症
利尿、慢性の膀胱炎

材料（基本分量）
ヤンノー大さじ3、最初に入れる湯または水9カップ、あとから足す湯または水適量、塩少々

作り方と服用の仕方

❶大きめの鍋を用意し、9カップが鍋のどこまでになるかをチェックしておく。この鍋にヤンノーを入れ、水$\frac{2}{3}$カップを9カップからとって入れ、木べらで混ぜて溶かす。これを中火にかけ、木べらで練りながら煮、水分がとんでボソボソになってきたら火を止める。

❷①に水（9カップの水のうち）を1カップ差し、また中火にして木べらで練り、かたくなってきたらまた火を止めて同量の水（9カップの水のうち）を差す。

❸こしあん状態になったら、残りの水を一度に入れ、ふたをしないで強火にする。

❹煮立ったらふきこぼれない程度の弱火にし、30～40分煮る。

❺かなり煮つまるので、仕上がりが9カップになるように湯または水を足し、塩で調味して、煮立ったら火を止める。

＊煮立つときは、あっという間にワーッとわき上がるのでふきこぼれないように注意して見ていること。

＊まとめて基本分量を作り、一回に$\frac{2}{3}$～1カップをそのつど温めて服用。むくみ、利尿の場合は、一日に何回でも飲めるだけ飲む。

濃いヤンノー

適応症
むくみのない冷え性

材料（1回分）
ヤンノー大さじ1～3、水1～2カップ、塩少々、黒ごま塩【68・85】適量

作り方

❶鍋にヤンノーを入れ、分量の水から溶けるくらいの量を加え、木べらで溶いてから中火にかける。

❷練りながら煮てこしあん状になってきたら火を止め、残りの水を加えて20分ほど煮、塩を加える。

❸器によそい、ごま塩をふって飲む。

柿のへたの煎じ汁

むくみは腎臓が原因ということが多いのですが、心臓の筋肉の収縮に支障があってむくむこともあります。手の甲に出るむくみで、朝起きたとき、手が握りにくいのでわかりますが、こういった症状に「柿のへた」（漢方薬店で購入可能）に含まれるタンニンが効きます。

適応症
心臓からきているむくみ、しゃっくり

材料（2～3回分）
干し柿のへた10～20個分、水3カップ

作り方と服用の仕方
鍋に水と柿のへたを入れ、火にかけて2カップになるまで煮つめる。一回に$\frac{2}{3}$～1カップを服用。一日1～2回まで。

ごま塩の頓服《とんぷく》

　玄米ごはんに欠かせないごま塩は、外傷を負ったとき、特に出血時には重要な頓服薬となります。ごまと塩の配分は、軽度の症状なら8対2、重症の場合は7対3のものを用います。ただし、正確に8対2、もしくは7対3の量ではなく、ごまは大さじ山盛りで計量し、塩はすりきりで計量します。

　手作りする場合は68ページを参照して作りますが、手当て用には、より細かくすったものを。作ることができない人は、既成品【85】でもよいので、常備しておきましょう。

適応症

骨折、やけど、流産による大出血時、けがによる出血、歯の出血、交通事故などの際(内出血を予防する)、乗りもの酔い、てんかん

材料（1回分）

7対3または8対2のごま塩大さじ1、オブラート3枚

服用の仕方

オブラート1枚を箱のふたの上に置き、その中央に分量のごま塩の1/3量をのせ、包んでねじる。あと2つ同じものを作る。3包を続けて飲むと、止血に効果大。

卵醤《らんしょう》

　ひどい貧血時や極陰性の重病人には、植物性では間に合わないことが。そのような場合は、動物性の陽性が必要になり、卵を手当てに使います。必ず有精卵を用い、しょうゆと混ぜた「卵醤」にして服用。

　心臓が弱っていて、動悸が激しく脈の回数が多いとき(陰性状態)にも卵醤を使います。心臓が締めつけられるように苦しいときは、極端な陽性状態になっているので、卵醤では逆に苦しくなります。陰性のときは顔面が蒼白で、陽性のときは顔が赤いので、注意して見極めてください。

適応症

極度の貧血、動悸が激しいとき(陰性の心臓病)、毒へびにかまれたとき、危篤時、ガン、白血病

材料（1回分）

有精卵1個、しょうゆ＝卵の殻半分の1/2量

作り方と服用の仕方

有精卵を二つに割って器に全卵を入れ、片方の殻に半分までしょうゆを入れて、全卵に加え、混ぜ合わせて服用する。

すぎな末

　春になればどこにでもはえるスギナですが、実はカルシウム補給に最も効率のよい食品になるのです。乾燥させて粉末にし、そのまま服用しますが、日常的に摂取するには、ふりかけにするのがよいでしょう【72】。

適応症

骨粗鬆症《こつそしょうしょう》、骨折しやすいなど、骨の弱い人のカルシウムの補い

＊骨密度が正常な人が、すぎな末を摂り過ぎると、陽性過多のために体がかたくなるので注意。

材料

スギナ適量

作り方と服用の仕方

❶春先に出たスギナを摘む。出たばかりの小さいものは根元から採り、大きくなったものは上のほうだけを摘む。

❷スギナをよく洗い、蒸気の上がった蒸し器に入れて、強火で2～3分蒸し、ザルに並べて日に干す。

❸カリカリに乾燥したスギナは、茎のかたい部分を残して、乳鉢（なければすり鉢）に入れ、よくする。ミキサーやミ

ルを使ってもよい。

❹③を茶こしでこし、きれいな粉末状にする。

❺③で残した茎と、④の茶こしに残ったものをフライパンに入れ、いりあげてから③④の手順で粉末にする。

＊1回量は小さじ1/2〜1、一日に2〜3回服用。

油入り大根おろし

陽性のリューマチで痛む場合、大根おろしにしょうゆとわかしたごま油を混ぜたおかずを毎日摂ると、症状が改善していきます。ただし、甘いものや果物の摂り過ぎが原因の、陰性のリューマチには使いません。

適応症

陽性のリューマチ（動物性食品の過剰摂取が原因）、神経痛、関節の痛み

材料（1回分）

大根おろし大さじ山盛り3、しょうゆ・ごま油各大さじ1

作り方と服用の仕方

❶器に大根おろしとしょうゆを入れておく。

❷焼き網かガスマットを火にかけ、ステンレスの玉じゃくしなどに入れたごま油をその上にのせ、ユラユラ煙が立ってきたら火を止める（危険のないよう、火加減を注意）。

❸②を①にジューッと注いで混ぜる。こうすると、油っぽくならない。ごはんのおかずにして。

ごま油の下剤

便秘には、腸が締まり過ぎて便が出ない「陽性の便秘」と、腸がゆるみ過ぎて便が出ない「陰性の便秘」がありますが、この「陽性の便秘」はなかなか頑固な便秘で解消するのが困難です。そんなとき、抗酸化力が強く、腸をゆるめるごま油を内服すると、下剤として効果があります。ただし、必ず伝統的手法で作られた、良質のごま油を使用してください【83】。

適応症

陽性の便秘（腸が締まり過ぎて起こる便秘で、便の色が黒から黒褐色）

材料（1回分）

ごま油大さじ1

服用の仕方

ごま油を、そのまま飲む。

はぶ茶

腸が締まり過ぎて起こる「陽性の便秘」に、陰性なはぶ茶が効きます。はぶ茶はエビスグサ（漢名は決明子《けつめいし》）の種子をいった野草茶で、昔から健康茶として親しまれてきたもの。自然食品店で購入できます【239】。

適応症

便秘の人の日常の飲料、高血圧、利尿

材料（基本分量）

はぶ茶16〜30g、水5カップ

※頑固な便秘の人は、はぶ茶の量を多めに。

作り方と服用の仕方

❶はぶ茶を鍋に入れ、木べらで混ぜながら軽くいり、香りが立つまでいって火からおろす。いらないほうがおいしい人は、そのままで使用。

❷水と①を鍋に入れて火にかけ、沸騰したら弱火にして1/2量になるまで煎じる。

❸茶こしでこしてポットに入れ、お茶のかわりに飲む。

どくだみ茶

ドクダミは、日本全国どこにでも自生する多年草。葉を乾燥させたどくだみ茶は、古来より美容と健康によいお茶として愛飲されてきた健康茶です。特に皮膚によい効果があることは、江戸時代から知られていたとか。

どくだみ茶は、自然食品店などで購入できますが【239】、なければ生の葉を摘んで干したもので作ってもよいでしょう。

適応症
アトピー性皮膚炎のカサカサしている乾疹、吹き出もの、蓄膿症《ちくのうしょう》

材料（基本分量）
どくだみ茶5g、水5カップ

作り方と服用の仕方
水にどくだみ茶を入れ、20～30分煮出して飲む。1回量は180cc、一日2～3回服用。

よもぎ茶

道ばたによくはえている、ギザギザの葉で、裏が白く毛羽立った草がヨモギ。各種ビタミンや鉄分、カルシウムなどが豊富で、そのよい香りは草もちで親しまれています。摘んだ生葉を煮出して虫下しに、干した葉を煮出して弱った肝臓に。

適応症
虫下し（回虫、ぎょう虫）、黄疸《おうだん》、肝臓が弱っているとき（足が少し黄色くなる）

材料（基本分量）
ヨモギ適量、水＝容量でヨモギの2倍
※虫下しにはヨモギの生葉を、肝臓系には1日干したものを使用。

作り方と服用の仕方
鍋にヨモギと水を入れ、15分煮出してお茶がわりに飲む。

かわらよもぎ茶

カワラヨモギは河原や海岸に自生する、キク科の多年草。漢方薬では「茵蔯蒿《いんちんこう》」と呼ばれ、黄疸を改善する薬草として用いられてきました。赤ちゃんの黄疸の場合は、母乳をあげている母親がかわらよもぎ茶を飲みます。

適応症
黄疸

材料（3回分）
カワラヨモギ（漢方薬店で購入可）10～15g、水3カップ

作り方と服用の仕方
❶分量の水を鍋に入れてカワラヨモギを加え、強火にかけて沸騰したら弱火にして煎じる。
❷40分ほど煎じ、1/2量に煮つまったら、茶こしでこしてポットに入れる。
＊食前30分から食間に、この量を一日3回に分けて飲む。

たんぽぽコーヒー

ニホンタンポポの根を刻んで乾燥させたものを、煮出した飲みものです。タンポポの根は地中深く伸びるので、とても陽性。だから陰性体質や中庸の人がお茶として飲むと体が温まります。ただし、陽性体質の人が飲むとかえって寒くなることがあります（陽が極まると陰を生ずるという原理）。

適応症
冷え症（陰性食が原因）、貧血、低血圧、陰性体質の人の保健飲料、心臓の弱い人（心臓の働きを助ける）

材料
たんぽぽコーヒー（自然食品店で購入可、【239】）小さじ1～1½、水1～1½カップ

作り方と服用の仕方
鍋に水とたんぽぽコーヒーを入れ、15分ほど煮出して飲む。好みで濃度を加減する。濃く煮出して（たんぽぽコーヒー大さじ1以上）、少量飲んでもよい。

玄米茶・塩玄米茶・梅干し入り玄米茶

玄米茶は玄米を香ばしくいり、煮出してお茶にした滋養のある穀物茶。これに塩を加えた塩玄米茶は、少々陰性タイプの人の日常の飲みものに。極端に主食が食べられない人の、主食の補いにも使います。

いり玄米と梅干しを煮出したお茶は、陰性の肺炎で口がかわくときに用います。

玄米茶

適応症
保健飲料（特に夏季）

材料（3～4回分）
いり玄米（23ページの「おめでとう」の①を参照）大さじ1、水3カップ

作り方と服用の仕方
❶鍋にいり玄米と水を入れて火にかけ、2カップまで煮つめる。
❷①を茶こしでこして飲む。残った玄米は、おやき【27】や具だくさんのスープに混ぜるとおいしく食べられる。そのまま食べても。

塩玄米茶

適応症
陰性タイプの人の保健飲料、主食が食べられないとき。腎臓が悪く、冷えがあってむくむとき（この場合は、塩を微量にする）

材料（3～4回分）
いり玄米大さじ1、水3カップ、塩少々または微量

作り方と服用の仕方
❶鍋にいり玄米と水を入れて火にかけ、2カップまで煮つめる。
❷腎臓からくるむくみに使用するときは、ぬらした箸先を塩にチョンとつけ、①に加える。ほかの場合は、おいしいと思う塩加減にする。
❸②を茶こしでこして飲む。

梅干し入り玄米茶

適応症
陰性の肺炎、特に老人性の肺炎で口がかわいたとき

材料（3～4回分）
いり玄米大さじ1、梅干し1個、水3カップ

作り方と服用の仕方
材料を鍋に入れて火にかけて、2カップに煮つめ、茶こしでこして服用。

昆布茶

昆布の粉末を、湯で溶いたお茶。甘味料や化学調味料が混ざっているものもあるので、自然食品店で純粋な昆布の粉末を購入するとよいでしょう【240】。

適応症
■一時的服用：のどがはれて声が出ないとき
■毎日少しずつ服用：瘰癧《るいれき》（首のリンパ節の結核）、動脈硬化のある人、ぜんそく、脱腸、脱肛

材料（1回分）
昆布粉末小さじ1、熱湯⅔カップ

作り方と服用の仕方
湯飲み茶碗に昆布粉末を入れ、熱湯を注いで、温かいうちに飲む。

外用の手当て法

External

外用の手当てとは、野菜や調味料の薬効を利用して、体に貼ったり、塗ったりして症状を改善していく方法。けが、やけどなどの外傷や、頭痛、腹痛、腰痛、肩こりなどの痛みに、また皮膚疾患の症状の軽減や、解熱、せき止めなど、子どもと暮らす日常に起こりうる事態に、速やかに対応できる自然の手当てがいろいろあります。

外用であっても、手当てに使う材料はできるだけ無添加・無農薬のものが望ましいのですが、急を要するときは、すぐに手に入るもので対応してください。

大根干葉《ひば》の湯

大根葉の干したものを、濃く煮出した干葉湯で行う腰湯は、主に婦人病のいろいろな症状に有効です。腰湯につかる時間は、10〜15分ぐらいを目安にしますが、これくらいで温まらない人もいるので、額に汗がにじむくらいまでにするといいでしょう。腰だけを湯につけ、足を絶対にぬらさないことがポイント。そして症状改善のためには、毎日続けることが肝心です。

腰湯をした日は、入浴をしないこと。ただし、長く継続して行う人は、腰湯の前にシャワーを浴びてもよいです。

腰湯をすると、発汗によって脱塩するので、陰性タイプの人は腰湯の前に、梅しょう番茶[1]【156】またはしょうゆ番茶【156】を飲んでください。

また皮膚病の人の入浴やパッティングにも最適。冷えたときの足湯にも、とても効果的です。

大根干葉は自然食品店で購入できますが【240】、自分で作る場合は、左ページのコラムを参照してください。

陰性の病気の場合は干葉湯に塩を足し、陽性の病気には塩を加えずに作ります。症状によってはしょうが汁を入れますが、貧血・冷え性の人は塩を入れ、手足がカッカしているようなときは塩を入れないか、しょうが汁を足すと覚えておきましょう。

適応症

婦人病全般、子宮筋腫（＋塩）、生理痛、おりもの、性器出血、子宮内膜症、冷え性、卵巣腫瘍、卵巣嚢腫《のうしゅ》（＋塩）、子宮痛、膀胱炎、夜尿症、アトピー性の赤い発疹、皮膚病、かぜで悪寒がするとき（足湯）

材料

大根干葉4〜5株分（市販品なら1パック）、水4〜7ℓ、塩1/2カップ（陰性タイプのみ）、しょうがの絞り汁1/2カップ（陽性タイプのみで、症状によって）、熱湯ポット1本分

用具

大鍋、菜箸、ベビーバス（または大きなたらい）、大きなビニールのふろしき（またはバスタオル、毛布など）

手順

❶大鍋に水と干葉を入れ、火にかけて40分煮出す。市販品のパック（大根干葉湯の素、【240】）を使う場合は、菜箸で押さえて沈める。

❷ベビーバスか、たらいに①を入れ、水を差してお風呂より少し熱いくらい（45度前後）にし、子宮がおおわれる深さにする（おへその下ぐらいまで）。

❸陰性タイプの人は、ここで塩を足し、陽性タイプの人は塩は入れないか、しょうがの絞り汁を足す。

❹差し湯用に、熱湯を入れたポットを用意しておく。
❺足はベビーバスから出して腰の部分だけを③につける。上の衣服は薄いもの（下着程度）にし、たくしあげて、洗濯ばさみなどでぬれないようにとめる。さめないようにビニールのふろしきなどで全体をおおい、さめてきたら熱湯を差して、額に汗がにじむくらいになったら出る。ふくときに、足をぬらさないように注意。

婦人病に欠かせない大根干葉

干した大根葉を煮出した湯を腰湯に使うと、体の温まり方がぜんぜん違います。

大根干葉の作り方

❶大根葉をさっと洗って陰干しにする。
❷触ってポロポロになるまで乾燥させないで、その手前に取り込む。逆に乾燥が少ないと、かびるので注意すること。湿気のないところに保管を。

しょうが湯

しょうがには血行をよくする効果があるので、足湯や腰湯をすると体がぽかぽか温まります。殺菌作用もあるので、水虫や皮膚のトラブルにも。

適応症

■足湯をする場合：冷え性、生理痛、静脈瘤《じょうみゃくりゅう》、妊娠中毒症、のぼせ、水虫
■半身浴をする場合：痔、腎《じん》盂腎炎《うじんえん》
■パッティングする場合：発疹が出てかゆいとき、おむつかぶれ（薄いしょうが湯で）、黄疸（全身）

材料

しょうが150～200g（水虫の場合はこの2倍以上使用）、熱湯2ℓ

用具

もめんの袋

手順

❶しょうがを皮ごとおろしてもめんの袋に入れ、熱湯に入れてふり出す。
❷足湯をする場合は、①に水を加えて風呂より熱めにして行う。浅めの風呂に①を入れて水を差し、適温にして半身浴に。皮膚のトラブルに使用する場合は、①をさましてから、その液で患部をふく。または湯船のなかに①を加えて入浴する。カサカサしている乾疹の場合は、このあとにごま油を塗るとよい。

ねぎ湯

ねぎには消炎、解熱発汗などの薬効があります。煮出すことで、ねぎのねばねばが湯に溶け出し、パスターの役割をして、ねぎに含まれる硫化アリルが神経に作用し、痛みを緩和してくれます。

適応症

リューマチ、腱鞘《けんしょう》炎

材料

太ねぎ5～10本、水5ℓ、差し湯用の熱湯（ポットに）

用具

バケツ

手順

鍋にねぎと水を入れて煮出し、バケツに移して手足を入れられるくらいの温度にし、痛むところをつける。さめてきたら、差し湯をしながら、体全体が温まるまで行う。

木の葉や野草の煎じ汁

松や栗、桃、ヨモギ、ドクダミの生葉や乾燥させた葉を煮出して、アトピー性皮膚炎など、ポツポツやかゆみのあるところを洗います。松や栗のような陽性な葉は陰性の皮膚炎に、ドクダミのような陰性な葉は、陽性の皮膚炎に有効です。

陰陽がわからないときは、いろいろな葉の煎じ汁を試してみて、自分の症状に合うものを探すとよいでしょう。

あせもの場合は、桃の葉で多量に煎じ汁を作って全身浴をします。

桃や栗の場合は、若葉のあとの青い葉が手当てに適しているので、その時季に多めにとって煮出しておくと便利です（濃く煮つめて冷凍し、使用時に薄める）。松の場合は一年中、生葉の使用可能。

なお栗の場合、秋は葉を煮出しても効果があまりありませんが、栗の実のゆで汁で代用できます。

適応症

■栗の葉、松の葉、ヨモギの濃い煎じ汁：湿疹（ジュクジュクしている状態）

■ドクダミの煎じ汁：乾疹（カサカサしている状態）

■栗の葉、松の葉、ヨモギの薄い煎じ汁：赤い発疹

■桃の葉の煎じ汁：あせも

■栗の葉の煎じ汁：漆かぶれ

材料

松、栗、桃の生の葉、1日乾燥させたヨモギ、よく乾燥させたドクダミの葉など症状に応じて（生の葉がなければ乾燥したものが自然食品店、漢方薬店で購入できる）、水

用具

鍋、調理用ばさみ、さらし布

手順

❶生の葉なら洗って小さく切り、水を入れた鍋に入れる。量は水1に対して、葉1/2くらいの容量にする。乾燥させた葉の場合は、水1に対して葉1/3～1/4量に。

❷①を30～40分煮出し、さらしでこす。栗の葉や松の葉、よもぎの煎じ汁を、赤い発疹に使う場合は、ここで水を加えて薄める。

❸かゆくなったときに②でふくか、洗う。お風呂あがりにも、パッティングするとよい。

＊症状の改善がみられないときは、葉の種類を変え、合うものをみつける。

しょうが油

しょうがには痛みや炎症を抑える効果があり、ごま油にもやはり消炎作用があります。二つをプラスしたしょうが油は、体のいろいろな痛みによく効きます。しょうが湿布【180】ができないときに、その代用としても。

1回分の使用量を、そのつど作るようにしてください。ただし、しょうがの絞り汁は、作り置きしてもかまいません。

適応症

熱のない頭痛、肩こり、首のこり、気管支ぜんそくの発作（胸にすり込む）、ラッセル、せき、軽い胸痛、中耳炎、外耳道炎（痛いとき、こよりで1滴入れ、耳の前や後ろ側にすり込む）、めまい、はげ、しらが、自閉症、カサカサの皮膚炎（乾疹）、精神病（頭に）、神経衰弱、虫歯（ほおにすり込む）、水虫、打ち身、ねんざ

材料

しょうが適量、ごま油＝しょうがの絞り汁と同量

用具

おろし金、ガーゼ、小容器

手順

❶しょうがは皮ごとすりおろし、ガーゼに包んで絞る。量は患部の広さによって加減する。

❷①と同量のごま油を用意し、

油のほうにまずしょうがの絞り汁を1滴落とす。それを指でよく混ぜて、完全になじませる。

❸次は2〜3滴、その次は3〜4滴と徐々に絞り汁の量をふやし、混ぜては加えることをくり返して、全体がクリーム状になるようによく練る。

❹③を患部にたっぷりとすり込む。10分くらいかけてすり込んだほうが、効きめがある。

センブリの煎じ汁

日本の民間薬の代表ともいえるセンブリは、リンドウ科の2年草で、苦味健胃薬として消化不良、食欲不振、胃痛、腹痛、下痢などに使用されてきました。古くはノミやシラミの殺虫剤としても使われてきたものですが、ここではその殺菌力を利用して、菌による感染症の改善に使います。乾燥したセンブリは、漢方薬局で購入可。

適応症

カンジダ症、クラミジア感染症

材料

乾燥したセンブリ2〜3本、熱湯2カップ

手順

ボウルなどにセンブリを入れて熱湯を注ぎ、少し熱めにさまして、患部を洗う。

玉ねぎ汁

玉ねぎには制菌作用、殺菌作用があり、虫歯の痛みを抑えたり、鼻づまりを解消する効果もあります。また涙腺を刺激する成分が不眠症の解決にも一役。この場合は、刻んだ玉ねぎを枕元に置きます。

適応症

歯痛、鼻づまり、虫さされ、水虫、不眠症（刻み玉ねぎ）

材料

玉ねぎ適量

用具

おろし金（皿）、ガーゼ、脱脂綿

手順

❶玉ねぎをすりおろし、ガーゼで包んで汁を絞る。

❷脱脂綿を①の汁に浸し、箸で持って患部に塗る。歯痛のときは、汁を含ませた脱脂綿をかみ、鼻づまりの場合は脱脂綿を鼻の穴に詰める。

＊歯痛の場合、急ぐときは、玉ねぎを切り、その1片を痛む歯でかんでも、痛みはしだいにおさまってくる。みじん切りにして、かみしめてもよい。

豆腐のフェイシャルパック

日焼けで熱をもった肌を、豆腐の陰性がクールダウンしてくれます。きゅうりやレモンの美白効果に加え、大豆に含まれるイソフラボンの効能ですべすべ肌も期待大。

適応症

日焼け、美白

材料

豆腐1/6丁、きゅうり1/9本、レモン汁少々、小麦粉大さじ1 1/2以上

手順

❶豆腐は2枚のまな板などにはさんで水きりし、ボウルに入れてザックリとつぶす。

❷きゅうりはすりおろし、レモン汁、小麦粉とともに①に加える。

❸②をよく混ぜ、顔に塗りやすいかたさになるよう、小麦粉の量を調節する。

❹顔全体に③を塗り、20分したらぬるま湯で洗い落とす。

青菜の枕

熱があっても38度より低いとき、キャベツの外葉や小松菜などの青菜を頭の下に敷くと、ゆるやかな解熱効果があります。

　乳幼児の解熱には、豆腐パスター【下】では急に冷やし過ぎてしまうので、青菜を使用します。大人で38度以上熱があっても、豆腐が手元にないときに、代用として使います。

適応症

微熱、かぜの頭痛、陰性の肺炎

材料

小松菜、またはキャベツの外葉適量

手順

❶小松菜はかたい芯のところを切り落とし、やわらかい先の部分が後頭部に当たるように、枕の上に置く。キャベツの場合は、青い外葉を使用する。

❷①の上に頭を置き、葉っぱが熱をとってしんなりしてきたら新しい葉と取り替える。

豆腐パスター

　陰性の強い豆腐が、酸化した陽性の熱を吸いとって、高熱をグングン下げてくれます。豆腐パスターは、38度以上の熱の場合に使用するもので、それより下がったら、すぐに中止。青菜の枕【上】かさといもパスター【182】に切り替えます。熱が下がってもそのまま貼っていると、体が冷え過ぎてしまうので注意。

　豆腐は水きりして使いますが、緊急時はパスターを作っていると手当てが遅くなるので、豆腐をそのまま当ててください。

　前頭部には水きりした豆腐をそのまま貼り、後頭部には小麦粉としょうがを混ぜたパスターを貼ります。

　豆腐パスターはじかに当てるほうが効果がありますが、後頭部の場合、単なる熱のときなどは、ガーゼを1枚はさんで当ててもよいでしょう。重症のときは、髪をそってからパスターを当てないと効きません。

　乳幼児の発熱の場合、豆腐パスターは基本的に使用しません。38度以上の熱であっても、青菜の枕【上】か、さといもパスター【182】を当てて様子をみ、効かないようなら豆腐パスターにします。その際は検温をたびたび行い、熱を下げ過ぎないように、注意。

　骨折の場合は、最初に豆腐パスター（左ページの後頭部用と同様に作る）を施し、あらかた熱がとれたらさといもパスターに切り替えます。

適応症

解熱、痛風、脳出血、卵巣炎、乳腺炎、流産、陽性の肺炎、頭痛（熱）、脳炎、尿毒症、睾丸炎《こうがんえん》、おたふくかぜ、溶連菌性疾患、歯茎炎、やけど、骨折

額用の豆腐パスター

材料

もめん豆腐＝額に貼れる量

用具

ふきん、まな板、和紙（半紙でよい）

手順

❶バットの上にまな板を傾斜させて置き、その上にふきんで包んだ豆腐を置く。さらに上からまな板2枚（なければ水を張ったやかんなどでよい）をのせ、よく水きりする。

❷①を額の大きさに合わせて切り、額に貼る。

❸額全体をおおえる大きさに和紙を切り、②の上に貼って軽く押さえ、固定させる。

＊豆腐の色が変わってきたら新しい豆腐に取り替える。最長2時間を目安に。

後頭部用の豆腐パスター

材料

もめん豆腐1～2丁、おろししょうが＝容量で豆腐の10％、小麦粉適量、キャベツの外葉2枚

用具

ふきん、まな板、包丁、ボウル、木べらまたはゴムべら、さらし、ガーゼ、バスタオル

手順

❶額用の豆腐パスターの①と同様にして豆腐を水きりする。

❷①とおろししょうがをボウルに入れてよく混ぜ、つなぎの小麦粉（できれば無農薬）を加える。さらによく混ぜ、粉の量を加減しながらかた練りの状態のパスターを作る。

❸キャベツの外葉は、外側の芯をそぐ。

❹③を2枚重ね、内側に②を入れて平らにならす。軽症の熱のときは、ガーゼを上に1枚重ねて置く。

❺さらしを頭がしばれる長さに切り、横長に置いて下のイラストのように切り込みを入れ、横半分に折る。この中央に④を置き、キャベツのなかに頭をスッポリと入れ、さらしのAの部分で両側から頭を包む。

❻次に幅の狭いBの部分を額のところでしばり、Cの部分を頭の上のほうでしばる。

＊最長で、4時間を目安に取り替える。

＊後頭部に豆腐パスターを施す際、豆腐の水気で肩がぬれると、肩から熱を奪うことになる。それが元で肺炎を起こすことにもなりかねないので、必ずバスタオルなどで肩をおおうこと。

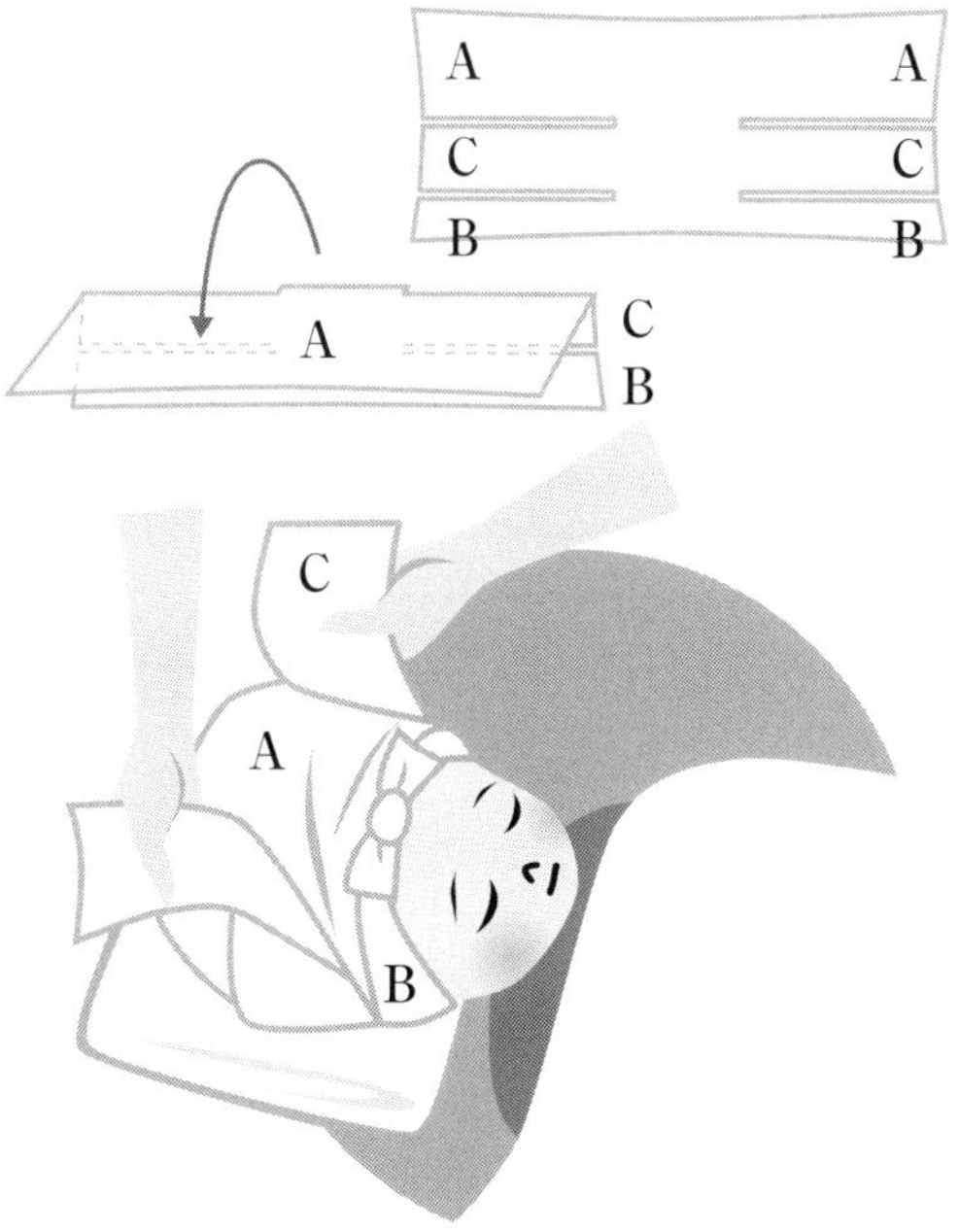

やけど用の豆腐パスター

材料

もめん豆腐適量

手順

患部の大きさに合わせて切った豆腐だけを患部に貼り（とっさのときは水をきらずに）、痛んできたらすぐ貼り替える。手のやけどなら、豆腐の中に手を差し込む。

しょうが湿布

痛みには卓効のある手当てで、「あらゆる痛みにしょうが湿布」と言われるほどです。血管のなかを血液がスムーズに流れているとき、痛みは生じないのですが、血管のなかに血液がにごって固まり、滞ったところができると痛みが発生します。そこにしょうが湿布を施すと赤くなるのですが、それは周囲のきれいな血液が集まってきたということ。こうして血液の循環がよくなると、痛みは和らぐのです。

一時的なこりや軽い痛みなら、しょうが湿布だけでも治りますが、内臓疾患や重い症状の場合は、しょうが湿布のあと、さといもパスター【182】を用います。併用するときは、さといもパスターをすぐ貼れるように用意しておいてから、しょうが湿布を始めてください。

しょうが湿布は体力を消耗するので、湿布をするとフラフラするという人は、先に梅しょう番茶1【156】を飲んでおきましょう。またしょうが湿布をして、かえって痛みが出たときは、すぐにさといもパスターに切り替えてください。

適応症
あらゆる痛み、こり、痛風、気管支ぜんそく、心臓病、腎臓病（むくみ）、動脈硬化、胃カタル、胃潰瘍《いかいよう》、十二指腸潰瘍、腸閉塞、ヘルニア、リューマチ、精神病、骨の病気、しらが・はげ、あざ（赤、紫）、痔、ぎっくり腰、ガン

材料
根しょうが150〜300g、湯4〜7ℓ

用具
金だらい（または古い鍋など）、もめん袋、おろし金またはフードプロセッサー、フェイス

しょうが湿布の手順

カセットコンロに、しょうがの絞り汁入りの湯を入れた金だらい（または古い鍋）をセットしてから始めます。

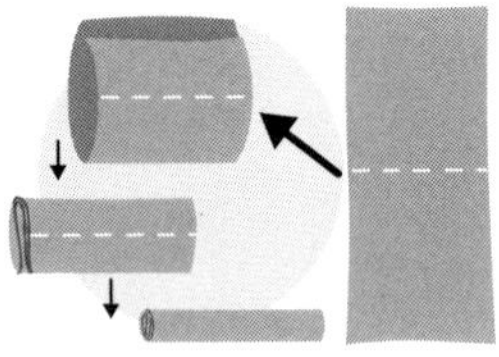

❶フェイスタオルを四つ折りにする。

❷さらに半分に折り、両端を持つ。

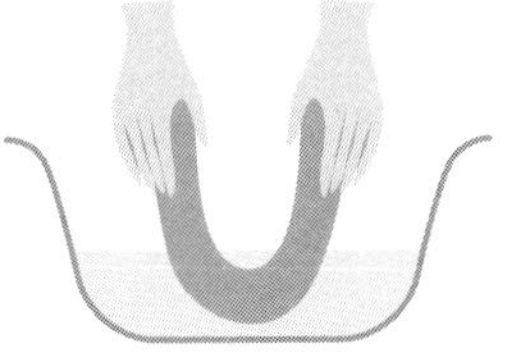

❸タオルを折って、両端をぬらさないように、しょうが入りの湯につける。

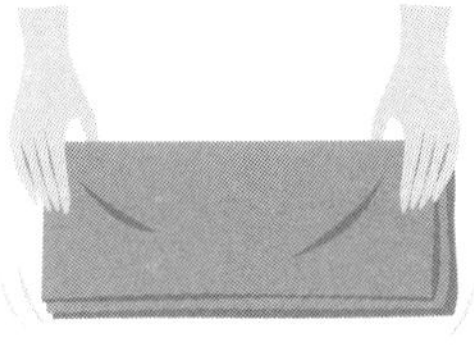

❹タオルを絞る。あまりかたく絞らないこと。

❺四つ折りまで広げて振ってさまして、肌に当てられるくらいの温度にする。

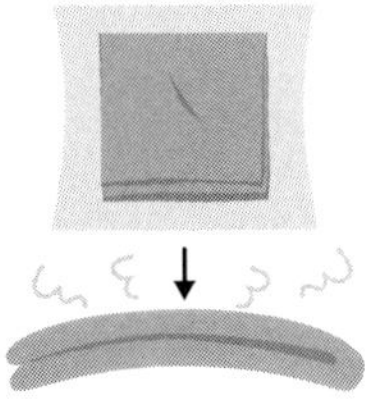

❻患部に⑤をのせる（タオルをのせる部分のまわりは、ぬれないようにバスタオル2枚でガードしておく）。

❼⑥の上に、乾いたタオルを四つ折りにしてのせる。

タオル3枚、バスタオル2枚、カセットコンロ
＊しょうがと湯の量は、患部の大きさに合わせて調節する。
＊しょうがは、自然食品店にある、細くて、折るといいにおいのする、良質のしょうがを使うのが理想的。
　ただし、緊急時はスーパーの大ぶりのしょうがでもさしつかえない。その際は薬効が劣るので、しょうがの量を多くすること。

手順

❶しょうがはたわしで洗って皮ごとすりおろす。大量の場合は、フードプロセッサーを使用すると便利。その際、先に包丁で小切りにしておく。
❷湯をわかしておき、金だらいなどにあけて70～80度に冷ます。
❸①をもめん袋に入れ、②の上でよく絞る。これにフェイスタオルを浸して、下記の要領で湿布を行う。
❹何度か湿布をして、さめてきたら③で絞った袋を湯のなかに入れ、残ったしょうがの汁を絞り出してからコンロで温める。このとき、沸騰させてしまうと、しょうがの酵素作用が失われ、効きめがなくなるので、沸騰前に火を止めること。
＊少し熱いと思うくらいの温度で、患部が赤くなるまで（通常15分くらい）行う。症状が重いときは長くする必要も。

❽新しいタオルを①～⑤の手順で用意し、上下のフェイスタオルの間にはさむ。

❾患部に当てたタオルがさめないうちに、右手で抜き取る。その際、すぐ上のタオルが熱いので、左手を差し込んで温度を調節してから手を離す。

❿⑨で抜き取ったタオルはしょうがの湯につけて絞ってから、もう一度湯につけて絞る。

⓫⑩を⑧の要領で、上下のタオルの間にはさむ。

⓬患部に当てたタオルがさめないうちに、同じ操作をくり返し、肌が赤くなるまで行う（15分くらい）。
＊たらいの湯がさめてきたら、カセットコンロで温める。この際、わかしてしまわないこと。

しょうが酒湿布

特にのどの湿布に適していますが、体質的に陽性の萎縮（かちかちタイプ、【59】）に使います。極陰性の酒を用いるので、アルコールに弱い人や、陰性体質、陰性の病人、子どもには使用しません。

適応症

気管支炎、声の出ないとき、陽性のぜんそく、肺炎（陽性）
＊結核など、陰性症状の人は使用禁止。

材料

しょうが50g、日本酒1カップ、湯2ℓ

用具

しょうが湿布と同様

手順

しょうがの絞り汁を入れた湯に日本酒を加え、あとはしょうが湿布と同様に。主に、のどに行う。

さといもパスター

昔からさといもの貼り薬は、湿布の妙薬とされ、打ち身やねんざ、歯痛、はれものなど、あらゆる瘀血《おけつ》（酸化した古い血、毒素）の吸い出しに使われてきました。さといもパスターのみを施す場合もありますが、先にしょうが湿布【180】を十分にしてから、そのあとに行うのが原則です。貼り替えるときも、毎回しょうが湿布のあと、さといもパスターを行います。

その場合は、あらかじめさといもパスターを作っておいて、しょうが湿布を始めてください。そうすれば、しょうが湿布で赤く血が集まってきたところに、すぐにさといもパスターを貼れます。

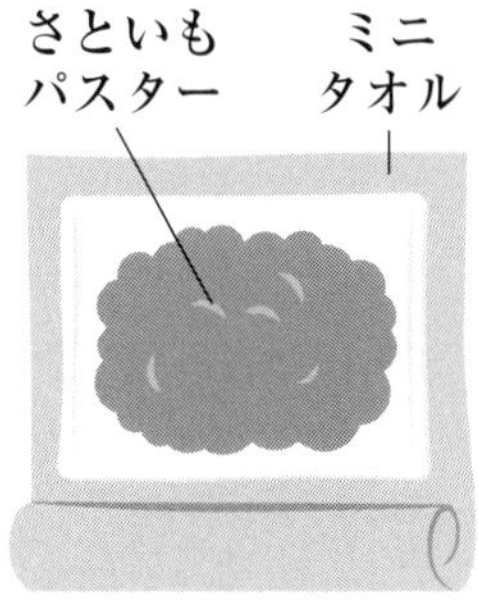

陰性の病気の場合、さといもパスターだけではむしろ冷えてしまい、パスターの効果が上がらないので、上から焼き塩【186】や、ゆでこんにゃく【186】で温め、活性化させて効果を高めます。

また、やけどの手当てには、すりおろしたさといものみを使います。この場合は、しょうが湿布も不用。

適応症

■さといもパスターのみ使用する場合：打ち身、おでき。ひじやひざ、手足の指などの関節が赤くはれて痛むとき。盲腸炎の初期。急性腹膜炎で腹部に熱をもち、きりきり痛んではれたとき。耳下腺炎、顎関節炎《がくかんせつえん》

■しょうが湿布のあとにさといもパスターを使用する場合：はれ、痛風、婦人病全般、中耳炎、扁桃腺炎、のどの病気、虫歯、おたふくかぜ（流行性耳下腺炎）、睾丸炎《こうがんえん》、リューマチ、乳腺炎、皮膚病、痔、あざ（赤、紫）、いぼ、ほくろ、肺炎、動脈硬化、胃カタル、胃潰瘍《いかいよう》、十二指腸潰瘍、急性・慢性胃腸病、ヘルニア、盲腸炎、自閉症、陽性のガン（肝臓、腎臓など、血液の集まる陽性な臓器に起こるガン。貧血がなく、顔色がよい。肩こりや腰痛などがあるのが特徴）

■しょうが湿布のあとにさといもパスターをし、上にゆでこんにゃくを当てる場合：神経痛、卵巣炎、肝硬変

■しょうが湿布のあとにさといもパスターをし、上に焼き塩を当てる場合：ぎっくり腰、陰性のガン（食道、胃、大腸など、空洞のある陰性な臓器に起こるガン。貧血があり、顔色が悪い。冷えがあるのが特徴）

■さといものすりおろしを貼る場合：やけど

材料

さといも1～5個（患部に合わせて）、しょうが＝容量でさといもの10％、小麦粉（できれば無農薬）＝さといもの2～3倍の量（さといもの水分量によって変わる）

用具

おろし金またはフードプロセッサー、ボウル、菜箸、もめんの布または和紙（半紙でよい）、腹帯（作り方と使い方は184ページ）

＊さといもとしょうが、粉の量は、患部の大きさに合わせて調節を。

手順

❶さといもは、厚めに皮をむく。皮のすぐ下に、かゆみの元になる成分があるので、薄くむくとかゆくなる。

❷しょうがは洗って水気をふき、皮ごとすりおろす。その

ままおろし金を洗わずに、さといもをすりおろすと無駄がない。大量に作る場合はフードプロセッサーが便利。その際は、さといももしょうがも小切りにし、一緒に入れておろす。

❸②をボウルにとり、小麦粉を加える。

❹菜箸で混ぜ、粉の分量を調節をしながら、耳たぶより少しやわらかめに練る。箸でやっとこねられるくらいのかたさを目安に。貼ると体のなかの陰を吸ってやわらかくなるので、かために作っておかないと、あとで貼った位置からずり落ちてしまうので注意。

❺布か和紙に④をのせ、菜箸で厚さ1〜1・5㎝くらいに広げる。

❻⑤を、患部にじかに貼る。寝ている病人にはそのままでもよいが、動く人の場合は落ちないよう、右ページのイラストのようにミニタオルを重ね、下側を折るとよい。

❼あおむけになっておなかにさといもパスターを貼った場合、体を浮かせて、下に腹帯をすべり込ませ、185ページの要領で左右交互に巻いていってしばる。ひざの場合、動くときは184ページを参照して固定するものを作るとよいが、痛くて動けないようなときにはネットを利用すると手軽。

＊さといもパスターの有効時間は4時間（早めにしょうが湿布と次のパスターの用意を）。夜間は代謝力が弱いので、朝まで貼る。重症時は一日4回、軽症時は一日2回、慢性疾患の場合は一日1回を目安に、様子をみながら加減すること。

＊さといもパスターでかぶれる人は、貼る前に患部にごま油を塗る。それでもかぶれる人は、パスターの効果は薄れるが、塩少々を混ぜて作る。もしくは、下記の青菜パスターにするとよい（かぶれやすいのは皮膚が陰性なため砂糖、果物などの陰性食品の摂取を控え、穀物菜食の実行をすることで変わる）。

青菜パスター

さといもが手元にないときや、さといもがない季節には、自然食品店で売られている「里芋粉」【240】とじゃがいもや青菜などを合わせると、さといもパスターの代用に。乾燥している「里芋粉」だけでは酵素がないため、体の毒素を吸い取る力が弱いので、じゃがいもを加えて酵素作用を高めます。

さといもパスターでかぶれやすい人やアトピーの人などにも、青菜パスターならかゆくならないのでよいでしょう。

適応症

さといもパスター【182】と同様だが、重い症状のときはさといもパスターを使用。

材料

里芋粉・じゃがいも・キャベツ・小松菜など各適量

用具

おろし金、ボウル、菜箸、まな板、包丁、木べら、もめんの布または和紙（半紙でよい）

＊材料の分量は、患部の広さによって加減する。

＊里芋粉がないときは、小麦粉でも可。

手順

❶じゃがいもは洗って水気をふき、皮ごとすりおろす。小松菜とキャベツは、みじん切りにする。

❷ボウルに①を入れ、里芋粉を加えて木べらで混ぜ合わせる。

❸里芋粉の量を加減しながら、菜箸で練って耳たぶよりやわらかめに作り、布か和紙の上に広げて、1〜1・5㎝厚さにのばす。

❹③を患部に貼り、腹帯などで固定する。

じねんじょパスター

じねんじょは、野菜のなかで最も陽性。その陽の力が、脊髄《せきずい》のなかの毒素まで抜いてくれます。すりおろしたじねんじょに小麦粉としょうがを混ぜないで、そのまま脊髄の上に貼ると、皮膚が紫色に変わるので、毒素が表面に出てくるのがわかります。

じねんじょが手に入らないときは、さといもパスターで代用しますが、改善には少々時間がかかります。

適応症
日本脳炎、脳脊髄膜炎、脳性小児マヒ、脳腫瘍など、脳の病気

材料
じねんじょ適量

用具
すり鉢（またはおろし金とボウル）、ゴムべら、もめんの布または和紙

手順
じねんじょはたわしで洗って水気をふきとり、ひげ根をガスの火で焼ききり、皮ごとすり鉢かおろし金ですりおろす。おろしたじねんじょをゴムべらで布か和紙に広げ、脊髄の上に貼る。

かぼちゃパスター

豆腐が入手できないときに、ウリ科のかぼちゃの解熱力（陰性な力）を利用します。

適応症
頭を打ったとき、脳炎

材料
かぼちゃ½個、おろししょうが＝容量でかぼちゃの10％

用具
蒸し器、おろし金、ボウル、すりこぎ、またはマッシャー、菜箸、もめんの布または和紙、ガーゼ

手順
❶かぼちゃを蒸してボウルにとり、すりこぎなどでつぶす。
❷①におろししょうがを加え、菜箸で混ぜて布かガーゼに広げる。
❸通常はガーゼ1枚を頭とパスターの間にはさんで貼るが、重症時は髪をそって貼る。

さらしの腹帯《ふくたい》の作り方と使い方

さといもパスター【182】や青菜パスター【183】などを腹部や胸部に固定する際、腹帯を使用すると、動いてもずれにくく、しっかりと固定されます。胃の弱い人やぜんそくなどがある人は、ぜひ作っておいてください。ひざや腕用も、応用して作れます。

腕・ひざ用の包帯

用具
さらし＝ひざまわりの1.5倍の長さ、はさみ

作り方
図のように、上下に両端から切り込みを入れる。

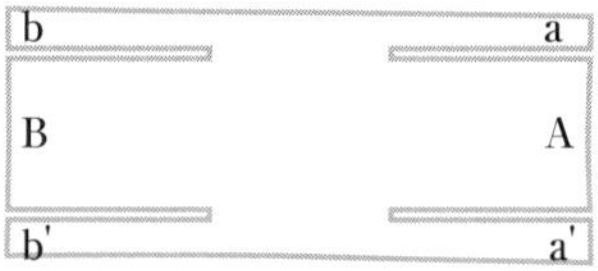

用具
さらし＝胴まわりの4.5倍の長さ、はさみ、糸

作り方
❶さらしを3等分する。
❷3枚を重ね、中央を縦に縫う。
❸図のように、②のまわりを四角に縫う。縫い目があまり細かいと、洗ったときに詰まってしまうので、ほどほどの細かさにする。
❹いちばん上の1枚だけ、両端から3本の切り込みを深く入れる。これが左右各4本のひもになる。

腹部・胸部・腰用の腹帯

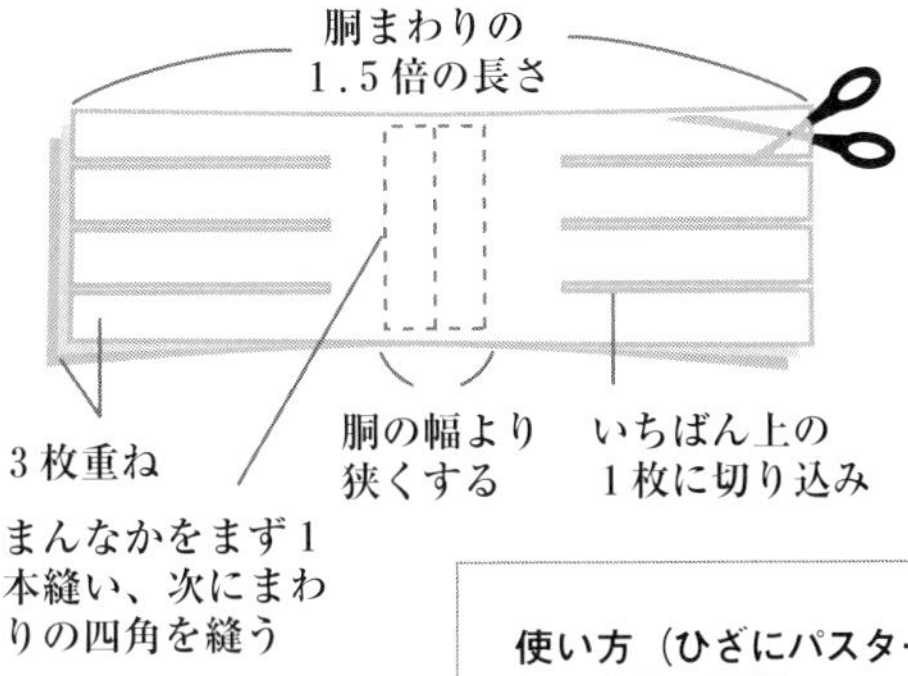

使い方
（腹部にパスターを固定する場合）

❶切り込みを入れたほうを外側にして、体の下に腹帯を置き、パスターをおなかに貼る。起きられない人の場合は、腰を浮かしてもらって、腹帯をすべり込ませる。

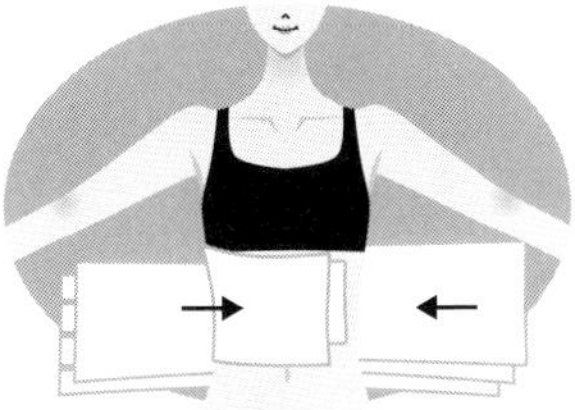

❷内側の2枚を、交互に体に巻いていく。

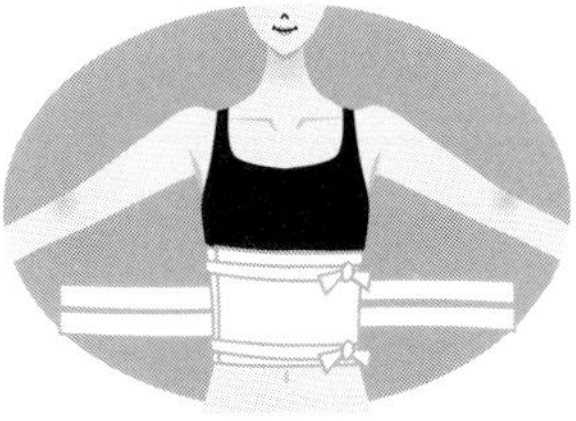

❸いちばん下のひもを最初に結んで、パスターが下にずれないように固定する。結ぶ位置は、患部の上にならないよう、位置をずらす。結び方がゆるいとパスターがずれて下がるので、しっかりと結ぶ。
❹次に、いちばん上のひもを結ぶ。

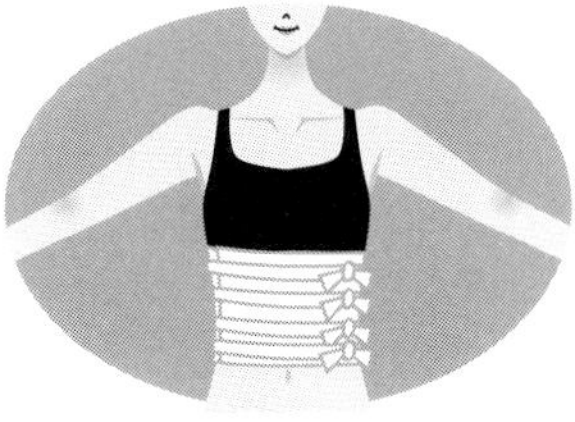

❺最後に、中央の2本を結ぶ。

使い方（ひざにパスターを固定する場合）

❶ひざにパスターを貼る。

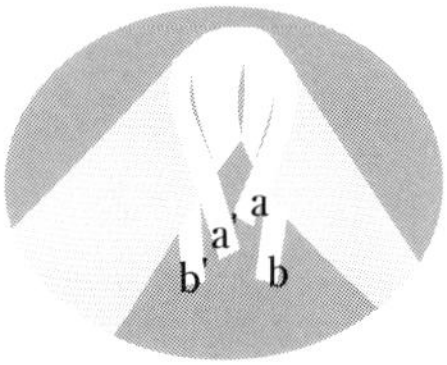

❷切り込みを入れたさらしを図のように当て、ひざにAとBを交互に巻く。

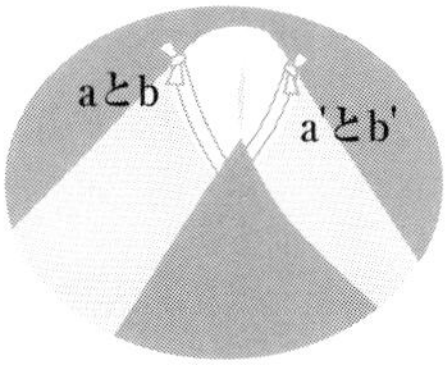

❸ aとbのひもをひざの裏でねじってから、パスターの上側で結ぶ。

❹ a'とb'のひももひざの裏でねじってから、パスターの下側で結ぶ。

こんにゃく温湿布・焼き塩・使い捨てカイロ

こんにゃく温湿布は、ゆでたこんにゃくで体を温める方法。腹痛や腰痛などの際、しょうが湿布を自分でできないときに、手軽にできる手当てです。かぜぎみで冷えている子どもには、おなかにかかえ込ませるとよいでしょう。また、さといもパスター【182】の上から温めるのにも、ゆでたこんにゃくを使います。

焼き塩は、より陰性な症状のとき、主にさといもパスターの上から温めるのに使用します。ギックリ腰やガンの手当ての際は、必ずパスターの上に焼き塩を当ててください。

手間をかけられないときは、使い捨てカイロを使ってもかまいません。ただし、ベンジンを使ったカイロは、きついにおいが病人にはこたえるので、使用しないこと。

こんにゃく温湿布

適応症

■腹痛、腰痛、生理痛、冷えからくる膀胱炎《ぼうこうえん》、陰性の嘔吐《おうと》、かぜぎみのとき、しゃっくり（横隔膜を温める）

■さといもパスターの上に使用する場合：陰性の下痢

材料

こんにゃく1丁、塩大さじ山盛り1、熱湯適量

用具

鍋、タオル1枚

手順

❶鍋に湯をわかして塩を入れ、こんにゃくを入れてゆでる。沸騰したら弱火にして15～20分ゆでで、よく火を通す。

❷①をとり出してタオルで包み、症状に応じてそのまま当てるか、さといもパスターの上から当てる。

焼き塩

適応症

■さといもパスターの上に使用する場合：腹痛、胃の痛み、陰性の下痢、腰痛、子宮痛、卵巣嚢腫《のうしゅ》

材料

塩適量（患部によって調整）

用具

フライパン、木べら、新聞紙で作った袋（作り方は左ページのコラムを参照）、タオル1枚

手順

❶患部の広さに見合った量の塩をフライパンに入れ、木べらで混ぜながら15～20分、塩が灰色になるまでいる。

❷新聞紙で作った袋に①を入れ、口を折って粘着テープでとめる。

❸②をタオルで包む。さといもパスターをして腹帯の上下2本のひもを結んだら【185】、パスターの上に焼き塩をのせる。腹帯の中央のひも2本をしばり、焼き塩を固定。

＊効果は約2時間持続する。

使い捨てカイロ

適応症

こんにゃく温湿布、焼き塩と同じ

＊こんにゃく温湿布や焼き塩が用意できないときの代用。

材料

市販の使い捨てカイロ

手順

使用説明書のとおりに発熱させ、ゆでたこんにゃくのかわりに患部を温めたり、焼き塩の代用として、さといもパスターの腹帯にはさみ込む。

鯉パスター

鯉は魚のなかでカリウム（陰性）が最も多いため、高熱（陽性）を取り去るのに役立ちます。クルップ性肺炎【202】の場合は、鯉パスターを作る際に生き血をとり、先に飲むと体温が1度下がります。

適応症
クルップ性肺炎
材料
鯉1匹
用具
ふきん、まな板、新聞紙、包丁、クッキングペーパー適量
＊1尾で、パスターが2枚できる。

作り方
❶生きている鯉を洗い、ぬれぶきんに包んで新聞紙を敷いたまな板の上に置く。
❷鼻の先を包丁の峰で強くたたいて死なせ、尾を持って逆さにつるし、頭の血を容器に受ける（生き血はクルップ性肺炎の解熱に使う）。
❸②の鯉の頭をとって三枚におろし、骨を除き、細かく切ってからよくたたいてペースト状にする。
❹クッキングペーパーに③をのばし、胸に貼る。熱がなかなか下がらないときは、背中にも貼る。
＊たびたび検温をし、38度まで下がったら青菜の枕【178】か、さといもパスター【182】に切り替えること。熱が下がり過ぎないように注意。

焼き塩を入れる袋の作り方と使い方

新聞紙を厚めに重ねて作った袋に、フライパンでいった熱い塩を入れて使用します。

材料
新聞紙7～8枚、粘着テープ

❶新聞紙を重ねて半分に折り、さらに三つ折りにする。

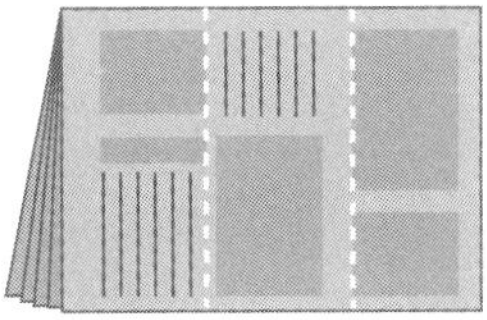

❷端を粘着テープでとめる。

❸裏返し、下から10cmのところを折って粘着テープでとめる。

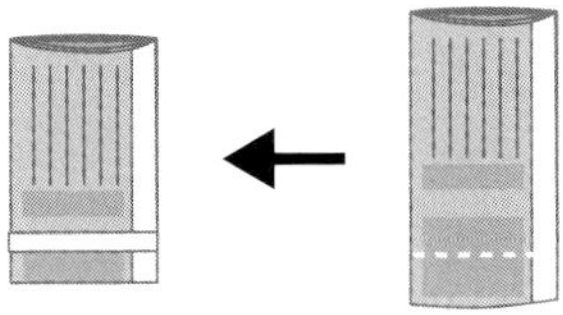

❹口を開いて袋にし、焼き塩を入れる。

❺下から一つ折り、上から一つ折り、粘着テープでとめる
❻タオルで包む。
＊焼き塩はとても熱くなるので、布や薄い紙袋に包むのでは、袋が焼けてしまうことがあるので注意。

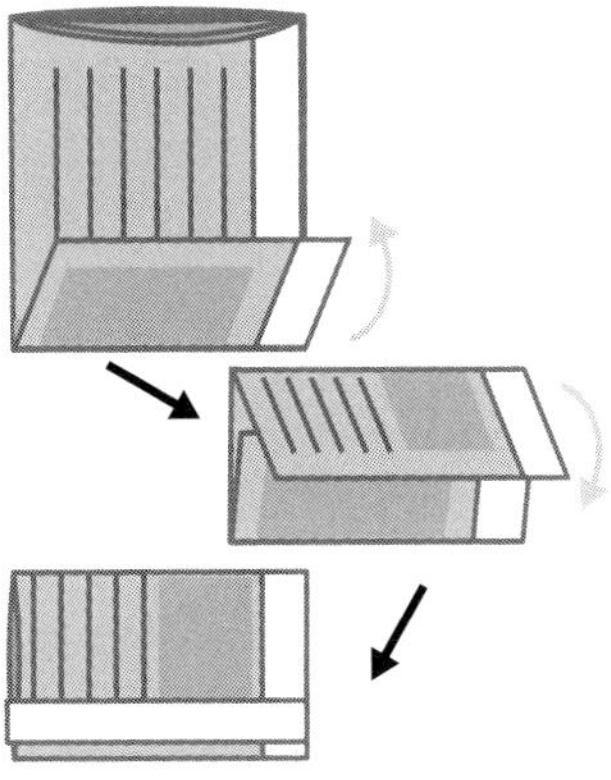

オウバク末（キハダ）

オウバク末は、ミカン科のキハダのコルク層を除いた樹皮を粉末にしたもの。漢方薬局で胃腸病の生薬として売られています。すぐれた殺菌力と収斂性《しゅうれんせい》（ものを締める性質）のために、傷やジュクジュクした湿疹の手当てに効力を発揮します。口内炎にもよく効きますが、その場合は、煮出し汁でうがいを。

粉末を使用する場合

適応症
ジュクジュクした湿疹、とびひ

材料
オウバク末適宜、ごま油少々

用具
さらし布、脱脂綿

手順
❶小さく切ったさらし布の上に脱脂綿を置き、ねじってテルテル坊主の形に作る。
❷患部にごま油を少し塗り、①にオウバク末をつけて、患部をポンポンとたたく。

煮出し汁を使う場合A

適応症
結膜炎、口内炎（この場合はうがい）

材料
オウバク末0・5g、水1カップ

用具
鍋、脱脂綿、割り箸

手順
❶水とオウバク末を鍋に入れて溶き、1～2分煮る。
❷結膜炎の場合は、①に脱脂綿を入れてたっぷり液を含ませ、割り箸で持って目の中を洗う。口内炎の場合は、①でうがいをする。

煮出し汁を使う場合B

適応症
切り傷、すり傷。傷があってはれている場合

材料
オウバク末0・5g、水1カップ

用具
ガーゼ、鍋、菜箸

手順
❶水とオウバク末を鍋に入れて溶き、火にかけて患部の大きさに合わせて切ったガーゼを入れ、1～2分煮たら取り出す。すぐに使用しないものは干して乾かし、保存していつでも使えるようにしておく。
❷傷や傷があってはれているところを①の煮汁で洗い、煮出したガーゼを貼ってからさといもパスター【182】を貼り、包帯などで固定する。
❸交換する際は、パスターをはずしたあとを①の煮汁でよく洗い、ガーゼ、さといもパスターを重ねて貼る。傷が大きいときは、ガーゼを貼る前に粉末をふる。

塩番茶

細胞をひきしめたり、ウイルスの増殖を抑える働きがある番茶に、さらに締める力の強い塩を合わせて、ゆるんだ細胞をひきしめる手当てに使用します。特に目、鼻、のどの手当てに有効。

適応症
■洗眼に使用する場合：近眼、老眼、角膜炎、疲れ目、ドライアイ、目やに、ものもらい、花粉症
■うがいに使用する場合：ウイルス性感冒
■洗鼻に使用する場合：鼻づまり、アレルギー性鼻炎、花粉症、蓄膿症

材料
三年番茶適量、塩＝お茶の1％（お茶が1カップなら、塩は小さじ2/5）

手順
鍋に三年番茶と塩を入れ、サッとわかす。

塩番茶の洗眼の仕方

手順
❶熱した塩番茶を器に入れ、脱脂綿を入れて番茶をたっぷり含ませる。
❷熱いうちに①の脱脂綿を箸で持ち上げ、目の間近まで近づけて蒸す。
❸②が温かいくらいにさめたら、直接脱脂綿を目に入れて洗う。

塩番茶の洗鼻の仕方

手順
片手に塩番茶をとり、片方の鼻の穴にゆっくりと吸い込んで口から出す。これを2～3回くり返し、もう片方の鼻の穴も同様にする。

アロエ

アロエには、抗菌作用や抗炎症作用があり、アフリカやインドでは、古来より人々が薬草として尊重してきたもの。育てやすい植物なので、一鉢置いておくと、すぐに使えて便利です。

適応症
軽いやけど、切り傷、ねんざの炎症、歯痛

材料
アロエ適量

手順
アロエの枝をとり、厚みを半分に切って、ヌルヌルしたところを患部に貼る。歯が痛むときは、2～3cm長さに切ったアロエを痛む歯でかむ。

りんご汁

血液が酸化して起こっている頭痛に、りんごのクエン酸がよく効きます。

適応症
熱のない頭痛（特に偏頭痛＝ある部分だけがひどく痛むとき）、尿毒症や腎炎などで頭が痛いとき

材料
りんご適量

用具
おろし金

手順
りんごを皮のまますりおろし、手で汁を絞る。これを頭につけてマッサージし、よくすり込む。

ごま油

抗酸化物質を含むごま油は、ほかの油に比べて酸化しにくい油です。炎症を抑える効果もあるので、耳や目のトラブルの解消に役立ちます。

目には、熱してろ過したごま油を点眼します。結膜炎以外の眼の病気の場合、塩番茶で洗眼【188】したあとに、点眼をすると効果的。一日1回、就寝前に行ってください。点眼すると油の膜が張って、一時的に目がぼんやりとかすみ、ほとんど見えない状態になるので、必ず就寝前にすること。また目にしみて涙がポロポロ出る場合もありますがこれは目のなかにある陰性の水分が押し出されるために起こる現象で、水分が出きってしまえばしみなくなります。

耳の病気には、ごま油を熱しないでそのまま耳に差します。赤ちゃんの便秘には、肛門を刺激するのに使用。いずれの場合も、ごま油は伝統的手法（圧搾法）で作られた、純正のものを用意してください【83】。

点眼用ごま油

適応症

疲れ目、かすみ目、近眼、老眼、老人性白内障、角膜炎、結膜炎、網膜色素変性症、夜盲症、色覚異常、急性涙腺炎

材料

ごま油適量

用具

和紙（半紙でよい）、広口びん、金属製のじょうご

手順

❶ごま油を手つきのステンレス製計量カップなど（熱することができるものならよく、小さな鍋でも可）に入れ、焼き網かガスマット【262】にのせて火にかけ、表面がユラリと動くようになったら火を止める。

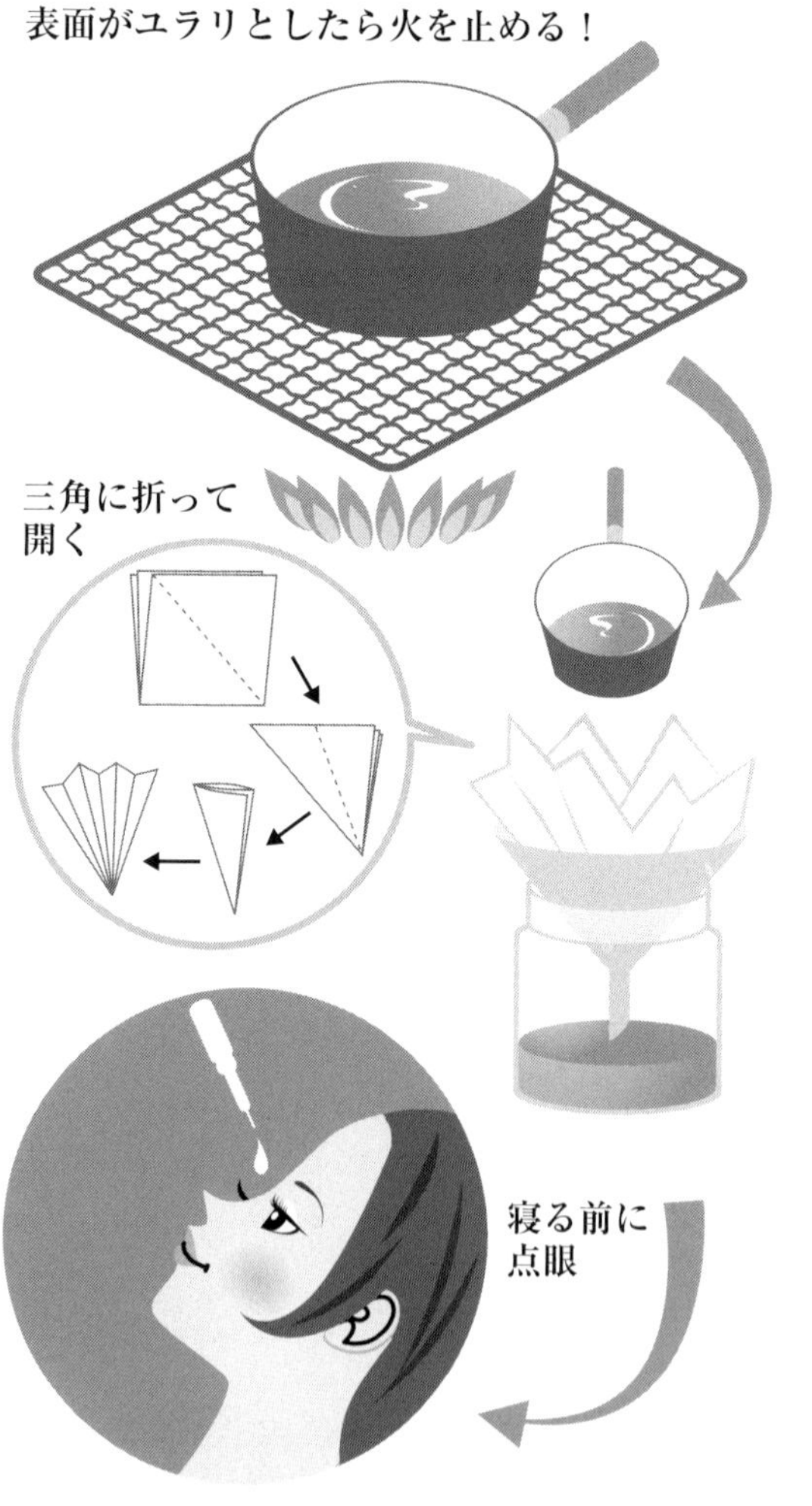
表面がユラリとしたら火を止める！
三角に折って開く
寝る前に点眼

❷びんにじょうごをのせて和紙を重ね、①を入れてこす。このとき、和紙は四つ折りにしてから、三角になるように半分に折ることを2回続け、開いてじょうごと重ねる（右ページのイラストを参照）。

❸②のごま油をさまし、オウバク末の煮出し汁、または塩番茶で洗眼後、スポイトにとって目に1滴差す。

＊一度に多く作っても、冷暗所に保存すれば半年くらい使える。

点耳用ごま油

適応症
中耳炎などの耳の病気（軽症）

材料
ごま油少々

用具
和紙（半紙でよい）、または綿棒

手順
和紙でこよりを作り、その先にごま油をつけて耳に1滴差す。綿棒をごま油に浸して、耳にたらしてもよい。

赤ちゃんの便秘用ごま油

材料
ごま油少々

用具
和紙（半紙でよい）

適応症
赤ちゃんの便秘

手順
和紙で作ったコヨリの先にごま油をつけ、赤ちゃんの肛門に差し込む。

デンシー

なすのへたの塩漬けを黒焼きにし、粉末にして焼き塩を混ぜたものがデンシー（なすの黒焼き）。自然食品店で購入できます。歯痛や口内炎の手当てに使用するものですが、毎日の歯みがきにも使うと、歯ぐきがひきしまり、歯槽膿《しそうのう》漏《ろう》の予防や治療にも。

適応症
歯痛、歯槽膿漏、溶連菌《ようれんきん》性の疾患、咽喉《いんこう》カタル、口内炎、扁桃腺炎《へんとうせんえん》

手順
デンシーを指の先にとり、患部（歯ぐきなど）につけて1～2分マッサージする。口内炎の場合は患部につけると、飛び上がるほど痛いが、翌日にはかなり改善する。デンシーを水に溶かして、うがいをするのでもよい。扁桃腺炎の場合も同様の手当てで。

梅干し

昔は、梅干しをこめかみに貼ったおばあさんがよくいたもの。梅干しのクエン酸が頭痛を引き起こしている酸化熱を代謝させ、塩気が陰性の頭痛を解消するのを、経験的に知っていたのです。

適応症
陰性の頭痛（眉間からこめかみ）

材料
梅干し1～2個

用具
和紙（半紙でよい）、ばんそうこう

手順
梅干しは種を除き、こめかみに貼って和紙をかぶせ、ばんそうこうでとめる。

症状別・アイウエオ順

家庭でできる自然の手当てと食事法

子どもが小さいうちは、かぜをひいたりおなかをこわしたり、やけどが治ったかと思うと今度はとびひ。まさに「一難去ってまた一難」の連続ですね。でも、台所にある食材を利用した「手当て法」を知っていれば、なんと心強いことでしょう。

「こんなときは、何を食べさせたら？」の疑問にも、陰陽理論を応用した答えがしっかりあるのです。これは、ますます安心！　子どものけがや病気のときだけでなく、出産のときにも、お母さんの健康維持にも、助けられることばかりです。

「手当て法」の飲みものが複数あげられているものについては、少量ずつ試してみて、おいしいと思うものを飲んでください。自分の体の陰陽がわからないときも、同様に。子どもの場合は、二つか三つ作って選ばせると確実です。そして体が変化すると、おいしいものが変わってくるので、別の飲みものに変えていくことも必要。

外用の手当ての指示が複数ある場合も、本人が心地よいものを施してください。

また、指定の飲みものや食べものがおいしいと思えないのに、むりをして食べたり飲んだりしないこと。体の要求に逆らっても症状の改善はみられないので、穀物と野菜、海藻の範囲で自分に合うものを探しましょう。

＊文中の【　】内は、掲載されているページ。また、太字の**手**は手当て法、**食**は食事法の略。

赤ちゃんと幼児、お母さんに共通の症状

アトピー性皮膚炎

アトピーは、「抗原抗体反応」といって、体内への異物の侵入を防御するシステムによって起こる症状。「抗原」とは、体にとっての異物のことで、アレルギーを起こす元になるもので、肉、卵、大豆、乳製品、花粉、動物の毛、環境ホルモンなどさまざま。そして「抗体」とは、外から「抗原」が入ってきたときに、自分を守るために白血球がつくる物質をいう。アトピーは、この「抗原」と「抗体」の反応が、激しく出たものと考えればいい。

このようにアトピーの要因はいろいろ考えられるが、特に毎日の食事が大きくかかわっている。現に食事内容を変えることで、症状が治癒する例はとても多い。

食環境が自然から離れた今、毎日口にする食材は、栽培法も保存法も加工法も、昔とはことごとく変わり、それらの食材そのものが、私たちの体が受け入れられない異物となったといえるのだろう。このような食生活の積み重ねが、私たちの体から生命力を奪い、アレルギー体質をもって生まれる赤ちゃんを増加させてきた。だから自然志向の生活に切り替えれば、肌だけでなく、各臓器も正常に戻り、健康な体になっていく。

特に皮膚を丈夫にするのは食物の皮の部分なので、精白した穀物や皮をむいた野菜ばかり食べていると、皮膚に必要な栄養素が足りなくなるので注意が必要。

●カサカサしている乾疹
（白くなって割れている状態）

手／しょうが油【176】。ドクダミの煎じ汁【176】で洗う。どくだみ茶【172】。

食／陰性食にする。「がっぷりタイプ（陽性の肥大）」【58】と「かちかちタイプ（陽性の萎縮）」【59】の項で自分に合うほうの食事。大根おろしを毎食。果汁【163】、果物は酸味のあるもののみ。サラダ、酢のものなど。うどんやお好み焼き【62】など小麦粉でできたものを多めに。ごはんに麦を混ぜて炊く【79】。玄米を食べると症状が悪化する場合は、玄米をやめる。主食よりおかずが多くてよい。

●赤い発疹
（乾くと赤黒くなり、最後に白くなる）

手／栗や松葉の煎じ汁【176】を薄く作って洗う。干葉湯《ひばゆ》【174】、しょうが湯（【175】、薄め）。オウバク末【188】をふりかける。大根やきゅうりの輪切りでふくとスーッと消える場合も。しょうが油を塗ると広がってしまうこともある。かゆみに、大人なら第一大根湯1【160】、しいたけスープ【161】、子どもなら大根おろし汁入り玄米スープ【162】、果汁【163】。

食／「まんなかタイプ（中庸）」【55】の食事。しぐれみそ（【70】、にんじんを除いて作る）。

●ジュクジュクと水っぽい湿疹
（うみが出ていて、乾くと表面が黄色っぽくなる）

手／栗か松葉の煎じ汁【176】を濃く作って洗う。オウバク末【188】をふりかける。大根おろし入り梅しょう番茶【157】。

食／「ぷよぷよタイプ（陰性の肥大）」【56】の食事。さつまいも、さといも、八つ頭、に

んじんは除き、きんぴらもにんじんなしで作る。水分を減らし、肌をゆるめるもの（甘い菓子類、果物、清涼飲料水などの陰性食品）、食べて酸化するもの（いも類、大豆製品、動物性食品）を避ける。

アレルギー性鼻炎

「アトピー性皮膚炎」と同様で、「抗原抗体反応」が激しい形で出たもの。くしゃみ、鼻水、鼻づまりなどの症状。

手／大人：第一大根湯1【160】、塩番茶の洗鼻【188】。

母乳児：母親が第一大根湯1【160】、しいたけスープ【161】を飲む。

子ども：大根おろし汁入り玄米スープ【162】。

食／「がっぷりタイプ（陽性の肥大）」【58】か「かちかちタイプ（陽性の萎縮）」【59】の食事。玄米や三分搗《つ》き米、五分搗き米などの未精白米、雑穀。食物繊維の多いもの。無添加食品、未加工の食品。輸入品を避け、国内産のものを。動物性食品を避け、やむをえない場合でも、食事全体の10％までに抑える。香辛料、抗原（アレルゲン）となるものを避ける。よくかんで食べる。

いぼ

陽性過多、大食が原因。いぼのある人は、自分を中心に考える傾向が。

手／大人：石灰と木灰を水で練り、そこにもち米数個を立てて3日おく。もち米が透明になったら、それを洗ってつぶし、いぼに貼りつける。いぼがとれたらしょうが油【176】を塗る。

子ども：自然に治るケースもあるので、様子をみる（右記の方法は強いので、子どもにはしないこと）。

食／はと麦入り玄米ごはん【76】、はと麦茶、うどん、ごぼう、大根、玉ねぎ、しいたけ。減食する。

インフルエンザ

ウイルスによる感染症で、インフルエンザウイルスは、毎年突然変異を起こす。急な発熱（39度以上の高熱）、頭痛、だるさ、関節の痛みなどの症状があり、2週間くらいで治癒する。

手／大人の熱：第一大根湯1【160】、しいたけスープ【161】。

子どもの熱：大根おろし汁入り玄米スープ【162】。飲まないときはりんごジュースをプラスする。

頭痛：りんご汁【189】か、しょうが油のすり込み【176】、豆腐パスター【178】。

せき：れんこん湯【164】、大人（体重50kg）は1/2カップを一日3～4回（子どもの分量は体重により調整【155】）。

食／みそおじや【22】、高熱時は玄米みそ雑炊【67】。

打ち身

手／さといもパスター【182】か青菜パスター【183】。症状が落ち着いてきたらしょうが油【176】のすり込み、またはしょうが湿布【180】をし、その後また、さといもパスターをする。軽い打ち身の場合は、しょうが油【176】のすり込みのみでよい。

食／「まんなかタイプ（中庸）」【55】の食事。主食60％、副食30％、汁もの10％に。ごはんにはごま塩【68・85】をかけ、よくかんで小食にする。

漆《うるし》かぶれ

手／ごま塩の頓服《とんぷく》【170】、ごま油を塗る。栗の葉の煎じ汁【176】を塗る。

食／穀物と野菜、海藻の食事

に。おにぎり。甘い菓子や果物、清涼飲料水などを避ける。

嘔吐《おうと》

胃のなかのものを吐くこと。もどすこと。乳幼児の場合は、わずかな刺激で嘔吐することがある。幼児では、心因性の嘔吐も。

子どもがもどしたら、吐いたものを誤って飲み込まないよう、わきを下にして横向きに寝かせる。乳児の場合は、鼻からも乳を出すことがあるので、注意。吐いたものの性状と量、嘔吐の回数、吐き方を観察し、食事との関係を推察する。

子どもの場合、食べ過ぎや寝不足、おなかが冷えたことが原因のときは心配ない。吐きながら苦しんだり、嘔吐のあとぐったりしていたり、その後も状態が悪い場合は注意が必要。嘔吐の前に食べたものを検討して、異物や毒物、腐敗物がなかったかチェックする。頭部に障害がないかも調べること。

強度の嘔吐の場合、腸重積やヘルニアなど、緊急を要する場合があるので、その際には病院へ。

吐いたあと、うがいのできる子にはうがいをさせ、口のなかの不快なにおいをとる。

●陰性の嘔吐

胃腸の機能低下からきており、不消化な食べものをもどしたり、食べものをそのままもどす。口が酸っぱく感じる。吐くときに苦しい。苦しくないときはそれほど陰性ではないので、食べ過ぎの可能性も。

手／薄いしょうゆ番茶【156】、大根おろし汁入り玄米スープ【162】、くず湯【158】、梅しょう番茶のいずれか飲めるものを。母乳児の嘔吐の場合は、母親が手当てのものを飲む。胃をゆでこんにゃく【186】で温めるか、しょうが湿布【180】を施す。

食／急性のときは、半日から1日絶食。そののち、おもゆ【62】のような流動食からスタートし、玄米クリーム【65・86】かくず湯【158】に、7対3のごま塩【68】を添えて摂る。症状がよくなったら玄米がゆ【23・86】、さらに回復したら「ぷよぷよタイプ（陰性の肥大）」【56】の食事に。食事の全体量を少なめに。

白湯《さゆ》で水分補給をし、脱水症に注意する。子どもの場合、一度に飲ませようとすると、その刺激で吐くので、茶さじ半分を少しずつ飲ませ、落ち着いたらまた飲ませる、というように、時間をかけて飲ませる。

●陽性の嘔吐

黄色い胆汁を出す。口が苦い。吐いても苦しくないか、苦しくても軽い。

手／野菜スープ【168】、果汁【163】。

食／食事は抜くか、玄米がゆ【23・86】またはめん類を少々。おかずは青菜を中心に。野菜の水煮（無塩にしても可）。その後回復にしたがって、徐々に普通の穀物と野菜、海藻の食事に。

回虫

手／生玄米一日にひとにぎりをよくかむ。よもぎ茶【172】。

食／甘いもの、果物を避ける。穀物と野菜、海藻の食事。

かぜ

せき、鼻水から始まって、徐々に発熱（37度くらい）。1週間ぐらいで治る。

手／大人の熱：第一大根湯[1]【160】。

子どもの熱：大根おろし汁入

り玄米スープ【162】。飲まないときはりんごジュースをプラスする。

頭痛がする場合：しいたけスープ【161】、豆腐パスター【178】、青菜の枕【178】。

熱がない場合：ねぎみそ湯【166】。

悪寒（寒気）がする場合：第一大根湯[1]【160】、しょうが湯【175】または干葉湯【174】の足湯。

食／みそ料理、ねぎ類を多めにする。

高熱がある場合：しいたけ入りみそおじや【22】。

熱がない場合：しいたけを除いたみそおじや【22】。

りんごのくず煮（【80】、特に子どもの場合に）。

気管支炎

●陰性の気管支炎

絶えずせきやたんがあり、特に朝夕よく出る。

手／しょうが酒湿布【181】、アルコールに弱い人や幼児はしょうが湿布【180】。せきにはれんこん湯【164】、れんこんの節入り塩玄米茶【165】、れんこんの節入り玄米スープ【165】。熱にはれんこんと干し柿入りで薄味の玄米スープ。

食／「ぷよぷよタイプ（陰性の肥大）」【56】の食事。

●陽性の気管支炎

悪寒に始まり、そのうち発熱する。特に子どもの場合は高熱を出し、頭痛がしたり、食欲がなくなったり、全身がだるくなったりする。脈拍が多くなり、せきとたんを伴う。

手／しょうが酒湿布【181】。頭痛にしょうが油【176】か、りんご汁【189】のマッサージ。38度以上の熱には豆腐パスター【178】。熱には解熱用玄米スープ（【162】、薄味）か、れんこんと干し柿入りで薄味の玄米スープ。せきにはれんこん湯、胸の痛みにしょうが油のすり込み【176】。

食／「かちかちタイプ（陽性の萎縮）」【59】の食事。

気管支ぜんそく

のどがゼーゼー鳴る「喘鳴《ぜんめい》」という症状があるのが特徴で、呼吸困難を起こす。たんが出るようになると、呼吸困難は回復する。夜間に発作が起こるが、寝ている状態よりも、体を起こした状態のほうが楽。

手／発作時には、れんこん湯【164】、熱を伴うときは生蓮汁《しょうれんじる》【164】。特に空気が吸えないときは梅しょう番茶[1]【156】、空気を吐けないときはれんこん湯【164】。胸にしょうが湿布【180】、さといもパスター【182】。胸部にしょうが油【176】のマッサージ。症状のひどい人は、発作のないときに昆布の黒焼きの頓服《とんぷく》【167】。

食／れんこん料理を常に少しずつ摂る。れんこん入りのあめ（無糖）を常食する。アレルギー体質に多い発作なので、アレルゲンとなるものは避ける。発作時以外は、「ぷよぷよタイプ（陰性の肥大）」【56】と「ひょろりんタイプ（陰性の萎縮）」【57】の食事。

切り傷

手／ふきの葉を手でもみ、その絞り汁をつける。

浅い傷の場合：塩を塗って青菜を貼る。野外では、ヨモギや菊の葉をもんで貼る。オウバク末【188】を患部にふりかけて包帯で巻いても。

深い傷の場合：ごま塩の頓服【170】。オウバク末【188】の煮出し汁で洗い、その煮出し汁で煮たガーゼ1枚で傷口をおおい、さといもパスター【182】を貼る。

食／切った直後は玄米ごはん

【20】にごま塩【68・85】をかけて、よくかむ。副食はできるだけ少なく。出血が止まったら、普通の穀物と野菜、海藻の食事に。

結膜炎

症状は目の充血。眼圧が上がっているので、下げる手当てをする。

手／オウバク末の洗眼【188】、ごま油の点眼【190】。目の上に青菜パスター【183】、重症時は豆腐パスター【178】。

食／「まんなかタイプ（中庸）」【55】の食事。

下痢

食／玄米がゆ【23・86】、くず湯【158】、もち入り玄米雑炊【79】。

●陰性の下痢

熱や腹痛を伴う場合がある。便の色は、緑がかっている。顔色が悪く、排便するごとに体力が弱っていく。手足が冷たい。腸がゆるんでいて、動かない状態。腸粘膜が剥離《はくり》して、出血することもある。

＊高熱で顔面蒼白《そうはく》になり、手足が冷たくてぐったりしている場合は緊急を要するので、即、病院へ。

手／一般の下痢の場合：梅しょう番茶[2]【156】、くず入り梅しょう番茶【159】。

細菌性の下痢の場合：梅しょう番茶[2]【156】、くず入り梅しょう番茶【159】、梅干しの黒焼き入りくず練り【159】。

＊どちらの場合も、しょうが湿布【180】をしてから、さといもパスター【182】をし、上から焼き塩【186】やゆでこんにゃく【186】で温める。干葉湯【174】の腰湯（下痢がひどいときは全身浴）、しょうが湯【175】の足湯。陰性の下痢ならいずれも塩を加える。

食／8対2のごま塩【68】入りくず練り【159】、玄米みそがゆ（玄米がゆにみそを入れて煮、仕上げにねぎ、しょうが、じねんじょを）、もち入り玄米雑炊（【79】、味を濃いめに）、くず練り【158】。

＊急性のときは、半日から1日絶食。症状が出なくなったら、流動食（くず湯【158】→玄米がゆ【23・86】）から徐々に普通の穀物と野菜、海藻の食事に。

水分補給に注意して、脱水症状を起こさないようにすること。水分は白湯《さゆ》か薄めの三年番茶【156】。水は飲まないこと。

●陽性の下痢

腹痛を伴わない下痢。症状のわりに元気がよくて、排便するたびに元気になる。動物性タンパク質や脂肪の摂り過ぎが原因で、便の色は黒か黒褐色、茶色。圧力鍋で炊いた玄米や、揚げものの食べ過ぎでも起こる。腸の蠕動運動《ぜんどううんどう》といって、肛門に押し出そうとする運動が激しくなって起こる。子どもに多い。

手／外用は陰性の下痢と同じ。白湯などの水分補給だけしていれば、あまり手当てをしなくてもよい。

食／玄米がゆ【23・86】、くず湯【158】、もち入り玄米雑炊【79】。

●赤ちゃんと幼児の下痢

→209ページを参照

声がれ

かぜの菌が入ったか、体が少し陽性になっているか、または陰性になっている。陰陽がわからないときは手当ての飲みものを少量試してみると、どちらかがおいしいのでわかる。果物が多かったり、いつも食べないようなものを食べたときなどにも起こり、冷房に長くあたって起こることも。

手／陽性のときは、黒豆の煮汁【166】を飲む。または、うがいをする。陰性のときは、しょうゆ番茶【156】を飲み、様子をみる。

食／穀物と野菜、海藻の食事。れんこん料理を多めに。

骨折

骨折に限らず、ねんざ、突き指、切り傷などの外傷も、すべて食の摂り方の誤りによって起こることで、食べ過ぎ、副食過多、陽性（動物性食品）過多または陰性（甘いもの、水分）過多が原因。穀物と野菜、海藻の食事で正しい食べ方をしていると、このようなアクシデントも避けられる。

手／ごま塩の頓服《とんぷく》【170】、すぐに豆腐パスター【178】をし、痛みがとれるまで貼り替えながら続ける。接骨院で正常な位置につないでもらい、痛みがとれたらさといもパスター【182】に切り替える。

食／痛む間は断食。少食。すぎな末【170】を摂る。ごま塩【68・85】をかけたごはん、のり、海藻、鉄火みそ【73・85】、青菜のごまあえ【61】を多めに。穀物と野菜、海藻の食事を厳格に実践。

歯痛

甘いものが入り、体が陰性になっている。毎日の歯磨きにデンシー【191】を用いると、歯痛を防ぐことができる。

手／玉ねぎ汁【177】、デンシー【191】、さといもパスター【182】。

食／ごま塩【68・85】をかけたごはんを、よくかんで食べる。食べ過ぎに注意。特に甘いもの、動物性食品をやめる。

＊虫歯が原因で歯が痛むのではなく、汚れた血液（瘀血《おけつ》）が背、肩、耳へと上がってきて、歯痛を起こすことがある。その場合は、第一大根湯[1]【160】を200cc飲み、しょうが湿布【180】とさといもパスター【182】をする。

湿疹

↓アトピー性皮膚炎
（193ページ）

食あたり

手／はっきりと何かはわからないが、食べものにあたった場合：梅しょう番茶[2]【156】を1～2杯飲む。3回以上飲んでもまだ下痢が止まらない場合は、梅干しの黒焼き入りくず練り【159】を。

動物性食品にあたった場合：梅肉エキス（市販品）。

牛乳にあたった場合：春菊の絞り汁と、夏みかんの絞り汁各大さじ1を合わせて飲む。

卵にあたった場合：酢を約大さじ2飲む。これで便が出なかったらもう1回飲む。便が出たら、梅しょう番茶[2]【156】。

魚にあたった場合：黒豆の煮汁【166】、または大根おろし。なんてんの葉をかむか、ふのりの煮汁でも。

肉にあたった場合：じゃがいも（生）のおろし汁、またはごぼう（生）の絞り汁と白湯《さゆ》を合わせて飲む。

毒きのこにあたった場合：ふのりの煮汁を飲んだのち、梅しょう番茶[2]（【156】、しょうゆを増量）を。ひどいときは、梅干しの黒焼き入りくず練り【159】を。

天ぷらなどの油で気分が悪くなった場合：大根おろし、焼きみかん【166】。

食／いずれの場合も、1～2食断食。回復に合わせて、くず湯【158】↓くず練り【158】↓玄米がゆ【23・86】↓普通の穀物と野菜、海藻の食事にしていく。

じんましん

さば、生いか、そばなどを食べて約2時間後、局部または全身に赤い発疹が出る。

手／第一大根湯[1]【160】を200ccか、しいたけスープ【161】の、おいしいほう。しょうが湯【175】に浸して絞ったタオルや、大根、きゅうりの輪切りで患部をふく。

食／穀物と野菜、海藻の食事。じんましんを起こす食物は避け、食べ過ぎに注意。便秘は改善しておくこと。

●青魚を食べて　じんましんが出た場合

手／黒豆の煮汁【166】。大根おろしとしょうがおろしを混ぜて食べても。

●甲殻類を食べて　じんましんが出た場合

手／かんきつ類を食べる。みかんジュース【163】やレモン汁を飲む。

せき

せきが出るのは体内の不要物を外へ追い出すためで、体の防御反応といえる。軽いかぜのときは乾いたせきが出て、症状が進むとしめっぽいせきになり、たんも伴う。腸に不消化な食物が残っている場合が多く、子どもの場合、浣腸《かんちょう》するとせきが治ることも。

手／乾いたせき：れんこん湯【164】、生蓮汁《しょうれんじる》【164】。しめっぽいせき：コーレン【164】。せきが出ていないとき：昆布の黒焼きの頓服《とんぷく》【167】。のどから気管支にかけてしょうが油【176】のすり込み。

食／食物繊維を多めに。特にれんこん料理を常に用いる。せきが出ているとき：「がっぷりタイプ（陽性の肥大）」【58】か「かちかちタイプ（陽性の萎縮）」【59】の食事に。せきが出ていないとき：「ぷよぷよタイプ（陰性の肥大）」【56】と「ひょろりんタイプ（陰性の萎縮）」【57】の食事に。

ぜんそく

→気管支ぜんそく（196ページ）

脱肛

食べ過ぎや食のバランスのくずれによって便が酸化すると、脱肛しやすくなる。

手／干葉《ひば》の腰湯【174】を長期実施。しょうが湿布【180】をしてから、しょうが油【176】を脱脂綿につけて、肛門に押し込み、上からさといもパスター【182】。

食／ひじきこんにゃく【77】、たけのこきんぴら【73】、塩昆布【70】、たけのこ昆布（【73】、濃い味に）。穀物と野菜、海藻の食事で、一日2食。

たん

たんは、体内の不要物（白血球や病原菌の死骸、毒物、異物など）が出たもの。たんが出るのはあたりまえの体のシステムなので、量がふだんより多くなったり、色がついたり、粘りがあったりしていなければ、それほど心配することはない。

●陰性のたん　粘った透明なたんが出る。

手／梅しょう番茶[1]【156】または、ごま塩頓服【170】。

●陽性のたん　黄色みを帯びたたんや、緑がかったたんが出る。

手／第一大根湯[1]150～200cc【160】、大根おろし、れんこん湯【164】。

食／陰陽いずれでも、未精白米、野菜と海藻中心の食事。ごま塩【68・85】。

突き指

手／指を十分に伸ばしてから、さといもパスター【182】。痛みが激しいときは、先に豆腐パスター【178】をしてから、さといもパスターに。野外では、ヨモギの葉（葉の広い草を選んで）をつぶして布にのばし、巻きつける。

夏かぜ（くしゃみ、鼻水を伴う）

自分はかぜをひいているという自覚がないのに、なんとなく気分が悪い、やる気が出ない、また夏なのに体が冷えている感じがする、食欲がないなどの陰性症状が出ている場合、夏かぜをひいていることが多い。

手／ねぎみそ湯【166】、ゆでこんにゃく【186】、しょうが湯【175】の足湯、干葉の腰湯【174】。

食／みそおじや（【22】、熱がなければしいたけを除き、熱があれば入れる）、もち入りみそおじや【22】、玄米チャーハン【66】、焼きうどん【79】。豆みそ【83】とねぎを多めに。穀物と野菜、海藻の食事の範囲内【52】の食品を摂る。

熱

●陰性の熱

熱があるのに顔色が悪く、手足が冷えている。朝から午後にかけて出る熱で、午後2時がピーク。細菌感染か重症のときは病院へ。

手／豆腐パスター【178】、青菜の枕【178】、くず湯【158】。湯たんぽを入れる。

食／みそおじや（【22】、しいたけ入り）、煮込みうどん（みそ仕立て、【74】）。

●陽性の熱

顔も手足も赤く、体全体がカッカしている。夕方から夜中にかけて出る熱で、夜中の2時がピーク。食事は徹底的に陰性にする。

手／豆腐パスター【178】、青菜の枕【178】、第一大根湯1【160】400cc、しいたけスープ【161】、りんごのすりおろしと絞り汁【163】、りんごジュース【163】。りんごジュースが甘過ぎるときは、レモン汁を加え、1/3くらい氷水で薄める。

食（陰陽共通）／熱の高いときは、食欲がないか少ないので、主食はおもゆ【62】か玄米がゆ【23・86】、みそおじや【22】、煮込みうどん【24】などのなかから本人が食べられるものを選択する。1回量は、いつもの半分くらい（食べられるだけ）。

高熱時、動物性食品、菓子、ケーキなどは禁止。本人が好む酸味のある国産の果物。おもゆ【62】や玄米がゆ【23・86】でも、ほしくないときはむりに食べない。

熱中症

手／風通しのよい涼しいところに寝かせ、胸や頭に青菜パスター【183】か豆腐パスター【178】、または、さといもパスター【182】を貼る。パスターで熱抜きしてから、しょうゆ番茶【156】、塩番茶【157】、大根おろし汁大さじ1を入れたしょうゆ番茶【156】のいずれかを。その後、頭にごま油【83】をすり込み、のどにしょうが油【176】をすり込む。

食／少し回復してきたら、塩をつけたきゅうりや白うりを食べる。

ねんざ

長年摂ってきた動物性食品や調味料などにより、体に蓄積された古いナトリウムを「古塩《こえん》」というが、腸にこの「古塩」がたまっている場合や動物性食品が腸で消化されていないときに、足のねんざをすることがある。食べ過ぎによって便秘を起こし、血中にガスがたまっている状態なので、まずおなかをきれいにすること。手のねんざの場合は、甘いものや果物の過食から、胃を弱めたために起こっていることが多い。

手／さといもパスター【182】。痛みが激しいときは、先に豆腐パスター【178】。野外では、ヨモギかドクダミ、さといも、ふきの葉のいずれかをつぶして布にのばし、患部に巻きつける。

食／ごま塩【68・85】をかけた玄米ごはん【20】を1～2口、よくかんで食べる。1食はこれだけにし、あとは普通の穀物と野菜、海藻の食事にする。

足のねんざの場合：便秘の項【203】を参照しておなかをすっきりさせ、動物性食品を控える。

手のねんざの場合：梅しょう番茶1を飲んで胃の働きを活性化させ、陰性食品（甘いものや果物、清涼飲料水など）に注意する。

のどのはれ、痛み

かぜの菌が体に入ったとき、あるいはアルコールなどの極端に陰性な飲みものが入ったときに、のどが痛くなることが多い。声の出し過ぎでなることもあるが、手当てや食事は同様。

手／れんこん湯【164】、黒豆の煮汁【166】、しょうが酒湿布【181】、しょうが湿布【180】のあと、さといもパスター【182】（子ども、陰性の病人にしょうが酒湿布は使用しない）。

食／くず湯【158】、玄米スープ【162】、玄米クリーム【65・86】、りんごのくず煮【80】「ぷよぷよタイプ（陰性の肥大）」【56】の食事をする。

乗り物酔い

耳のなかの平衡感覚器官が乗り物の揺れで刺激され、自律神経の障害を起こしている状態。神経質な人に起こりがちで、健康な人では睡眠不足や、胃腸、特に胃が陰性の状態になっているとき、車に酔うことが多い。

●乗車前

手／梅干し、または梅肉エキス（市販品）、酢昆布（市販品）を食べる。ごま塩の頓服《とんぷく》【170】、ごま塩番茶【157】でも。

●乗り物酔いしたら

手／ごま塩【68】か梅肉エキス（市販品）をなめる。

●乗り物酔いする人の日常の食事の注意

食／穀物と野菜、海藻の食事。自分の食欲に応じて食べる。過食や、食事をしながら水を飲む習慣をやめ、食後すぐに湯茶を飲むのを控える。

肺炎

高熱の出る陽性の肺炎と、熱があまり高くならない陰性の肺炎がある。陽性の肺炎の場合、4日で熱が下がらなければ、7日、9日、11日で解熱する。

●陰性の肺炎

インフルエンザ菌性肺炎、老人性肺炎、無熱性肺炎（熱が37度くらいまでしか上がらないので、肺炎だと気づきにくい）。

手／肺の前後にしょうが湿布【180】と、さといもパスター【182】。頭部に豆腐パスター【178】、青菜の枕【178】。口がかわくときに梅干し入り玄米スープ（【162】の解熱用玄米スープに梅干し少量を入れる）、または梅干し入り玄米茶

【173】、塩玄米茶【173】、しょうゆ番茶【156】、れんこん湯【164】、玄米スープ（【162】、解熱用）のいずれか。

食／「ひょろりんタイプ（陰性の萎縮）」【57】の食事で、にんじんを除く。

●陽性の肺炎

クルップ性肺炎。

手／熱が40度以上のときは鯉の生き血【186】、鯉パスター【186】。肺の前後にしょうが湿布【180】をし、そのあと、さといもパスター【182】。頭部に豆腐パスター【178】、青菜の枕【178】。りんごジュース（【163】、レモン入り）またはしいたけスープ【161】、レモンの絞り汁（量はおいしく飲めるだけにする）のいずれか。口がかわくときに梅干し入り玄米スープ（陰性の肺炎を参照）。

食／「がっぷりタイプ（陽性の肥大）」【58】の食事。

ハチ刺され

手／柿しぶを塗る。塩をかんでつけ、そのあと、さといもパスター【182】。粉末状の炭と小麦粉、水を練って貼る。

＊「柿しぶ」とは、渋柿から搾り取った汁のことで、昔から防腐剤、防水剤、染料として木や麻、紙などに塗られてきたもの。虫やヘビのタンパク毒の中和剤にもなり、民間薬としても広く用いられてきた（柿しぶの購入先：トミヤマ ☎07439・3・1017）

鼻血

過食が原因。特にカロリー過多のときや、酸化するものを食べたときに起こる。アレルギー体質で起こることも。

●軽い鼻血

手／れんこんの絞り汁または塩番茶【188】を脱脂綿に含ませ、鼻に詰める。後頭部にキャベツの葉を当てる。足の裏にからしをつけた布を貼ってもよい（2～3分以内）。

食／過食に注意。脂肪や油を使った料理の過食には、特に注意。ピーナッツは厳禁。

●鼻の粘膜がはれている場合

手／さといもパスター【182】。

食／穀物と野菜、海藻の食事。少飲少食。食間をあける。

鼻づまり

陰陽両方のケースがあるが、いずれも食べ過ぎが原因。

手／ねぎの白い部分を2～3cm長さに切り、開いて鼻に貼る。玉ねぎを細かく刻み、鼻先に近づける。塩番茶の洗鼻【188】後にしょうが油【176】を塗るのを、毎日数回行う。鼻筋にそって、さといもパスター【182】を貼る。

食／ひじきこんにゃく【77】、青菜と油揚げの煮びたし【61】など、食物繊維を多めに摂る。白米、白米もち、いも類は禁止。食べ過ぎに注意。

鼻水

体が冷えていて起こるが、特におなかが冷えているので、体の温まるものを食べれば止まる。血液循環もとどこおっているので、循環がよくなるものも有効。外気の冷えに対しては、体を動かして内側から温めるとよい。食事はカロリーのあるものを。

手／ねぎみそ湯【166】。これを少し飲んでまずいときには第一大根湯[1]【160】を100ccまたは大根おろし入り梅しょう番茶[1]【157】。

食／体を冷やす陰性食品（砂糖、果物、生野菜、冷たい飲みものなど）は控える。穀物と野菜、海藻の食事にし、主食を70％以上、おかずを30％以下に。玄米もち、みそ料理、みそ汁などを多めにする。揚げものを摂るのも一法。

はれもの

手／しょうが湿布【180】をしてから、さといもパスター【182】。軽症ならオウバク末【188】を同量のごま油で練って貼る。

食／玄米ごはん【20】、温かいうどん、お好み焼き【62】。穀物と野菜、海藻の食事の範囲内【52】の食事。ただし、もちとにんじんは摂らないこと。

皮膚病

植物のアルカリを活用するとよいが、症状により、合う手当てを試しながら探す。

手／干葉湯《ひばゆ》【174】。化膿に、さといもパスター【182】。オウバク末【188】。ヨモギやドクダミの葉をもみ、その汁でふく。ユキノシタの葉をあぶって、裏側の薄い膜をはぎ、患部に貼る。アロエの果肉をさいて貼る。

食／「まんなかタイプ（中庸）」【55】の食事。

日焼け

手／豆腐のフェイシャルパック【177】、きゅうり、大根の輪切りか、すりおろしを貼る。

食／穀物と野菜、海藻の食事の範囲【52】の食事を続け、皮膚を丈夫にする。

腹痛

腹痛は消化器の疾患だけでなく、腎臓、膀胱《ぼうこう》、泌尿器の病気や、婦人科系の病気でも起こり、心臓病が原因の場合もある。自分でわからないときや、腹痛に伴うほかの症状があるとき、激痛がするとき、下血（肛門からの出血）や吐血（口から血を吐く）がある場合には、医師による緊急の診断が必要。

●暴飲暴食による腹痛や、ほかの症状が激しくない場合

手／梅しょう番茶1、または梅しょう番茶2【156】を度合いに応じて。しょうが湿布【180】、さといもパスター【182】プラス焼き塩【186】。干葉の腰湯【174】。

食／くず湯【158】、くず練り【123】、玄米クリーム【65・86】、玄米がゆ【23・86】。

ヘビ毒

マムシの毒は溶血性なので、血管に入って心臓にまわると大事に。口から入ってもだいじょうぶなので、一刻も早く吸い出すこと。

手／マムシにかまれたら、傷口を口で吸って毒を吸い出し、桜の木の皮の煎じ汁をつける。卵醤《らんしょう》【170】、梅しょう番茶2【156】。塩気を入れる。

食／ごま塩【68・85】をかけたごはんをよくかむ。ヘビにかまれた直後は、水分厳禁。

扁桃腺炎

手／高熱には第一大根湯1【160】、豆腐パスター【178】。のどの外側から、さといもパスター【182】、のどの内側にデンシー【191】をすり込む。

食／「ぷよぷよタイプ（陰性の肥大）」【56】か「ひょろりんタイプ（陰性の萎縮）」【57】の食事。

便秘

陰性の便秘と陽性の便秘がある。「弛緩性便秘」というのは陰性の便秘で、腸の内容物が大腸を通過するのに時間がかかり、大腸内に長く停滞することで便秘が起こる。おなかが張ったり、頭痛を伴ったり、疲れやすい、すっきりしないなど、不快感を覚える。

陽性の便秘に腹痛を伴う、「けいれん性便秘」というものもある。腸管の収縮力が高まり過ぎて、便が送り出されないことが原因。これは過敏性大腸症候群の一つで、便はウサギの糞のようにコロコロ状になる。浣腸や下剤の常習者に多い。

●陰性の便秘

腸がゆるんでいて、押し出す力が弱いことが原因で、下行結腸やS字状結腸に便が停滞している状態。下唇に締まった感じがなく、唇の色は薄いかチアノーゼのように青紫に近い。尿の回数が多い。日本人によくみられる便秘。

手／梅しょう番茶1【156】、ごま塩入りくず練り【159】、大根おろし入り梅しょう番茶【157】。はぶ茶【171】。おなかにゆでこんにゃく【186】。市販の浣腸はしないこと。

食／ひじきこんにゃく【77】、ひじきの油炒め【77】、あずき昆布【62】、きんぴらごぼう【64】、ごぼうの含め煮【68】。「まんなかタイプ（中庸）」【55】の食事。

●陽性の便秘

動物性タンパク質の過剰摂取が主な原因だが、穀物菜食で陽性にし過ぎた人にも起こる。植物性でもタンパク質の摂り過ぎで、便はかたくなる。腸が収縮して細くなっているところへ、酸化した便が停滞しているため、便の色は黒から黒褐色。下唇の色は黒ずんでいるが、はれてはいない。尿の回数は少ないが、夜トイレに多く行くタイプに起こることが多い。

手／ごま油の下剤【171】、はぶ茶【171】。

食／玄米ごはん【20】、野菜の天ぷら（大根おろしを多めに）、天ぷらそば、青菜と油揚げの煮びたし【61】、キャベツまたは白菜と油揚げの煮びたし（「青菜と油揚げの煮びたし」の材料を替えて作る）。黒ごま汁粉【64】、よもぎもち、りんごのくず煮【80】。主食を玄米から麦ごはん【79】、めん類に替える。おかずを食事全体の50%以上に。「かちかちタイプ（陽性の萎縮）」【59】の食事。

＊陰性の便秘か陽性の便秘かわからない場合は、くず湯【158】、またはくず練り【158】を摂る。

●赤ちゃんの便秘

赤ちゃんの場合は、ほとんど陽性の便秘と判断できる（赤ちゃんは大人に比べると、とても陽性なので）。1～3日に一度しか便が出ないという場合、母乳不足が考えられる。

手／りんごのすりおろし1/2個分を食べさせ、絞り汁1/2個分を飲ませる。湯ざまし浣腸《かんちょう》（体温と同じ温度の湯ざましを、スポイトで肛門に入れる）をするか、和紙で作ったこよりで肛門を刺激する。

食／ふかしたさつまいも、バナナ。便秘がひどいときは、1～2%の黒砂糖水を少量飲ませる。

耳の痛み

かぜに続いて起こり、耳鳴りすることが多い。

手／第一大根湯1【160】、しょうが湿布【180】のあと、さといもパスター【182】。しょうが油【176】を耳のなかに1滴差す。

食／大根料理を中心に。「がっぷりタイプ（陽性の肥大）」【58】の食事。

虫刺され

手／ヨモギ、ふき、きゅうり、しょうがの絞り汁をつける。

蚊やノミ：オウバク末【188】をすり込む。

ブヨ：塩を塗る。

毛虫：伏竜肝《ふくりゅうかん》（炭素の粉。漢方薬店で購入可）を煎じて、上澄みを塗る。

毒虫：冷水で洗ったあと、青菜パスター【183】か、さといもパスター【182】。

ハチ：→ハチ刺され【202】

虫歯

手／玉ねぎ汁【177】、玉ねぎを刻むかアロエを2～3㎝に切り、痛む歯でかむ。デンシー【191】や薄めたオウバク末【188】の汁を口に含んだり、ユキノシタの葉をもんで、痛む歯につけてもよい。外側から、さといもパスター【182】を貼る。

目やに

特に目の病気でない場合、食べ過ぎのときに目やにが出る。赤ちゃんの場合は、厚着のせいということもある。

手／塩番茶の洗眼【188】。

食／三白（白米、白パン、白砂糖）、さつまいもをやめる。

ものもらい

陰陽、両極端な食事の摂取が原因。つまり、動物性食品（極陽性）と甘いものや果物、酒類、冷たいものなど（極陰性）の食べ過ぎ。

手／塩番茶の洗眼【188】。

食／「まんなかタイプ（中庸）」【55】の食事。

やけど

●油はねなどの、ちょっとしたやけど

手／濃い塩水を塗ったのち、青菜を貼り、痛みが出るたびに貼り替える。

●軽いやけど（1度、2度）

手／ヒリヒリ痛むとき：水きりした豆腐を当て、痛みがぶり返したら貼り替える。

痛みがとれたら：さといもパスター（【182】、しょうがと小麦粉なし）。オウバク末【188】をごま油で練って塗る。

●3度以上のやけど

手／ごま塩の頓服《とんぷく》【170】。すぐ水風呂に入れ、患部を布などでおおって空気に触れないようにして急いで病院へ。

●いずれの場合も

食／玄米ごはん【20】にごま塩【68・85】をかけて、よくかんで食べる。当日は水分を断つ。少食。

やけどのときは、よくかまなくちゃ
ごま塩ごはん

赤ちゃんと幼児がかかる病気

あざ（赤）

専門的には血管腫という。先天性ではあるが、遺伝性ではない。種類が多く、自然に消えていくものもあるし、年齢とともに大きくなるものもある。

手／しょうが湿布【180】、さといもパスター【182】、なすの輪切りのマッサージ。

あざ（黒）

黒あざの小さいのが、ほくろ。ほくろの場合、つめの下、指先、足の裏、手のひらなどにあるものは、まれに悪化することがあるので、注意。ほくろが急に大きくなったときを、悪化とみて、医師の診断を受ける。

手／しょうが湿布【180】、さといもパスター【182】。

あせも

果物や甘いものの摂取で表皮が弱っているところへ、動物性食品が入ったために、汗の成分が濃くなり、汗腺が詰まって炎症を起こしている状態。母乳を飲んでいる子の場合は、母親の食事を穀物と野菜、海藻の食事にする。

手／桃の葉の煎じ汁か、栗の葉の煎じ汁を薄めたもので洗う【176】。汗をかいたら、蒸しタオルでよくふき取ること。

食／動物性食品、果物、甘いものに注意。

頭を打つ

よく頭を打つ子は、主食が少なく、おかずが多い傾向がある。詳しくは、126ページのQ10を参照。

手／大声で泣くときは、心配ない。軽いときは、お母さんの唾液《だえき》をつけて、「いたいの、いたいの、とんでけー」とやってあげる。嘔吐《おうと》がある場合は、さといもパスター【182】、かぼちゃパスター【184】、豆腐パスター【178】、浣腸《かんちょう》。

食／1食抜くのがよいが、できなければ本人がほしがるものを与える。食欲がないときは、むりに食べさせないこと。嘔吐があるときは白湯《さゆ》で水分補給をするだけがよいが、茶さじ半分を少しずつ飲ませ、落ち着いたらまた飲ませるというように、時間をかけること（一度に飲ませようとすると、その刺激でまた吐くので）。脱水症に注意すること。この手当てでおさまるくらいの軽い嘔吐でない場合は、病院へ。

アデノイド

鼻とのどの境目にある咽頭《いんとう》扁桃《へんとう》が特に大きくなって気道をふさぐために、鼻で呼吸がしづらくなる病気。

手／特別の症状がなければ、手当ての必要なし。

食／ごはん中心の食事にする。甘い菓子類や果物を控え、海藻や緑黄色野菜を多くして、穀物と野菜の食事に。

アデノウイルス感染症

→プール熱（217ページ）

犬にかまれた

手／黒豆の煮汁【166】を飲む。オウバク末【188】の煮出し汁で傷口を洗い、小さい傷ならオウバク末の粉をふりかける。大きい傷は、汁に浸したガーゼを貼って、さといもパスター【182】。状態によっては、病院へ。
食／ごま塩をかけた玄米ごはん【20】を、よくかんで。

陰茎の先の炎症

陰茎（ペニス）の先の亀頭と包皮の間にたまったあかに、細菌が感染して炎症が起こる。陰茎の先が赤くはれて盛り上がり、痛がったりかゆがったりする。おむつにうみや血がつくことも。
手／母乳児の場合、母親が大根おろし入り梅しょう番茶【157】か大根おろし汁入り玄米スープ【162】。薄いしょうが湯【175】、薄い干葉湯【174】、ヨモギを煮出した汁のいずれかで腰湯をさせるか、洗う。
食／「まんなかタイプ（中庸）」【55】の食事。甘いものや果物、動物性食品は厳禁。玄米スープ【162】、玄米クリーム【65・86】、玄米がゆ【23・86】、もち入りみそ汁。

陰嚢水腫《いんのうすいしゅ》

睾丸《こうがん》を包んでいる陰嚢に、水がたまってはれる。原因は、胎児のときにおなかにあった精巣が陰嚢内に下りてくる際、腹腔と陰嚢との境がうまく閉じなくて腹水が流れ込んだため。母乳を飲んでいる子の場合はほとんどないが、そういう子に起こった場合は、母親が主食に対しておかずの多い食事をしていたため。
手／干葉《ひば》の腰湯【174】。
食／母乳を飲んでいる子の場合、母親が主食60％以上、おかず40～30％以下にする。間食、アルコールは禁止。人工乳の子の場合は、ミルクのほかに玄米スープ【162】を飲ませるか、ミルクを玄米のおもゆで溶く【62】。

陰部の炎症

→外陰炎（208ページ）

黄疸《おうだん》

手／母乳をあげている母親が、野菜スープを飲む。ひどいときは、母親がかわらよもぎ茶【172】を飲む。よもぎ茶【172】を一日1合（180㎖を2～3回に分けて）飲む。しょうが湯【175】で全身をふく。
食／生玄米、一日$\frac{1}{4}$～$\frac{1}{2}$カップを水につけ、やわらかくしてかむ。大根の信田煮【16】、ふろふき大根【78】。「まんなかタイプ（中庸）」【55】の食事。

おたふくかぜ

幼児期に多く、耳のつけ根がはれるが、その1～2日前から発熱する。はれるのは、片方だけの子も、両方の子もいる。
手／第一大根湯[1]【160】、さといもパスター【182】。高熱時は豆腐パスター【178】。
食／高熱時は玄米スープ【162】、玄米クリーム【65・86】、玄米がゆ【23・86】などにし、熱が下がったら普通の穀物と野菜、海藻の食事に移行する。

おでき

手／さといもパスター【182】。ドクダミの生葉を貼るか、オウバク末【188】をつける。しょうが湯で洗う【175】。どくだみ茶【172】を飲む。
食／鯉こく【86】、きんぴらごぼう（【64】、ごぼう100％で作る）。青菜。

おねしょ

→夜尿症（218ページ）

おぼれた

家庭の風呂や浅いプールでも、赤ちゃんはおぼれることがある。

●意識があり、大声で泣く場合

手／異常なし。心配しないで母乳を与え、しっかりだっこして安心させる。人工乳の子の場合は、保温して安心させる。体が冷えているときは、マッサージをしたり、湯たんぽを。

●水をたくさん飲んでいる場合

手／顔を下にして横にかかえ、背中を腰のほうから首に向けてさすり、飲んだ水を吐かせる。

●呼吸が弱く、ゆすっても反応がない場合や、呼吸がなくて心臓も止まっている場合

手／すぐに救急車を呼ぶが、待っている間に、右記のように水を吐かせ、人工呼吸など救急処置をする。

おむつかぶれ

手／薄いしょうが湯【175】でふく。オウバク末【188】をたたく。濃い三年番茶【156】でふく。

食／母乳をあげている母親が、穀物と野菜、海藻の食事にしてよくかみ、少食に。

外陰炎・膣炎《ちつえん》（陰部の炎症）

女の子の外陰部の皮膚や、膣の粘膜に細菌が感染して炎症を起こす。炎症が進むと、おむつに黄色いおりものや血の混じったおりものがつく。

手／薄いしょうが湯【175】でふく。もしくは干葉《ひば》の腰湯【174】かしょうが湯【175】の腰湯。濃いめの三年番茶【156】でふいても。

食／「まんなかタイプ（中庸）」【55】の食事に。動物性食品を控え、食べ過ぎに注意する。

外耳道炎

外耳（鼓膜から外の部分）が細菌に感染して、炎症を起こす。

手／熱があるときは、第一大根湯[1]【160】か大根おろし汁入り玄米スープ【162】。耳のまわりにしょうが湿布【180】をして、さといもパスター【182】。しょうが油【176】を耳のなかに塗る。

食／穀物と野菜、海藻の食事にして、特に大根料理を多くする。

化膿性股関節症（股関節を痛がる）

股関節に細菌が感染して化膿する病気。高熱が出て、おむつ替えのたびに痛がって大泣きする。年長児は、股関節やひざを痛がり、足を引きずることも。

手／高熱時は第一大根湯[1]【160】。母乳を飲んでいる子の場合は、母親が第一大根湯を飲む。自分で飲める子は、大根おろし汁入り玄米スープ【162】。しょうが湿布【180】のあと、さといもパスター【182】。または、しょうが油【176】のすり込み。

食／「まんなかタイプ（中庸）」【55】の食事にし、大根料理を努めて摂る。麦ごはん【79】やめん類を多くし、食べ過ぎに注意。植物性の油の摂取にも注意が必要なので、授乳中の母親は天ぷらに大根おろしを必ず添えること。幼児の場合は、りんごやきゅうりのおろしたものを大根おろしに混ぜる。ほかの揚げものにも、生の洋野菜やレモンを添える。

川崎病

生後6か月～4歳ぐらいで発病することが多く、40度近い高熱が5日以上続く。手、手の指、足の裏や指がぱんぱんにはれる。発疹、目の充血、唇が真っ赤になる、頸部（首）のリンパ節がはれるなどの症状が特徴。1～2週間でこれらの症状が消え、手や足の指先の皮膚がボロボロむける。後遺症で冠動脈瘤《かんどうみゃくりゅう》ができることも。

●高熱時

手／母乳を飲んでいる子の場合、母親が第一大根湯[1]【160】を飲む。自分で飲める子は、大根おろし汁入り玄米スープ【162】。幼児なら、第一大根湯[1]。

食／2～3日は、玄米スープ【162】か玄米クリーム【65・86】、または玄米がゆ【23・86】に梅干し。熱が下がったら、普通の穀物と野菜、海藻の食事。食欲がない場合は、本人が食べられるものを少し。水分の補給を忘れないように。生水もよい。

乾燥肌

空気が乾燥している冬季に、ほおがかさかさになっている状態。

手／入浴や運動の前後いずれかに、第一大根湯[2]【160】、果汁【163】、野菜スープ【168】のなかから本人が好むものを自由に飲ませる。しょうが油【176】のすり込み。

食／「がっぷりタイプ（陽性の肥大）」【58】の食事。陰性食のみにする。特に動物性脂肪を控え、植物性のごま油で炒めて煮た料理を多くする。

カンジダ症

→皮膚カンジダ症
（216ページ）

ぎょう虫

手／よもぎ茶（【172】、濃いめ）。干葉《ひば》の腰湯【174】。

食／加熱したものを食べる。生食、生野菜、果物を禁止。

クレチン症

→発育が悪く、黄疸が長引く
（216ページ）

頸部リンパ節炎

発熱（微熱から高熱）と痛みを伴い、首周辺のリンパ節がはれる。はれは、大豆大から鶏卵大までさまざま。母乳児の場合は、母親の食生活の誤りからなる。

手／高熱時は第一大根湯[1]【160】か、しいたけスープ【161】。母乳児の場合は、母親が第一大根湯[1]を飲む。自分で飲める赤ちゃん、幼児は大根おろし汁入り玄米スープ【162】。患部に、しょうが湿布【180】のあと、さといもパスター【182】。

食／「まんなかタイプ（中庸）」【55】の食事。8対2のごま塩【68】を多めに。幼児の場合、玄米スープ【162】、玄米がゆ【23・86】、玄米ごはん【20】など。

下痢

母乳児なら、下痢症状のほかに別の症状がない場合は、心配ない。

●陰性の下痢

手足が冷たくて、排便のたびに体力が弱っていく。高熱で顔面蒼白、手足が冷たくてぐったりしている場合は緊急を要するので、即、病院へ。

手／くず湯【158】、梅しょう番茶[2]【156】、くず入り梅しょう番茶【159】のいずれかを飲ませ、下痢が止まらない場合は、梅干しの黒焼き入りくず練り【159】。体や足を湯たんぽで温める。しょうが湿布【180】、またはしょうが湯【175】

の腰湯。

食／くず湯【158】、くず練り【158】、雑煮、もち入り玄米雑炊【79】、もち入りみそおじや【22】。

●陽性の下痢

腹痛を伴わない下痢。症状のわりに元気がよくて、排便するたびに元気になる。動物性タンパク質や脂肪の摂り過ぎが原因。圧力鍋で炊いた玄米や揚げもの（植物性でも）の食べ過ぎでも起こる。便の色は黒か黒褐色、茶色、黄色。

手／りんごのすりおろし1/2個分を食べさせ、絞り汁1/2個分を飲ませる。

食／母乳児の場合、母親が「まんなかタイプ（中庸）」【55】の食事に。

誤飲

●液体を飲み込んだ場合

手／赤ちゃんの顔を下に向かせて口をあけ、指を舌の2/3以上奥に入れて、舌を押し下げて吐かせる。

●固形物を飲み込んだ場合

手／両ほおを押さえて口を大きくあけさせ、異物が見えるときは指で取り出す。

●タバコを飲み込んだ場合

手／水を大量に飲ませて、吐かせる。

●ボタン電池や服のボタン、小さなおもちゃなどを飲み込んだ場合

手／形状から判断して安全なものの場合は、1～2日様子をみて、便とともに出るのを待つ。電池や画びょうなど、危険なものを飲み込んだときは、すぐ病院へ。

●洗剤や化粧品を飲んだ場合

手／水を大量に飲ませて、吐かせる。

合指症（指がくっついている）

手や足の隣同士の指が2～3本か、それ以上くっついている。皮膚だけの癒着、水かきのような膜、骨も一部癒着、指先までくっついているなど、ケースはさまざま。

手／しょうが湿布【180】のあと、さといもパスター【182】をしながら、マッサージをする。状況によっては、病院に。

食／穀物と野菜、海藻の食事に。

肛門《こうもん》周囲《しゅうい》膿傷《のうしょう》

下痢や便秘などで直腸にできた傷に細菌が入り込み、うみができて肛門付近に出る。

手／おしぼりでよくふいてから、オウバク末【188】をたたいておく。毎日入浴させ、下痢便のあとは干葉《ひば》湯【174】かヨモギの煎じ汁、三年番茶【156】のいずれかで腰湯をさせる。小さい子は、洗面器を使っておしりをつければよい。

食／穀物と野菜、海藻の食事に。動物性食品を控え、食べ過ぎに注意する。排便が正常になれば治癒するので、いい便が出るよう、食べ方を工夫する（下痢は209ページ、便秘は203ページを参照）。

股関節脱臼

→先天性股関節脱臼
（211ページ）

股関節を痛がる

→化膿性股関節症
（208ページ）

こぶ

手／生玄米をかんでつける。さといもパスター【182】。

臍《さい》ヘルニア（でべそ）

俗にいう「でべそ」。腸管の一部が、へそからとび出した状態。

手／しょうが湿布【180】のあと、さといもパスター【182】。

食／白米、肉類、魚介類、いも、甘い菓子、果物の食べ過ぎ厳禁。穀物と野菜、海藻の食事の実施。特に海藻を努めて摂り、基本食【60】を毎日少量摂る。「ぷよぷよタイプ（陰性の肥大）」【56】の食事にする。

しゃっくり

冷えからきたり、おむつがぬれていて起こることも。母乳を飲んでいる子の場合は、母親が冷たいものや南国の果物など、陰の強いものを食べたときに、しゃっくりが出やすい。

手／温かい塩気のあるスープを飲ませる。母乳を飲んでいる子なら母乳を飲ませる。生塩をなめさせる。柿のへたの煎じ汁【169】。横隔膜をゆでこんにゃく【186】で温める。横隔膜のところに、母親が右手をあててあげると治ることも。

小児糖尿病

膵臓《すいぞう》から分泌されるインスリンというホルモンの働きが悪くなる病気。ブドウ糖が代謝されず、血液中の糖がふえ、尿にも糖が出る。発病は急で、しきりに水をほしがる、尿の回数がふえる、おねしょをする、疲れやすくなる、体重が減少するなどの諸症状がみられる。

手／あずきかぼちゃ昆布【61】を薄めの塩味にして、毎食食べさせる。

食／「ひょろりんタイプ（陰性の萎縮）」【57】の食事に。

シラミ

手／銀杏の皮を除き、すりつぶしてつける。またはしょうが湯【175】で洗う。

食／穀物と野菜、海藻の食事。

脂漏性湿疹《しろうせいしっしん》→乳児脂漏性湿疹

（214ページ）

滲出性中耳炎《しんしゅつせいちゅうじえん》

鼓膜の内側の内耳腔に滲出液がたまり、鼓膜の振動がさまたげられて耳の聞こえが悪くなる病気。鼻の病気やアデノイドがあって耳管の通りが悪いときや、急性中耳炎が治りきっていないときになる。いずれにしても、アレルギー体質で起こっているので、食事による体質改善が必要。

手／大根おろし汁入り玄米スープ【162】。しょうが油【176】を耳に1滴入れる。

食／動物性食品、甘い菓子類、清涼飲料水を控え、大根と海藻を使った料理を多くする。

先天性股関節脱臼（股関節脱臼）

生まれつき股の関節がゆるく、骨盤からはずれてしまう病気。逆子《さかご》に多く見られる。脱臼している足のほうが短く感じられ、気をつけて見ると太股の皮膚のしわが左右対称でなかったり、両膝を合わせると高さが違う。両足とも脱臼している場合は、見てもわからない。

手／関節の間にはれものがある場合、しょうが湿布【180】のあと、さといもパスター【182】。

食／母乳を飲んでいる子の場合は、母親が、「ぷよぷよタイプ（陰性の肥大）」【56】の食事に。おかずが、主食の1/3以下になるようにする。きんぴらごぼう【64】、ひじきれんこん【77】、ひじきこんにゃく【77】。間食を中止して、ごま塩【68・85】をかけた玄米ごはん【20】を、よくかんで食べる。

鼠径《そけい》ヘルニア（脱腸）

太もものつけ根から腸がとび出す病気。

手／干葉《ひば》湯【174】かしょうが湯【175】の湿布をしたあと、とび出たところを手で押し込み、その後すぐにごま塩【68・85】をかけたくず練り【158】を多めに摂らせる。

食／「ぷよぷよタイプ（陰性の肥大）」【56】の食事。特に、ひじきこんにゃく【77】を毎日食べさせ、繊維質の食べものを、多く摂らせる。

多指症（指が多い）

指の数が多く生まれる。手は親指側に、足は小指側についていることが多い。

手／しょうが湯【175】につけて、マッサージ。手術の必要があれば、適当な時期に医師に相談する。

食／母乳をあげている母親の食事を、穀物と野菜、海藻の食事にし、厳格に実施する。

ただれ

手／薄いしょうが湯【175】でふく。オウバク末【188】をたたく。

食／「ぷよぷよタイプ（陰性の肥大）」【56】の食事。特に甘い菓子類、果物、清涼飲料水をやめさせる。穀物はすべて未精白のものにし、野菜の皮はむかない、あく抜きしない調理法にする。繊維質のものを多く。

脱腸

→鼠径ヘルニア（上記）

蓄膿症《ちくのう》（副鼻腔炎《ふくびくうえん》）

幼児期に多く、自然に軽快する場合が多い。粘性や膿性の鼻水と、鼻づまりがあり、アレルギー性鼻炎と関係している。急性から慢性になりやすく、アデノイドを合併していることもある。原因は、食べ過ぎ。

手／どくだみ茶【172】、塩番茶【188】の洗鼻。れんこんのおろし汁を、脱脂綿に含ませて鼻の穴に挿入。さといもパスター【182】。

食／玄米ごま塩おにぎり（【20】・【68・85】）をよくかんで、少食。「ぷよぷよタイプ（陰性の肥大）」【56】の食事。いも類と甘いものを厳禁。

中耳炎

耳が詰まった感じになり、強い耳痛と難聴に加え、発熱、全身倦怠《けんたい》、頭痛が起こる。そのうち、鼓膜が破れて耳だれが出ると、痛みも和らぐ。外耳道炎を併発しやすい。かぜが誘因の場合は、かぜの治癒を完全に（かぜの手当ては195ページを参照）。

手／第一大根湯1【160】、しょうが油の点耳【176】、耳のまわりに、さといもパスター【182】。子どもが第一大根湯を飲まない場合は、大根おろし汁入り玄米スープ【162】、それでも飲まないときは、これにりんごジュースをプラス。かぜの手当てをする。

食／たけのこきんぴら【73】、ねぎみそ【75】。大根料理を中心に、食事の量を少し減らす。動物性食品を一切禁止。

腸閉塞《ちょうへいそく》

腸が詰まってふさがったようになり、内容物が通過できなくなる病気。便が出ないのでおなかがはり、痛がる。

手／梅しょう番茶［2］【156】。腹部にしょうが湿布【180】のあと、さといもパスター【182】をし、上から焼き塩【186】または、ゆでこんにゃく【186】。干葉《ひば》の腰湯【174】、5分おきに浣腸《かんちょう》。状況に応じて、医師の診断を。

食／くず湯【158】、くず練り【158】、玄米クリーム【65・86】。

つめがはがれた

手／ごま塩の頓服《とんぷく》【170】。さといもパスター【182】。

手足口病

5歳未満、特に2歳前後の幼児に多い。主な症状は、口のなかと手のひら、足の裏、指の側面に生ずるかたい水《すい》疱《ほう》。長い楕円形をしているのが特徴。手の甲や足の甲、膝の内側、おしりにも、赤い小丘疹（小さいブツブツで、皮膚がもりあがった状態）が見られる。予後は良好。

手／大根おろし汁入り玄米スープ【162】。

食／食べられるものを、少しずつ与える。

でべそ

→臍《さい》ヘルニア（211ページ）

てんかん

脳の神経細胞の一部が異常に興奮しやすいために、ひきつけなどの発作をくり返す。

手／一日1回、しょうゆ番茶【156】か梅しょう番茶［1］【156】。キョロキョロしてみたり、少し意識がおかしくなる様子があって、事前に発作が起こりそうだとわかった場合は、ごま塩【68】を少量かませる。

食／小飲少食、または断食か半断食。半断食とは、玄米クリーム【65・86】や玄米がゆ【23・86】だけで、少食にすること。ごま塩【68・85】を玄米ごはん【20】にかけて、よくかんで食べさせる。間食をやめさせる。果物、なす、トマト、いも類、もち、甘い菓子類もやめさせる。

糖尿病

→小児糖尿病（211ページ）

とげ

とげが抜けなくても、出口がふさがっていなければ、さといもパスターを貼っておくと出てくる。

手／さといもパスター【182】。針を刺してしまった場合は、抜いてから、はさみの持ち手のほうでたたいておく。

突発性発疹

生後4か月から2歳くらいまでに起こる突然高熱の出る病気。3〜4日で熱が下がり、あせもに似た細かい湿疹が胸やおなかに出、やがて全身に広がる。

手／大根おろし汁入り玄米スープ【162】。

食／「まんなかタイプ（中庸）」【55】の食事。

とびひ

夏季に、1〜5歳くらいまでの子どもにみられるが、最近は暖房の発達で冬季にも発症することがある。水疱《すいほう》を伴う赤いブツブツが、急速に飛び散るように広がる。

手／オウバク末【188】をたたいておく。炭を粉末にして、ごま油と練ってつける（翌日にはかさぶたになる）。大根おろし汁入り玄米スープ【162】。

食／「まんなかタイプ（中庸）」【55】の食事。

トラホーム

手／オウバク末の洗眼【188】。一日に3～4回、塩番茶で目を蒸し【188】、寝る前にごま油の点眼【190】。

食／穀物と野菜、海藻の食事。

難聴

●陰性の難聴

いつも聞こえづらい、慢性症状。

手／梅しょう番茶1【156】。

食／「ぷよぷよタイプ（陰性の肥大）」【56】の食事。切り干し大根を使った料理や、大根の信田煮【16】など、よく煮た大根料理を多めに。ごま塩【68・85】を多めに摂らせるか、ごま塩おにぎりを。

●陽性の難聴

突然聞こえなくなる、急性症状。

手／大根おろし汁入り玄米スープ【162】を一日1回継続する。しょうが油【176】を耳に差す。

食／「がっぷりタイプ（陽性の肥大）」【58】の食事。大根おろしや大根サラダ、ふろふき大根など、あっさり調理した大根料理を多めに。

日射病

手／しょうゆ番茶【156】、または、しょうゆ番茶に大根おろし大さじ山盛り1を加えて飲ませる。頭部と胸腹部に豆腐パスター【178】または青菜パスター【183】。耳の後ろにさといもパスター【182】。

食／穀物と野菜、海藻の食事。

乳児嘔吐《おうと》下痢《げり》症《しょう》

冬に多いウィルス性胃腸炎。白い便が出る。

手／大根おろし入り玄米スープ【162】。おなかに、ゆでこんにゃく（1～2日で治る）。

食／玄米スープ【162】から始め、玄米クリーム【65・86】、くず湯【158】と進め、玄米がゆ【23・86】ののち、回復したら普通の穀物と野菜、海藻の食事に。食べ過ぎに注意。

乳児湿疹

生後2週間～1歳くらいまでに、顔や体に出る赤い発疹。

手／大根おろし汁入り玄米スープ【162】。干したヨモギの煎じ汁か、三年番茶でふく。

食／母乳をあげている母親が、「まんなかタイプ（中庸）」【55】の食事に。離乳食は、穀物を80%以上にし、おかずは野菜にする。

乳児脂漏性《しろうせい》湿疹《しっしん》（脂漏性湿疹）

髪の毛のはえぎわやまゆげに、黄色くかさぶた状にできる湿疹。

手／ごま油をつけて、ふき取る。

食／母乳をあげている母親が、「まんなかタイプ（中庸）」【55】の食事に。油の使用を少なめにし、少食にする。きのこ類、白い野菜、かんきつ類を多めに摂る。

寝小便

→夜尿症（218ページ）

脳炎

日本脳炎をはじめとする原発性脳炎と、種痘《しゅとう》やはしか、風疹、百日ぜきなどの感染に引き続いて起こる続発性脳炎がある。後者は、疾患を根治しないで、対症療法で対応した場合に起こる。

手／第一大根湯1【160】。頭部に豆腐パスター（【178】、髪をそって）。かぼちゃパスター【184】。

食／濃い玄米スープ【162】を一日3〜4回。

脳性小児マヒ

手／首から背中にじねんじょパスター【184】。障害のある部分に、しょうが湿布【180】のあと、さといもパスター【182】。しょうが湯【175】の足湯。リハビリを早めに。

食／ごはんが食べられないときは、玄米クリーム【65・86】、玄米がゆ【23・86】にごま塩【68・85】。食べられれば、玄米ごはん【20】に鉄火みそ【73・85】。主食70％、おかず30％に。たんぽぽの根のきんぴら【73】。動物性食品は一切禁止。「ひょろりんタイプ（陰性の萎縮）」【57】の食事。

のどに物がつかえた

手／魚の骨がつかえた場合：ごはんをかまずにまる飲みする。

あめがつかえた場合：しょうゆを飲む。

もちがつかえた場合：大根おろし汁を飲む。

吐く

●授乳後だらだら吐く

3か月くらいの赤ちゃんにみられる症状。胃の入り口にある噴門の括約筋《かつやくきん》が、うまく働かない状態。手当ては特になく、食事で調整していく。

食／母乳を飲んでいる子の場合は、母親が「ぷよぷよタイプ（陰性の肥大）」【56】の食事にし、おかずは主食の40％以下。基本食【60】を取り入れるとよい。

人工乳の子の場合、ミルクの量を減らし、ミルクを溶くのに薄いおもゆを用いる。このおもゆは、玄米とその20倍の水を2時間以上煮、上澄みをこして作る。

●授乳後噴水のように吐く

幽門という胃の出口の筋肉が、異常に厚くなることが原因で、母乳やミルクが十二指腸にうまく流れずに逆流し、噴水のように吐く。

手／母乳を飲んでいる子の場合は、母親が野菜スープ【168】を飲む。人工乳児の場合は、薄い玄米スープ【162】を飲ませる。

食／穀物と野菜、海藻の食事。動物性食品を一切禁止。

はしか

手／通常、発疹すれば熱は下がるが、発疹しないときは、次の飲みものを飲ませる。分量は1歳児用で、（　）内は2〜3歳児用。大根おろし汁とれんこんおろし汁各小さじ½（1½）、しょうが汁1滴（3滴）、白湯《さゆ》小さじ2（大さじ4）を混ぜて服用。発疹するまでたびたび飲ませる。発疹するまでは、風にあてない。

発疹して高熱が続く場合は、豆腐パスターをしてもよい。発疹しないのに豆腐パスターをすると、内にこもる（内向する）ことがあるので注意。

食／一時食欲がなくなるが、水分を要求したら、少しずつ与える。食べられるようになったら、おもゆ【62】→くず湯【158】とすすめ、玄米がゆ【23・86】に移行して、そののち普通の穀物と野菜、海藻の食事に。ただし、本人の要求にまかせて、親がむりに食べさせようとしないように。

破傷風

手／しょうが油【176】のマッサージ。からし湯（からしひとにぎりを湯に入れる）または干葉《ひば》湯【174】の全身浴。しょうが湯【175】で全身を蒸す。第一大根湯[1]【160】、しいたけスープ【161】、果汁【163】。

食／玄米スープ【162】に大根おろしを入れて飲ませる。果物など、陰性食を摂れるだけ摂らせる。

発育が悪く、黄疸《おうだん》が長引く（クレチン症）

クレチン症（先天性甲状腺機能低下）が疑われる。クレチン症は、成長と発達に欠かせない甲状腺ホルモンが、生まれつきの異常で不足する病気。乳児では、体重増加不良、黄疸が長引く、哺乳力が弱い、体温が低い、便秘、貧血、むくみ、皮膚のカサカサ、臍《さい》ヘルニアなどがみられる。首のすわりが悪い、歩行が遅いなど運動機能に遅れが出、最終的には知能の遅れもまねく。

手／母乳を飲んでいる子の場合、母親の食事を、穀物と野菜、海藻の食事に。自然の素材を正しく料理して、正しく食べる。おかずは主食の$\frac{1}{3}$以下にし、ごはんは一口100回以上かむよう努める。玄米がゆ【23・86】、玄米クリーム【65・86】または、めん類でも。

食／「がっぷりタイプ（陽性の肥大）」【58】の食事。白い野菜を主にし、主食をいやがるときはむりに食べさせない。

ひきつけ

熱性けいれん。乳幼児が急に38度以上の熱を出し、大発作に似たようなけいれん発作を起こす。6か月以降の乳幼児、ことに1～2歳児によく起こる。熱の上がり始めに起こりやすい。

手／ひきつけてすぐ、浣腸《かんちょう》（いちぢく浣腸を湯につけて、体温くらいに温めて）をする。ひきつけたあと、意識が戻ったら、薄い梅しょう番茶【156】または玄米スープ【162】を飲ませる。

事前にひきつけそうだとわかったときは、ゆでこんにゃく【186】や使い捨てカイロ【186】で腹部と足を温めると防げることも。

食／玄米スープ【162】、玄米クリーム【65・86】、玄米がゆ【23・86】と徐々に進め、回復するにしたがって穀物と野菜、海藻の食事に。

ひじが抜けた（肘内障《ちゅうないしょう》）

腕を急に強く引っ張られたりねじられたりしたことで、ひじの関節がはずれかけ、腕がだらりと下がって伸ばしたままの状態になる。くせになることが多い。

手／しょうが湿布【180】をしながら、元に戻す。

食／甘い菓子類、果物、清涼飲料水の禁止。「ぷよぷよタイプ（陰性の肥大）」【56】の食事に。

皮膚カンジダ症

カンジダ菌（カビの一種）に感染して皮膚が炎症を起こす。おむつかぶれと間違いやすいが、これはおむつの当たる部分だけでなく、くびれやしわのなかにも湿疹が広がり、うみをもつことも。

手／薄いしょうが湯【175】を含ませたおしぼりでふく。または干葉《ひば》湯【174】か薄いしょうが湯を洗面器に張り、おしりをつける。オウバク末【188】をたたく。

食／「まんなかタイプ（中庸）」【55】の食事。

百日ぜき

強いせきだけで、熱は出ない。

手／せきに、きんかんの葉の煎じ汁【166】。のどの痛みに、れんこん湯【164】。しょうが湿布【180】のあと、さといもパスター【182】。

食／病後に、煮たきんかんの実を。れんこん料理を多めに。

風疹

小さな赤い発疹が出るが、その前に首や頭のリンパ腺がはれる。発疹は2～3日で消える。三日ばしかともいう。

手／大根おろし汁入り玄米スープ【162】。

食／玄米スープ【162】、玄米クリーム【65・86】、大根入りみそおじや【22】または雑炊。

プール熱（アデノウイルス感染症）

接触感染によって起こる、ウイルス性の病気。プールで感染し、流行することが多いのでこの名があるが、実際にはプールに入らなくてもうつる。のどの痛み、4～5日続く高熱、結膜炎の症状、下痢、吐き気など、かぜのような症状が出る。

手／熱は200ページ、結膜炎は197ページ、下痢は209ページを参照。

副鼻腔炎《ふくびくうえん》

→蓄膿症（212ページ）

ヘルペンギーナ

突然39度前後の高熱が出て、のどの奥に小さい水疱《すいほう》が数個～十数個できる。のどが痛く、よだれがたくさん出る。熱は2～3日で下がり、水疱も約1週間で治る。

手／大根おろし汁入り玄米スープ【162】か、しいたけスープ【161】。

食／玄米スープ【162】、玄米茶【123】、玄米クリーム【65・86】、くず湯【158】、うどんかそうめんの煮たもの。野菜スープ【168】、かぼちゃポタージュ【29】、スパゲティグラタン【33】など。

包茎

陰茎の先の亀頭が、包皮におおわれている状態。赤ちゃんのは、これが普通。4～5歳過ぎてもむけなくて、仮性包茎でなく真性包茎だった場合は手術をすすめられる。

食／主食を90％にし、ごま塩【68・85】、鉄火みそ【73・85】、基本食【60】。ごはんは豆入りも可。もち。切り干し大根と高野豆腐の煮もの【64】。高野豆腐とゆば料理を多く。

未熟児くる病

早産の低体重児で、母体から十分なカルシウムをもらっていないためにカルシウム不足を起こし、骨がやわらかく、折れやすくなる病気。

手／首から背中に、しょうが湿布【180】のあと、さといもパスター【182】。

食／母乳をあげている母親の、食事改善と生活習慣の改善を。穀物と野菜、海藻の食事に。特にごま、海藻、緑黄色野菜を十分に。日光にあたり、体を動かして、規則正しい生活を心がける。タバコ、アルコール、薬類は一切厳禁。

水いぼ

白くつやのあるいぼができる。

手／さといもパスター【182】、またはオウバク末【188】をごま油で練って貼る。

食／「まんなかタイプ（中庸）」【55】の食事。

水ぼうそう

赤い発疹が水疱に変化し、3～4日でかさぶたになる。

手／オウバク末【188】をごま油で練ってつける。大根おろし汁入り玄米スープ【162】。

食／「まんなかタイプ（中庸）」【55】の食事。少飲少食に。

虫下し

手／よもぎ茶【172】。

食／陰性食を禁止。特にサラダ、生の果物はやめさせる。油で炒めて煮込んだものを。

夜尿症（おねしょ、寝小便）

精神的なものが起因している場合と、腎臓、膀胱《ぼうこう》が原因になっている場合があるが、5歳くらいまでには自然となくなるので、心配ない。5歳を過ぎても、1か月に2回以上おねしょをするようなら、精神的な面から起こっていることも考えられるので、お母さんの優しい対応が必要。

手／かやの実（漢方薬店で購入可）をいって、5歳の子で体重18kg以上なら一日に3個、18kg未満なら2個を毎日食べる。干葉《ひば》の腰湯（【174】、しょうが汁1/2カップを足して）。

食／毎日、朝、夕にもち入りのみそ汁、または寝る前に味をつけない焼きもちを。

指が多い

→多指症（212ページ）

指がくっついている

→合指症（210ページ）

指をはさんだ

手／軽症なら、流水で洗い、さといもパスター【182】。またはアロエの葉の果肉をつける【189】。骨折などの疑いがある場合は、病院へ。

Mama
おいしいほうを飲んでね

溶連菌感染症

2〜10歳でかかる。39度の熱が出て、のどが真っ赤にはれて激しく痛む。1〜2日後、赤く細かい発疹が出、全身に広がる。その後舌にも赤いブツブツができ、真っ赤になる（いちご舌）。昔は猩紅熱《しょうこうねつ》と呼ばれていた。

手／大根おろし汁入り玄米スープ【162】、または第一大根湯2【160】。

食／玄米スープ【162】、玄米茶【173】、玄米クリーム【65・86】、または玄米がゆ【23・86】、くず湯【158】。穀物と野菜、海藻の食事。

大根おろし汁入り玄米スープ
or
しいたけスープ

りんご病

両ほおがりんごのように赤くなり、足や腕にも赤い斑点やまだら模様が出る。熱は出ず、赤みは1週間でひく。

手／大根おろし汁入り玄米スープ【162】、またはしいたけスープ【161】。

食／「がっぷりタイプ（陽性の肥大）」【58】と「かちかちタイプ（陽性の萎縮）」【59】の食事。

りんご病になっちゃった

体験報告

食事を変えたら、お産も楽！　子育ても楽！

「菜食＆甘いものを控える」で、おっぱいをかまれなくなった

左から
勇次郎君（７歳）、
敬之佑君（４歳）、
郁梨ちゃん（１歳）、
雅子さん（40歳）。
手前は
耕太郎君（10歳）。

食事を変えたのは10年前。続けているうちに、睡眠時間が短くてもがんばりがきくようになり、肩こり、腰痛、腱鞘炎《けんしょうえん》もなくなりました。落ち込んだり不安になることがグンと減ったのも、ありがたいですね。

そのころ長男に授乳していたのですが、おっぱいをかむので困っていました。けれど菜食にし、甘いものを控えているうちに、だんだんかまなくなってきました。動物性食のために出が悪く、白くて濃過ぎたおっぱいも、さらりとしたものに変化し、しだいにお米でできたおっぱいの味になって、かまれなくなったのだと思います。

その後、次男を陣痛１時間で出産、三男を陣痛30分で出産。長女のときは、陣痛というより、強いおなかのはりを感じただけで生まれてきました。家族だけの出産が無事できたのも、自然に即した食生活なればこそと思います。

次男の出産後、急に力が抜けて後産が出せず、出血も多くなったのですが、かなり濃い梅しょう番茶【156】を2杯飲んだら、血の気が戻って楽に。初乳が出ず、おっぱいが張ったときは、さといもパスター【182】で乗り切りました。

１人目の離乳食は手をかけていましたが、ずいぶん必要のないものも食べさせていたと感じます。２人目からは特に離乳食というものは作らず、やわらかごはんをすりつぶしたり、みそ汁の大根や、マカロニ、トロトロに煮たもちなど、食卓にあるものを食べやすくして与えていました。同じものを食べていると、子どものおなかの調子もつかむことができます。

本間雅子（神奈川県）

＊文中の【　】は、掲載されているページ。

妊娠中の気になる症状

足がつる

血液の酸化によって濃度が濃くなり、粘った状態で血液循環がスムーズにいかなくなったときに起こる。特に動物性タンパク質の過剰摂取や、植物性でも豆やピーナッツの食べ過ぎで起こることがある。肝機能の疲れの現れ。

手／第一大根湯[1]２００cc【160】、しいたけスープ【161】。または、果汁を湯で割って飲むか、白湯《さゆ》を飲む。

食／煮込みうどん【24】、かけうどん、ほうとう【78】のような、温かくて水分の多いもの。

足のつけ根の痛み

おなかが大きくなって、からだのバランスがくずれたため。食生活の状態によって、痛みの強弱に違いがあるので、苦痛に感じるときは、食事の改善を。

手／長時間同一の姿勢や、長く歩き続けるなど、患部に負担のかかる行動を避ける。やむをえない場合は、途中で休むとか、体位を変えるなど、調整する。休息を第一に。

食／「まんなかタイプ（中庸）」【55】の食事。

おなかが張る

妊娠すると、胃腸の蠕動《ぜんどう》運動（押し出そうとする、くねるような運動）が低下するので、食べたものが腸のなかにとどまっている時間が長くなり、腸内が発酵しておなかが張りやすくなる。冷えも原因になり、長時間立っているなどのむりな体勢によっても、おなかはかたく張ってくる。

手／梅しょう番茶[1]【156】、または大根おろし入り梅しょう番茶【157】。これらがおいしくないときは、大根おろしやりんごなどのなかから食べたいもの。しょうが湿布【180】、ゆでこんにゃく【186】、干《ひ》葉《ば》の腰湯（【174】、塩入り）。

食／おなかが冷えている場合：陰性食品（果物、生野菜、甘いものなど）をやめる。主食を食事全体の70％に。みそおじや【22】、もち入りみそ汁。ごはんにごま塩【68・85】か鉄火みそ【73・85】。基本食【60】。食べ過ぎて、腸内が異常発酵している場合：果実酢（梅酢やりんご酢など）、梅肉のサラダや飲みもの。

かぜ→195ページ

カンジダ症

手／センブリ（薬局で購入可）の煎じ汁、濃く煮出した三年番茶【156】、干《ひ》葉《ば》湯【174】のいずれかで洗浄。

食／穀物と野菜、海藻の食事に。

クラミジア感染症

妊婦がかかりやすい、性感染症の腟炎《ちつえん》。原因は、細菌の一種であるクラミジア。おりものがふえ、性器出血、下腹部痛などが起こる。赤ちゃんが産道を通るときに感染の可能性があり、新生児肺炎や結膜炎などの原因になることも。

手／センブリ（薬局で購入可）の煎じ汁、濃く煮出した三年番茶【156】、干葉湯【174】のいずれかで洗浄。

食／穀物と野菜、海藻の食事に。８対２のごま塩【68】を多めに摂る。よくかんで、少飲少食に努める。

痔→231ページ

子宮外妊娠

本来子宮に着床するはずの受精卵が、卵管などに着床した状態だが、食事を正すことで自然流産することが多い。左記の手当て法を施し、食事の改善を。

手／しょうが湿布【180】のあと、さといもパスター【182】。干葉の腰湯（【174】、塩入り）。

食／「ひょろりんタイプ（陰性の萎縮）」【57】の食事に。

子宮筋腫

動物性食品の過剰摂取が原因で、血液が酸化している。妊娠してはじめて筋腫があることに気づくケースがあり、子どもの頭大の筋腫が発見されるようなこともある。筋腫が刺激して子宮が収縮しやすくなり、切迫流産や切迫早産になりやすくなるが、徹底した手当て法と正しい食事で自然分娩した例も。ただし、適切な指導のもとに、食事と手当てを厳格に実践することが条件となる。

手／干葉の腰湯【174】を毎日行う。

食／「まんなかタイプ（中庸）」【55】の食事。血液が酸化しているので、特に動物性食品は厳禁。白米、甘い菓子などもやめる。麦を混ぜたごはん。緑黄色野菜と海藻を多く摂る。ごはんでも、食べ過ぎれば血液の酸化を引き起こすので、注意したい。

しびれ（手足）→231ページ

静脈瘤《じょうみゃくりゅう》

子宮が大きくなって下半身の血管を圧迫し、血行が悪くなって静脈がふくらみ、こぶのようになったり「みみずばれ」のようになる。

手／大根おろし入り梅しょう番茶【157】、しょうが湿布【180】のあと、さといもパスター【182】。しょうが湯【175】の足湯をし、そのあと、しょうが油【176】をすり込む。

食／砂糖、甘いものは厳禁。「ぷよぷよタイプ（陰性の肥大）」【56】の食事。

性器出血

出血以外の症状、例えば腹痛や腰痛などがあったら病院へ。出血のほかに異常がなければ、ごま塩の手当てで様子をみる。出血量が多かったり、続く場合など状況に応じて医師の診断を。

手／ごま塩の頓服《とんぷく》【170】、またはごま塩入りくず錬り【159】。

食／「まんなかタイプ（中庸）」【55】の食事。

切迫早産

妊娠22週以降37週未満で赤ちゃんが生まれることを早産といい、早産しかかっている状態を切迫早産という。血液が酸化して出血しているので、さといもパスターや豆腐パスターで冷やすと炎症が止まるとともに、血管が収縮して、出血が止まる。家庭で乗り切るのは危険なので、次の手当てをして産院に行くこと。

手／ごま塩の頓服【170】、またはごま塩入りくず練り【159】。おなかにさといもパスター【182】。激痛時は、おなかに豆腐パスター【178】。

食／玄米ごはん【20】のごま塩【68・85】おにぎりを、よくかむ。水分を控える。

切迫流産

流産しかかっている状態。切迫早産と同じ手当て。

手／ごま塩の頓服《とんぷく》【170】、おなかにさといもパスター【182】。激痛時は、おなかに豆腐パスター【178】。

食／玄米ごはん【20】のごま塩【68・85】おにぎりを、よくかむ。水分を控える。

前置胎盤

本来子宮の前後の壁か上のほうについている胎盤が、子宮口の近くについてしまって、胎盤が子宮口をおおってしまう状態。出産まで胎児が発育するよう、出血に注意して過ごす。胎盤の位置によって出産の状況は異なるが、医師の診断を受けながら、手当て法と正しい食事の実践を続けること。

手／干葉の腰湯【174】。出血があれば、ごま塩の頓服【170】。これで出血が止まらなければ、病院へ。

食／穀物と野菜、海藻の食事。

立ちくらみ

→めまい（223ページ）

つわり

体が陰か陽か両極端に傾いている人が、つわりを起こしやすい。陰陽どちらのつわりでも、基本は「食べられるときに、食べられるものを、おいしいと思う程度に食べる」。そして「しばらくは、食べられなくてもだいじょうぶ」。

食べ方は、ひとさじをよくかんで、少しずつゆっくり飲み込み、落ち着いたらまた少量ずつ、時間をかけて食べる。飲みものも、同様に。一度にたくさん飲もうとすると、反射的に吐くことがあるので気をつける。

つわりは通常4か月でおさまるが、4か月から始まるつわりは要注意。症状が悪化するようなら、医師の診断を受ける。

●陰陽両方のつわりに共通

手／干葉湯【174】で腰湯か足湯。

●陰性のつわり

何も食べられなくなり、強い吐き気があって、元気がない場合。甘いものや果物、冷たいものなどを多く摂ってきた人に多い。

手／梅しょう番茶[1]【156】、しょうゆ番茶【156】、塩番茶【157】。ごま塩の頓服【170】。伏《ぶく》竜肝《りゅうかん》（炭素の粉末。極陽性で強アルカリ。漢方薬店で購入可能）の上澄み。

食／玄米の冷やごはん【20】のごま塩【68・85】おにぎりを、よくかんで少しずつ食べる。のどのかわきに塩番茶【157】、しょうゆ番茶【156】。

●陽性のつわり

玄米ごはんどころか白いごはんも入らないなど、食べられないものが多いが、吐き気が少なくて、元気もいい場合。動物性食品をたくさん食べてきた人や、菜食でも陽性なものばかり食べてきた人に多い。

手／果汁や野菜、果物などで、体のなかにたくさんたまった陽性を消す。

食／玄米スープ【162】、めん類、大根おろし、じゃがいも料理など、食べられるものを。のどのかわきには水でよいが、ゴクンと飲まずに少しずつ飲む。

●生つばが出る場合

食／塩昆布【70】、塩ゆでのえんどう豆。

動悸・息切れ

妊娠中は胎児にも栄養と酸素を送るため、血液の量が増加する必要がある。そのとき、血球の成分より水分（血しょう）がふえるので、貧血状態になる。心臓から送り出される1回の血液量は、20〜25％ふえ、さらに脈拍も20％ふえるため、動悸や息切れが起こる。

食／「ぷよぷよタイプ（陰性の肥大）」【56】の食事。動悸・息切れがあって便秘をしていたら、あずき昆布【62】のあずきだけを食べる。

手／梅しょう番茶【156】、またはしょうゆ番茶【156】。

尿もれ

大きくなった子宮が膀胱《ぼうこう》を圧迫して、くしゃみやせきをしたはずみに尿がもれる。

手／腹帯をしっかり締め、動けるときは努めて動くようにする。排尿時に、意識的に途中で止める訓練をするのも効果的な方法。

食／玄米もち、鯉こく【86】。食事量を減らすか、食間を長くする。間食をやめる。

妊娠中毒症

むくみ、高血圧、タンパク尿が症状の特徴。手当ては、利尿を促すもの。

手／第一大根湯[1]【160】を200cc飲み、40分後に第二大根湯【168】。すいか。しょうが湯【175】の足湯。頭痛にりんご汁【189】かしょうがの絞り汁のすり込み。高熱に豆腐パスター【178】。吐き気がするときは、薄く作った大根おろし入り梅しょう番茶【157】を少量ずつ飲む。

食／玄米ごはん【20】または発芽玄米ごはん【76】、五分搗《ごぶつ》き米《まい》ごはん【21】のおにぎり。ごま塩【68・85】、ふろふき大根【78】や大根の信田煮【16】などの大根料理。すいか、ウリ科のもの。重症時は、玄米スープ【162】と大根とごぼうのおかずで、味はごく薄く。

貧血

手／濃いめのヤンノー【169】、梅しょう番茶[1]【156】、たんぽぽコーヒー【172】。

食／雑穀（粟、きび）入り玄米ごはん【69】、鉄火みそ【73・85】、油みそ【62】。あずきかぼちゃ【61】、野菜とセイタンの炒め煮【12】、もち入りみそ汁。

なかなかよくならない場合：鯉こく【86】、うにの塩辛（【62】、同量の大根おろしを添えて）、のりのつくだ煮【75】、焼きのり（一日1枚）。

不眠症→235ページ

便秘→203ページ

胸やけ

大きくなった子宮が胃を圧迫するために起こる。

手／大根おろし大さじ山盛り1を入れたしょうゆ番茶【156】、大根おろし。ごま塩【68・85】をかむ。

食／穀物と野菜、海藻の食事。一回の食事量を減らして、回数を多くする。よくかむこと。

めまい（立ちくらみ）

手／大根おろし大さじ山盛り1を入れたしょうゆ番茶【156】、または大根おろし入り梅しょう番茶【157】。目をつぶって、しばらく静かにしているだけでも治る。

食／玄米ごはん【20】、あずき入り玄米ごはん【21】、麦ごはん【79】、うどん、そうめんなど。大根、白菜、玉ねぎ、ねぎなど、白い野菜を多く摂る。あずきかぼちゃを、毎食1/2杯食べる。しょうゆ味がおいしくない場合は、果汁【163】を少しずつ飲んでみる。

腰痛

赤ちゃんの重みが負担になって、腰の筋肉が過労状態に。

手／干葉《ひば》の腰湯【174】。疲れたときは横になり、体調が良好なときは努めて動くようにする。

食／穀物と野菜、海藻の食事。

卵巣膿腫《らんそうのうしゅ》

卵巣にしょう液という液体や粘液などがたまって、大きくはれてしまう病気。妊娠して、はじめて卵巣嚢腫があることに気づくケースも多い。陰性過多の症状。

手／しょうが湿布【180】のあと、さといもパスター【182】をし、上から焼き塩【186】か、ゆでこんにゃく【186】。

食／「ぷよぷよタイプ（陰性の肥大）」【56】の食事。

体験報告

食事を変えたら、お産も楽！　子育ても楽！

子どものじんましんが出なくなりました

望未《のぞみ》ちゃん（6歳）と美佐さん（39歳）。

子どものじんましんのアレルゲンが卵だったことから、少しずつ動物性食品を減らしていったのが、わが家の食事革命の始まり。５年ほど前のことです。その後自然食品店でマクロビオティックを知り、完全に食事を切り替えました。

じんましんが出たら、第一大根湯①【160】や大根おろし汁入り玄米スープ【162】を飲ませ、しょうが湿布【180】とさといもパスター【182】を施しました。次第にじんましんは出なくなり、今ではまったく病院に行かなくなりました。まわりで伝染病がはやっても、不思議とうちの子にはうつらないできました。

私も夏かぜをひかなくなり、体調は良好！　五感で素材のおいしさに触れ、手作りすることが、なによりうれしいと感じる日々です。なかでも、好みの穀物を挽いて、地粉と（合わせて500g）、塩(小さじ1)、水（350㎖）だけで作る「穀物パン」はかむほどに味わいが広がります。焼いても、蒸してもOKです。

堀内美佐（神奈川県）

＊文中の【　】は、掲載されているページ。

出産の直前直後に出やすい症状

うつ乳
（おっぱいがかたくなって痛む）

授乳を始めたばかりのころに起こる、乳房がカチカチにかたくなって、痛みや熱をもった状態。乳管が十分に開ききっていないために、母乳の出が悪く、乳房にたまって起こる。

手／わきの下から乳房にかけて、しょうが湿布【180】をしながらマッサージをし、たまった乳は搾り出す。ただし、決してむりはしないこと。温めながら、優しく実施する。しょうが湿布ができないときには、蒸しタオルで蒸しても。できれば、乳房にさといもパスター（リング状に作って、乳首ははずす）。

食／食事を減量するか、または1食抜く。おかゆ、めん類など、軽い食事にする。

会陰《えいん》の痛み

出産で切れた、または切開した会陰を縫合したあとの傷が痛む。

手／干葉《ひば》湯【174】またはヨモギの煎じ汁【176】で縫合部を蒸し洗いするか、ふく。

食／動物性食品は禁止。のり、梅干し、つくだ煮などとごはんを、よくかんで食べる。おにぎりにしても。

おっぱいがかたくなって痛む→うつ乳（上記）

悪露《おろ》が長引く

出産後に、生理のように排出される分泌物が悪露。通常産後40日くらいで終わるが、いつまでも悪露が続くことがある。子宮の収縮が悪いためや、子宮内に胎盤や卵膜の一部が残っていることなどが原因。微弱陣痛やお産時に大量出血した場合、子宮筋腫がある場合にも起こる。

手／干葉の腰湯（【174】、塩入り）、またはしょうが湿布【180】のあと、さといもパスター【182】。むりのない程度に体を動かす。母乳をなるべく飲ませるようにする。

食／玄米みそ雑炊【67】、もち入りみそおじや【22】。玄米ごはん【20】にごま塩【68・85】。ごま塩入りおにぎり。鉄火みそ【73・85】、ごぼうの含め煮【68】、ひじきれんこん【77】、ひじきこんにゃく【77】。

後陣痛《こうじんつう》

分娩後に起こる下腹部の痛み（「あとばら」と呼ばれてきた）。子宮が元に戻るための収縮が原因で痛むので、特に手当てはしない。子宮の回復のためと思い、痛くても鎮痛剤の使用は避けたい。痛みが強いほど、子宮の回復が早く、母乳の分泌が促進される。

後陣痛があることで、子どもとの絆が生まれ、母親としての自覚も出てくる。

産褥熱《さんじょくねつ》

お産のときに子宮や膣《ちつ》にできた傷から細菌が侵入して化膿し、それが原因で起こる熱。産後2～3日目に高熱を出したり悪寒を起こす。

手／第一大根湯［1］【160】か、大根おろしにしょうゆをかけたもので、おいしいほう。豆腐パスター【178】

食／玄米スープ【162】、玄米クリーム【65・86】、玄米がゆ【23・86】に梅干し。

腎《じん》盂《う》腎炎《じんえん》

手／初めに1回だけ第一大根湯[1]【160】を200cc飲み、40分してから第二大根湯【168】。玄米スープ【162】、薄いヤンノー【169】、あずきのゆで汁を飲めるだけ飲む。これらの飲みものは、おいしいものを一つ飲み、好みが変わっておいしくなくなったら、違う飲みものにする。干葉《ひば》の腰湯【174】、しょうが湯【175】の腰湯。

食／玄米ごはん【20】、あずき入り玄米ごはん【21】、おめでとう【23】、玄米スープ（【162】、大根おろしを入れて）、きんぴらごぼう（【64】、ごぼう100%で）、あずきかぼちゃ（【61】、毎食1/2杯）、大根料理、白うりのくず引き汁【71】。

陣痛が弱い

子宮収縮が弱くて、間隔も短くならない状態。体が陰性に傾いている。

手／しょうゆ番茶【156】、梅しょう番茶[2]【156】、塩番茶【157】。

食／玄米ごはん【20】か玄米おにぎりに、ごま塩【68・85】、鉄火みそ【73・85】、塩昆布【70】などを添え、一口100回以上かんで食べる。

胎盤が残っている

産後、子宮に胎盤の一部が残ってしまう状態。陰性症状。

手／梅しょう番茶[2]【156】または大根おろし入り梅しょう番茶【157】の、おいしいほう。干葉の腰湯（【174】、塩入り）、しょうが湿布【180】のあと、さといもパスター【182】。

食／「ぷよぷよタイプ（陰性の肥大）」【56】の食事。玄米ごはん【20】、雑穀入りごはん（【69】、玄米でも分搗《ぶづ》き米《まい》でも可）、玄米スープ【162】、赤飯【72】、玄米みそ雑炊【67】、玄米チャーハン【66】、きんぴらごぼう【64】、のりのつくだ煮【75】、あずき昆布【62】、鉄火みそ【73・85】、しょうがみそ【71】。大根料理、れんこん料理。たくあん。

乳首の傷

切れているのは酸化状態なので、お茶のアルカリで中和。

手／三年番茶【156】で蒸し洗いのあと、ごま油【83】を塗っておく。

食／穀物と野菜、海藻の食事。

恥骨の痛み

分娩時に恥骨の靭帯《じんたい》が広ったりずれたりして、起こる痛み。数か月で自然に治る。出産前にあぐらをかくのを習慣づけておいたり、ぞうきんがけを日ごろからしていると、防げる。

手／干葉の腰湯【174】またはしょうが湿布【180】。

食／おかずを減らし、甘いものや果物をやめる。ごはん中心の、日本型の食事に。

乳腺炎

乳腺に母乳がたまったり、乳首の傷から細菌が入って起こる炎症。

手／しょうが湿布【180】のあと、さといもパスター【182】。熱には第一大根湯[1]【160】、豆腐パスター【178】。

食／食事を1/2に減らす。玄米ごはん【20】、8対の2ごま塩【68・85】、きんぴらごぼう（【64】、ごぼう100%で）、ひじきれんこん【77】、れんこんきんぴら【80】、大根おろし、青菜のおひたし【61】、さといもの含め煮【70】、切り干し大根と高野豆腐の煮もの【64】、ごぼうの含め煮【68】、ごぼうの梅煮【68】。

尾てい骨の痛み

出産時に骨盤がゆがんだことが、原因と考えられている。数か月で自然に治る。

手／体を動かすように努める。

食／穀物と野菜、海藻の食事。

貧血→223ページ

便秘

産後、便秘になることが多い。

手／はぶ茶【171】。

食／食物繊維、海藻料理を多くする。精白米をやめ、玄米ごはん【20】や麦入り分搗き米ごはん【79】。ひじきこんにゃく【77】、あずき昆布【62】、きんぴらごぼう【64】、ごぼうの含め煮【68】。

膀胱炎《ぼうこうえん》

手／ヤンノー【169】、第一大根湯[1]【160】、利尿用玄米スープ（【162】、多飲）、干葉の腰湯（【174】、塩入り）または全身浴。慢性の場合は塩入り干葉の腰湯で、前後いずれかにしょうゆ番茶【156】。

食／切り干し大根入りきんぴら【63】、大根料理。

母乳の出過ぎ

赤ちゃんが飲みきれないほど母乳が出て、おっぱいが張って困る。

手／余分なおっぱいは搾る。

食／食事、飲みものを減らす。

母乳不足

昔は、冷え性で疲れやすい陰性タイプのケースが多くみられたが、最近は動物性食品の摂り過ぎで血液が粘り、乳腺が詰まる陽性の母乳不足がほとんど。陽性の場合にもちを食べると、さらに詰まる。

●陰陽両方に共通

手／わきの下から乳房にかけてしょうが湿布をし、マッサージ。

●陰性の母乳不足

食／ごはんをよくかみ、量をふやす。もち、ごぼう料理、たんぽぽの根のきんぴら【73】。いろいろやっても出ないときは、鯉こく【86】を試してみる。

●陽性の母乳不足

食／ごはんの量を減らし、サラダなどの軽い野菜料理をふやす。動物性食品は、極力控える。

流産

12週末満の早期流産は、原因が赤ちゃんのほうにあることが多く、12〜21週の後期流産は、母体側に原因があることが多い。

手／ごま塩の頓服《とんぷく》【170】または、ごま塩入りくず練り【159】。激痛には腹部に豆腐パスター【178】または、さといもパスター【182】。唇が乾いているときは、体内に出血があるので、のどがかわいても湯茶は飲まない。唇にうるおいが出てきたら、しょうゆ番茶【156】、梅しょう番茶[1]【156】などを少量摂る。

食／穀物と野菜、海藻の食事に。玄米ごはん【20】にごま塩【68・85】を多めにかけ、よくかんで食べる。おかずは食べないか、少量。甘いもの、果物、酢のもの、香辛料、清涼飲料水は厳禁。特に急激な陰性食の多食に注意。過激な運動を避ける。でんぷん質（ごはんやもち、おかゆなど）を温かくして摂り、精神的ショックを和らげる。白いんげん豆、うずら豆、ひよこ豆も体をゆるめて、リラックスさせてくれる。

体験報告

食事を変えたら、お産も楽！　子育ても楽！

「こんなに楽なら、何人でも産める」と思ったくらい

左から、
利旺《りお》ちゃん（3歳）、
邑なかさん（33歳）、
伶旺《れお》君（0歳）。

肉食をやめたのは大学受験のとき。「集中力がつく」と聞いたからです。チーズや砂糖までやめて、しっかりと穀物菜食を始めたのは、出産がきっかけ。「子どもを穀物菜食で育てたい」という思いで、自分の食事を完全に変えました。

長女がおなかにいるときはつわりもなく、出産直前まで元気に通勤。在宅での仕事までしていました。陣痛は5時間ほどあったものの、分娩台にのったら3分で出産。産んだ瞬間に「こんなに楽なら、何人でも産める」と思ったくらい。

長男のときは、妊娠4か月くらいまで何も食べられないつわりが続きましたが、安定期に入ってからはとても元気で、出産直前までアクティブに行動していました。お産のときは、がまんできないほど痛いといった陣痛はなく、生理痛のちょっと重い程度。強い陣痛が来て、1時間ほどで生まれました。

妊娠中は、ひじきなどの海藻や大根葉、鉄火みそ【73・85】、しょうがみそ【71】、小松菜をなるべく摂るようにし、みそ汁を毎日飲んでいました。産後1週間は玄米がゆ【23・86】。果物など、陰性食品は摂らないようにしていました。

2人とも、よその子に比べ病気をすることが少ないだけでなく、性格も穏やかでダダをこねるということがありません。子どもたちが心身共に元気に育っているのを見ていると、「穀物菜食で育てていてよかった」とつくづく思います。自分が元気で健康、ということよりも、喜びが大きいのです。

永井邑《み》なか（東京都）

＊文中の【　】は、掲載されているページ。

お母さんの日常のつらい症状

胃の痛み

手／梅しょう番茶[2]【156】、激痛時はしょうが湿布【180】のあと、さといもパスター【182】をし、上に焼き塩【186】。音楽や絵を鑑賞するなどして、精神的にリラックスする。

食／くず湯【158】、くず練り【158】。痛みが去って2～3日後からは基本食【60】。よくかんで、少食にする。「ぷよぷよタイプ（陰性の肥大）」【56】と「ひょろりんタイプ（陰性の萎縮）」【57】の食事。

鬱《うつ》

手／頭をしょうが湯【175】で洗い、しょうが油【176】を頭皮にすり込む。しいたけスープ【161】、第一大根湯[1]【160】または大根おろし入り梅しょう番茶【157】。腹式呼吸を試みる。大きな声を出してみるのもおすすめ。

食／鉄火みそ【73・85】、みそ料理。「まんなかタイプ（中庸）」【55】の食事。主食が60％以上になるようにし、おかずは40～30％で、少ないほどよい。ごはんには、ごま塩【68・85】をかけて。

かすみ目

手／塩番茶【188】で目を蒸し洗いしたあと、ごま油の点眼【190】を一日1～2回。大根おろし入り梅しょう番茶【157】か、かんきつ類のジュースなどでおいしいものを摂る。

食／「まんなかタイプ（中庸）」【55】の食事。毎日基本食【60】を少しずつ摂り、よくかんで食べること。また、できるだけ疲れをとること、熟睡することが大事。

肩こり

左肩の肩こりは、陰性症状で、右肩は陽性症状。外用の手当ては同じだが、内服する飲みものが、体を締めるものとゆるめるものと、逆なので注意。

●右肩と左肩に共通

手／しょうが湿布【180】のあと、さといもパスター【182】をし、上から焼き塩か使い捨てカイロ【186】で温めるとさらによい。しょうが油【176】のすり込みも効果的。腕を大きく動かしてみるのも。

●左肩の肩こり

手／梅しょう番茶[1]【156】、大根おろし入り梅しょう番茶[1]【157】。

食／甘い菓子や果物をやめる。主食をしっかり食べる。「ぷよぷよタイプ（陰性の肥大）」【56】か「ひょろりんタイプ（陰性の萎縮）」【57】の食事。

●右肩の肩こり

手／第一大根湯[1]【160】を200cc、しいたけスープ【161】、または果汁【163】。

食／動物性食品は厳禁。麦入り玄米ごはん【79】、麦入り五分《ごぶ》搗《づ》き米《まい》ごはん【79】、黒豆入り玄米ごはん【21】。めん類、小麦粉で作ったものを多くする。青菜や海藻を毎日摂る。「かちかちタイプ（陽性の萎縮）」【59】か「がっぷりタイプ（陽性の肥大）」【58】の食事。

花粉症

手／塩番茶の洗鼻【188】。

食／甘いもの、果物を避ける。「まんなかタイプ（中庸）」

【55】の食事。

髪のトラブル

産後に、しらがが出たという人がいる。後頭部のしらがは、タンパク質の摂り過ぎが原因で、腎臓が弱っていることの現れ。側頭部の場合は、食べ過ぎが原因で、肝臓が弱っている。前頭部は胃と関係しているが、しらがではなく、ここは髪が抜けることが多い。飲み過ぎが原因。しらがの手当てと食事法は232ページを、抜け毛は234ページを参照のこと。

関節痛

産後に関節痛を訴える人がしばしばいる。体重が戻らず、足腰に影響が出ていたり、赤ちゃんが重くなっていくことから起こる。

手／第一大根湯1【160】、しいたけスープ【161】、野菜スープ【168】。しょうが湿布【180】のあと、さといもパスター【182】。または、しょうが油【176】のすり込み。日常はむりをしないように。入浴しながら関節を動かしたり、足の屈伸運動を、少々苦しくても30～50回行う。

食／動物性食品を控える。基本食【60】を少しずつ摂る。「まんなかタイプ（中庸）」【55】の食事。

筋肉痛

手／第一大根湯1（【160】、200cc）、しいたけスープ【161】、しょうが油【176】。

痛みのために動かないと、筋肉はさらにかたくなり、痛みも強くなる。体全体を大きく動かすようにし、家事を楽しく積極的にこなすこと。入浴は一日1～2回にする。

食／穀物と野菜、海藻の食事。

首の後ろの痛み

動物性食品の食べ過ぎによって酸化した血液が、腎臓で十分にろ過されず、逆流してしまって、首に上がっていったことで生じた痛み。腰や肩などにも、同様のことが起こる。植物性だけでも、本人の体に対して陽性過ぎるものを食べたときに生じる。いずれにしても、血液を正常なサラサラ状態にすれば、痛みはなくなる。

手／第一大根湯1【160】を、一日1回200cc。

食／野菜中心の食事に。むりに玄米は食べないで、おいしいと思えても少なめにする。大根などの白い野菜、緑黄色野菜、海藻の料理。国産の果物。

月経痛（生理痛）

手／ごま塩番茶【157】。痛みがひどいときは、ごま塩の頓《とん》服《ぷく》【170】。干葉《ひば》湯（【174】、足が冷えている場合は塩を足す）、しょうが湯の足湯【175】。

右記の手当てで改善しない場合：大根おろし入り梅しょう番茶【157】。

食／海藻類を多く摂る。黒豆昆布【65】。「まんなかタイプ（中庸）」【55】の食事。

＊ごま塩番茶で治らない場合は、がっぷりタイプ（陽性の肥大）」【58】の食事にし、主食は麦ごはん【79】やめん類など、麦を使ったものにする。あっさりと調理したおかずを食べる。

腱《けん》鞘《しょう》炎《えん》

手／しょうが湯【175】に患部をつけたあと、さといもパスター【182】。しょうが油【176】のすり込み。ねぎ湯【175】、大根おろし入り梅しょう番茶【157】、第一大根湯1【160】、しいたけスープ【161】、油入り大根おろし【171】。

食／体が陰性に傾いている人は、「ひょろりんタイプ（陰性の萎縮）」【57】の食事にし、植物性油で炒め煮したおかずを主にして、基本食【60】を少しずつ摂る。体が陽性に傾いている人は、「かちかちタイプ（陽性の萎縮）」【59】の食事にし、動物性食品は厳禁。

高血圧

手／第一大根湯[1]【160】、大根おろし、しいたけスープ【161】、野菜スープ【168】。りんごジュースまたは、みかんジュース【163】。はぶ茶【171】、どくだみ茶【172】。

食／大食を避ける。便秘をなくす。しいたけ、きのこ料理、大根料理、とろろ昆布汁。「かちかちタイプ（陽性の萎縮）」【59】の食事、「がっぷりタイプ（陽性の肥大）」【58】の食事。運動をし、体重を適正に保つように努める。

興奮状態

手／しいたけスープ【161】、果汁【163】。

食／断食か、流動食程度に。

痔

排便が規則正しく、バナナのような形の便がストンと出るようになると、痔は治癒する。毎日の食事と便の関係を記録して、いい便の出る食事を続けると治りが早い。

手／太いみみず（畑などでとってくる）3～4匹に白砂糖をかけて、出てきた透明な液を脱脂綿に含ませて当てる（1回でも即効性あり）。しょうが湿布【180】のあと、さといもパスター【182】。しょうが湯【175】の腰湯、または干葉の腰湯【174】。

食／ひじきれんこん【77】、ひじきこんにゃく【77】、ひじきの油炒め【77】。「まんなかタイプ（中庸）」【55】の食事にして、胃腸の改善を心がける。

子宮痛

手／しょうが湿布【180】のあとさといもパスター【182】をし、上に焼き塩【186】またはゆでこんにゃく【186】。干葉の腰湯【174】。激痛、高熱時は腹部に豆腐パスター【178】。

食／玄米ごはん【20】、あずき入り玄米ごはん【21】、うどん。副食は主食の1/3～1/4、ごま塩【68・85】を多めにし、海藻と緑黄色野菜を多くする。「まんなかタイプ（中庸）」【55】の食事。

歯周病（歯槽膿漏《しそうのうろう》）

手／デンシー【191】のすり込み。症状がひどい順から①デンシー、②梅干しの黒焼き【167】、③昆布の黒焼き【167】を口に含む。オオバコの煎じ汁やほうじ茶などのうがいも。

食／甘い菓子類、果物、清涼飲料水をやめる。繊維質の多い食物や、かみごたえのあるかための食物をよくかんで食べる。過食、むちゃ食いをやめ、食事は感謝してゆっくりいただくようにする。

しびれ（手足）

しびれは血行が悪くて起こるが、陰性タイプと陽性タイプがある。自分でわからないときは、手当ての飲みものを両方味見してみて、どちらかおいしいと感じるほうを飲むか、別々に飲んでみてしばらく様子をみる。一つ飲んで症状が改善されれば、その飲みものが合っているが、そうでなければ反対のものを飲む。

●陰性のしびれ

むくみがなくて、しびれがある場合。

手／梅しょう番茶[1]【156】。

食／「ぷよぷよタイプ（陰性の肥大）」【56】の食事。

●陽性のしびれ

むくみがあって、しびれがある場合。右足にみられる。タンパク質がたまっている。

手／大根おろし入り梅しょう番茶[1]【157】。

食／「かちかちタイプ（陽性の萎縮）」【59】の食事。

食欲不振

手／梅しょう番茶【156】または大根おろし入り梅しょう番茶【157】。梅干し、漬けもの（添加物のないもの）。精神的に、リラックスできるようにすることも大事。

食／食欲がない間は、むりに食べない。玄米スープ【162】。玄米クリーム【65・86】に、梅干しやごま塩【68・85】を添えて食べる。

＊自分が食べたいものがあれば、テスト的に少量食べて様子をみる。それを食べたあと、疲れたり尿の回数がふえたら、今の体の状態に対して食べたものが陰性だということ。食べたあと、背中や腰が重くなったり、手足に痛みがくる場合は、今の体の状態に対して食べたものが陽性だということ。

しらが

しらがの原因は、230ページの「髪のトラブル」を参照。

手／しょうが油【176】に、墨汁を少々入れてマッサージ。しょうが湿布【180】。昆布の黒焼きの頓服《とんぷく》【167】。大根おろし入り梅しょう番茶【157】。

食／生の海藻。ヤンノー【169】。動物性食品をやめる。

神経痛

手／干葉《ひば》の腰湯（【174】、塩入り）またはしょうが汁入り干葉の腰湯。さといもパスター【182】。

食／玄米ごま塩おにぎり（【20】・【68・85】）、黒ごま揚げむすび【61】。「ぷよぷよタイプ（陰性の肥大）」【56】の食事。特に、きんぴらごぼう【64】、ひじきれんこん【77】、ひじきこんにゃく【77】、昆布のつくだ煮【68】、のりのつくだ煮【75】のいずれかを毎日少量ずつ食べる。甘い菓子、果物、酢のもの、すし、清涼飲料水をやめる。

頭痛

甘いものや辛いもの、冷たいものなど、陰性食品が原因の頭痛と、動物性食品の食べ過ぎや、体に蓄積されている過去の動物性食品の排毒（147ページを参照）によって起こる、陽性食品が原因の頭痛がある。

食／外用は、陰陽共通で、りんご汁【189】か、しょうが油【176】のすり込み。

●陰性の頭痛

（眉間からこめかみの痛み）

食／梅しょう番茶[1]【156】、ごま塩番茶【157】、こめかみに梅干しを貼る【191】。

食／「ぷよぷよタイプ（陰性の肥大）」【56】の食事、「ひょろりんタイプ（陰性の萎縮）」【57】の食事。甘い菓子類、清涼飲料水、香辛料、アルコール類をやめる。ごはんにごま塩をかけ、よくかんで食べる。

●陽性の頭痛

頭頂部の痛み：第一大根湯[1]【160】を200cc飲む。

側頭部の痛み：第一大根湯[1]

【160】を200cc飲み、しばらくしてりんごやレモンの果汁、続けて、しいたけスープ【161】を飲む。
後頭部の痛み：第一大根湯[1]【160】を200cc飲み、しばらくしてしいたけスープ【161】を飲む。浣腸《かんちょう》をする。
食／便秘を治す。むりに食べないで、1食抜くか、いつもの半分の量にする。

生理痛

→月経痛（230ページ）

疲れ

手／梅しょう番茶[1]【156】。梅しょう番茶がおいしくないときは、梅肉エキス小さじ1/2～1を白湯《さゆ》200ccで溶いて飲むか、レモン汁小さじ1～2を同様に白湯で飲む。足湯。
食／梅干しを一日1個。「まんなかタイプ（中庸）」【55】の食事。根菜類を油で炒めて、しょうゆ味で煮込んだ料理。未精白米にごま塩【68・85】、鉄火みそ【73・85】、じねんじょ入り鉄火みそ【70】、しょうがみそ【71】、ねぎみそ【75】、焼きのり、漬けもの、あずきかぼちゃ【61】。間食をやめて、バランスのよい食事をよくかんで食べる。

疲れ目

手／塩番茶【188】で目を蒸し洗いし、ごま油を点眼【190】する。まぶたに青菜パスター【183】か豆腐パスター【178】。蒸しタオルをのせるのも。
食／穀物と野菜、海藻の食事に。動物性食品、甘い菓子類、果物、アルコールをやめる。加工食品は厳禁。

低血圧

手／梅しょう番茶[1]【156】。
食／「ぷよぷよタイプ（陰性の肥大）」【56】の食事にし、間食をやめて規則正しく食べ、胃腸を健全にする。雑穀（粟、きび）入り玄米ごはん【69】、そば、そばがき【72】、鉄火みそ【73・85】、油みそ【62】、あずき昆布【62】、もち、ヤンノー【169】、たんぽぽコーヒー【172】。

動悸・息切れ

→222ページを参照

ドライアイ

疲れ目の原因として、最近注目されているのが、目の乾き。パソコン使用や車の運転が多い、コンタクトレンズの使用などでまたたきが少なくなって、涙が目全体をおおうことが通常より少なくなり、目が乾いてしまう。眼病の原因に。
手／塩番茶の洗眼【188】。寝る前にごま油の点眼【190】。蒸しタオルで、目を蒸す。
食／「まんなかタイプ（中庸）」【55】の食事。

夏バテ

手／梅しょう番茶[1]【156】、塩番茶【157】。梅干しを食べる。無糖の梅肉入りあめ【86】、梅肉エキス（市販品）。足湯、熱めのシャワーを浴びる。
食／暑さで食欲がないことから、飲みものや果物が多くなり、血液を薄くして夏バテの原因になる。毎朝、梅干しを1個摂る。あっさりした料理だけでなく、つくだ煮風煮もの、特に基本食【60】を毎食摂る。疲れたときは、短時間の休憩をとる。

乳腺症

乳房にしこりができ、痛み

があるときもある。乳管や線維組織が過剰に形成されたために起こる。

手／しょうが湿布【180】のあと、さといもパスター【182】。

食／ケーキやマヨネーズなど、乳製品や卵、牛乳、砂糖を使ったものを極力控える。ごはんにみそ汁といった日本型の食事にし、特に緑黄色野菜を多めにする。便秘を改善する（203ページを参照）。

抜け毛

秋口や、体調の大きく変わったときに、抜けやすい。

手／しょうが油【176】のすり込み。

食／「まんなかタイプ（中庸）」【55】の食事。間食をやめる。

寝汗

●陰性の寝汗

胸部だけにかく、ねっとりとした寝汗。

食／油汗にはかきフライ、かきのみそ煮【63】、かき鍋。「ひょろりんタイプ（陰性の萎縮）」【57】の食事。

●陽性の寝汗

全身にかくさっぱりとした寝汗。カロリー過多が原因。

食／「がっぷりタイプ（陽性の肥大）」【58】の食事。食事の量と質を考えて、食べ過ぎに注意。野菜を多めに摂る。

のぼせ

血液の酸化が原因。揚げものの食べ過ぎに注意。

手／しいたけスープ【161】、果汁【163】、レモンの絞り汁のいずれかおいしく感じるもの。足湯、しょうが湯【175】の足湯。

食／天ぷらには大根おろしを、洋風の揚げものにはレモンやキャベツを添える。炒めものには、しいたけなどのきのこ類、夏野菜を入れるなどしてバランスをとる。野菜料理をふやし、かんきつ類やりんごを摂る。

歯ぐきのはれ、出血

●陰性のはれ、出血

甘いものや、果物による出血。はれは細菌性。

手／デンシー【191】または塩で歯ぐきのマッサージをする。

食／間食やおかずをやめる。ごはんにごま塩【68・85】をかけて、しっかりかんで食べる。

●陽性のはれ

歯痛を伴わない場合で、肩こりがあるとき。野菜不足で、血液の酸化が原因。

手／第一大根湯[1]【160】か、しいたけスープ【161】。トマトが効くことも。

食／しっかり野菜を摂るようにする。

冷え性

●陰性の冷え症

貧血や胃腸弱からくる冷え。足が冷たくて眠れない、また動いても温まらないタイプ。

手／梅しょう番茶[1]【156】、濃いめのヤンノー【169】、たんぽぽコーヒー【172】。

食／雑穀料理、玄米もち、みそ料理、玄米チャーハン【66】、焼きおにぎり。味つけしたものの天ぷら。

●陽性の冷え症

血が粘っていて、毛細血管にいかないための冷え。動けば温まり、寝るときも温まる。

手／第一大根湯[1]【160】、しいたけスープ【161】、足湯、しょうが湯【175】。

食／しょうが、わさび、ねぎ、にんにく、しいたけ、こしょうなどをおかずや吸いものに少量。かんきつ類。

貧血

→223ページを参照

頻尿

夜回数が多いのは、萎縮タイプ。これは膀胱《ぼうこう》の袋の伸びが悪くて、たまったらすぐ出るので頻尿になる。昼間多いのは、肥大タイプ。これは膀胱の袋が伸びたままなので尿をためておけず、何度もトイレに行くことになる。

手／萎縮タイプと肥大タイプのいずれも、干葉《ひば》の腰湯【174】。

●萎縮タイプの頻尿

食／動物性食品、香辛料を控える。塩味は薄味に。玄米もち、玄米がゆ【23・86】、いも料理や、赤飯【72】、マカロニグラタン【79】など、粘りのある料理。

●肥大タイプの頻尿

食／飲みものや果物を少なくし、おかず、特にサラダのような料理を控えめにする。間食も抜く。これで改善がないときは、1食抜くか、軽食にしてみる。

不眠症

クヨクヨ考え込んで眠れないのは、陰性症状。カッカしていたり、意識がはっきりしていて眠れないのは、陽性症状。昼や夕食に食べたものが原因で、不眠症が起こることも多い。

●陰性の不眠症

手／ごま塩番茶【157】。頭部を温湿布。キャベツなどの青菜を、枕に2～3枚敷く。

食／「まんなかタイプ（中庸）」【55】の食事。夜10時過ぎの食事は控えるか、やむをえない場合は軽食にする。朝食をしっかり摂る。生活習慣を改善する。

●陽性の不眠症

手／第一大根湯［1］【160】、またはしいたけスープ【161】。玉ねぎや長ねぎを枕元に置く。枕に青菜を敷く。

食／「がっぷりタイプ（陽性の肥大）」【58】の食事。こんにゃく、ところてん。食べ過ぎに注意。

ヘルニア

手／しょうが湿布【180】のあと、さといもパスター【182】をし、上からゆでこんにゃく【186】。ごま塩の頓服《とんぷく》【170】。

食／ひじきこんにゃく【77】、たけのこきんぴら【73】、塩昆布【70】、いりこんにゃく【62】。「ぷよぷよタイプ（陰性の肥大）」【56】の食事。

水虫

手／しょうが湯【175】につける。しょうが油【176】のマッサージ、ねぎやにんにくの汁を塗る。

食／動物性食品、アルコールを控える。海藻、根菜中心の料理。

耳が赤くなって、熱くなる

耳は、体のなかで最も血流の少ないところ。その耳が赤くなって、熱くなっているということは、カロリー過多、つまり食べ過ぎ。カロリーの少ないものを食べるか、食べるのを控えると改善する。

食／めん類、ところてん、こんにゃく、おから、豆腐、きゅうり、キャベツなどを薄味で食べる。それでも改善しないときは、1食抜くか、一回の食事量を半分にする。

耳鳴り

手／第一大根湯［1］【160】、またはしいたけスープ【161】。りんごの果汁でも。耳のなかにごま油を1滴差し、耳のまわりにしょうが油【176】のすり込みをする。

食／あずきかぼちゃ【61】、大根料理、大根おろし、切り干し大根を使った料理。「かちかちタイプ（陽性の萎縮）」【59】の食事。特にあずき入り玄米ごはん【20】と麦入りごはん【79】を週3回程度摂る。

むくみ

心臓からくる場合と腎臓からくる場合があるが、腎臓からでも、冷えがない陽性の肥大タイプと、冷えがある陽性の萎縮タイプに分けられる。体は変化していくので、一つの飲みもので効かなくなったら、ほかの利尿用の飲みものを試してみる。

全身の皮膚にうるおいがなく、カサカサしてきたら、利尿が進み過ぎたということなので、手当ては中止し、普通の穀物と野菜、海藻の食事にする。

●心臓の働きが悪い場合

手／柿のへたの煎じ汁【169】、玄米スープ【162】、塩番茶【157】。

食／便秘にあずき昆布【62】のあずきのみ。甘い菓子類、果物、清涼飲料水などの陰性食品は厳禁。鉄火みそ【73・85】、油みそ【62】、高野豆腐や切り干し大根の料理。濃いめの味つけにする。

●腎臓が悪い場合
（冷えがない）

手／第二大根湯[1]【168】、野菜スープ【168】、薄めのはぶ茶【171】。

食／あずきかぼちゃ【61】、あずき昆布【62】、かぼちゃ料理のなかでおいしいもの。麦入り玄米ごはん【79】、なすのしぎ焼き【74】。薄めの味つけにする。便秘を治す（203ページを参照）。

●腎臓が悪い場合
（冷えがある）

手／ヤンノー【169】、はぶ茶【171】、塩玄米茶（【173】、塩は微量に）、玄米スープ【162】。腎臓にしょうが湿布【180】のあと、さといもパスター【182】。しょうが湯【175】の足湯。頭痛がするときは、頭にりんご汁のマッサージ【189】。熱に豆腐パスター【178】、または青菜の枕【178】。

食／玄米ごはん【20】、あずき入り玄米ごはん【21】、赤飯【72】、おめでとう【23】、玄米もち、うどん、お好み焼き【62】、納豆汁、ごま汁【69】、鉄火みそ【73・85】、たけのこ昆布【73】、野菜の天ぷら、豆腐、厚揚げ、大根おろし、きゅうりもみ【63】、浅漬け。

●原因がわからないとき

手／利尿用玄米スープ【162】。腎臓にしょうが湿布【180】。しょうが湯【175】の足湯。

食／あずき入り玄米ごはん【21】、あずきかぼちゃ【61】、あずきかぼちゃ昆布【61】。

胸やけ

手／胃酸過多なら、昆布を焼いて一日4～6g食べる。しょうゆ番茶【156】、大根おろし大さじ山盛り1入りのしょうゆ番茶【156】、ごま塩番茶【157】。

食／未精白米、特に玄米ごはん【20】や麦ごはん【79】にごま塩【68・85】をかけ、よくかんで食べる。「まんなかタイプ（中庸）」【55】の食事。

目の奥の痛み

軽い場合は、眼精疲労が考えられる。初めての育児の場合は、精神的にも肉体的にも疲労がたまったためということも。右目の場合は陽性症状で、左目は陰性症状。

手／塩番茶の洗眼【188】。大根おろし入り梅しょう番茶【157】。

右目だけの場合：第一大根湯[1]【160】150cc

左目だけの場合：梅しょう番茶[1]【156】150cc

食／主食を玄米がゆ【23・86】やうどんなどの軽いものにする。

右目だけの場合：白い野菜の蒸し煮にごまだれ【13】のような、あまり煮込んでない料理。

左目だけの場合：サラダや酢のもののような、陰性な料理をやめる。少し時間をかけて煮込んだ料理。

めまい

手／頭にしょうが油【176】のすり込み。

ぐるぐる回る場合：大根おろし入り梅しょう番茶[1]【157】、第一大根湯[1]【160】150cc。

ふらふらする場合：梅しょう番茶[1]【156】。

食／穀物と野菜、海藻の食事に。特にごまを摂る。

腰痛

腸、腎臓、子宮の状態が思わしくなくて、腰痛が引き起こされていることが多いので、その際はそれぞれの症状の改善をはからないと、腰痛は治らない。

手／しょうが湿布【180】のあと、さといもパスター【182】をし、上から焼き塩【186】をする。しょうが油【176】のすり込み。

食／食の改善、生活習慣の改善を。むりのないように家事をし、なるべく歩くこと。「まんなかタイプ（中庸）」【55】の食事。便秘を治す（便秘の手当てと食事は203ページを参照）。

リューマチ

手／第一大根湯[1]【160】、しいたけスープ【161】。ねぎ湯【175】、足湯。しょうが湿布【180】のあと、さといもパスター【182】。

食／油入り大根おろし【171】、きんぴらごぼう（【64】、ごぼう100％で作る）。症状が落ち着いたら、早い時点で「まんなかタイプ（中庸）」【55】の食事に。

冷房病

手／梅しょう番茶【156】、しょうゆ番茶【156】。

食／冷たい飲みものや果物、甘いものなど、体を冷やす食品はやめる。主食を多めにし、ごはんにみそ汁、基本食【60】、季節の野菜料理といった朝食をしっかり食べる。「まんなかタイプ（中庸）」【55】の食事。

参考文献

『症状でわかる医学百科』関根今生・牛山 允／監修（主婦と生活社）

『無双原理 講義録』大森英櫻／述録（宇宙法則研究会）

常備しておきたい手当て用品リスト

手当てには、基本的にどこの家の台所にもあるような食材が使われていますが、ちょうどきらしていたり、すぐ手に入らなかったり、ということもあります。さといものかわりに使える「里芋粉」やれんこんのない時期に便利な「コーレン」などは、用意しておくと、いざというときに大変役立ちます。

「三年番茶」や「くず粉」など、日常でひんぱんに使用するものは、いつもきらさないようにしておきたいもの。そのほかは体質、症状に応じて、必要なものを備えておきましょう。

＊各メーカーの問い合わせ先は、282ページを参照。
＊【　】内は、掲載されているページ。

三年番茶

● 内服の飲みものと手当て用品

■ 三年番茶

（130ｇ　550円十税／オーサワジャパン）

３年以上無農薬で育てたお茶の葉と茎を、鉄釜で焙煎した、血液をきれいにするお茶。日常のお茶としては、この緑の袋やもう少し陰性な黄色の袋（熟成三年番茶）を好みに応じて。梅しょう番茶や第一大根湯などの手当てに使う場合は、茎も交ぜて炭火でいった赤い袋（特選三年番茶）が適している。

オーサワコーレン

梅干の黒焼

オーサワヤンノー

■ **オーサワコーレン**

（50ｇ　760円＋税／オーサワジャパン）

れんこんをスライスして乾燥させ、粗く砕き、いってから粉にしたもの。湿ったせきのときに、水溶きして煮たものを使用。軽いせきや慢性化したせきには、くず練りと合わせて。

■ **昆布の黒焼**

（10ｇ　830円＋税／オーサワジャパン）

三陸産の昆布を焼いて炭にし、粉末にしたもの。ひどいぜんそくの人は、これをコーレンと混ぜて、発作が起こっていないときに頓服《とんぷく》する。

■ **梅干の黒焼**

（15ｇ　830円＋税／オーサワジャパン）

梅干を天日で2〜3時間干し、素焼きの壺に入れてガス火で5〜6時間焼いて炭にしてから粉末にしたもの。極陰性の下痢症状の際に使用。

■ **オーサワヤンノー**

（100ｇ　510円＋税／オーサワジャパン）

有機栽培のあずきを炭火でいって、粉末にしたもの。水で溶いてゆっくり煮出し､薄く作ればむくみのある人の利尿剤に､濃く作れば冷え性の改善に。

■ **はぶ茶**

（200ｇ　240円＋税／マルシマ）

エビスグサの種子をいった野草茶。陰性なお茶なので、陽性の便秘の人が常飲するとよい。油ものの好きな人にも。

■ **野草茶房どくだみ茶**

（５ｇ×32袋　1300円＋税／黒姫和漢薬研究所）

厳選したドクダミを100％使用。ドクダミが最も多く栄養分を含んでいる、花をつける時期（7月）に採取。防腐剤、着色料、甘味料などの人工添加物は一切使用せず、無漂白のティーバッグを使用。

■ **たんぽぽコーヒー（粒）**

（100ｇ　1400円＋税／オーサワジャパン）

関東一円の野生のタンポポと、一部ポーランド産のものが原料。根をいって刻んだもので、これを煮出すと非常に陽性なお茶になる。陰性体質の人に。

■ **ツルシマ　昆布末**

（50ｇ　600円＋税／ツルシマ）

青森県産の天然昆布100％で作った、純粋な昆布の粉末。熱湯で溶いて飲む。

●外用の手当て用品

■ **大根干《ひ》葉《ば》湯の素**

（100ｇ　330円＋税／オーサワジャパン）

有機栽培の大根葉を陰干しし、寒風により乾燥させて、無蛍光の木綿袋に入れたもの。熱湯に入れて濃く煮出し、腰湯や足湯に。皮膚にトラブルがある人の入浴剤にも。

■ **ツルシマ　里芋粉**

（200ｇ　480円＋税／ツルシマ）

さといもを粉状にしたものと、しょうがの粉末、小麦粉が原料。じゃがいもやキャベツ、青菜などと合わせると、さといもパスター【182】の代用に。

■ **なすの黒焼**

（50ｇ　250円＋税／オーサワジャパン）

なすの茎を天日乾燥させ、焼いて炭にしたものを粉末にし、塩と混ぜてじっくりといったもの。口内炎や歯痛の手当てや、歯周病の予防に使用。使い方は、191ページの「デンシー」を参照。

なすの黒焼

ツルシマ　里芋粉

大根干葉湯の素

第4章

気持ちいい暮らしのグッズ編

赤ちゃんのいる暮らしが、もっともっとすてきに！

オーガニックコットン、シルク、ヘンプなど

天然素材のウエア&小物

布おむつ、ベビー肌着

デリケートな赤ちゃんの肌に、直接触れるものだから、質のよさにこだわりたい。オーガニックコットンなら安心です。

1

2

3

4

オーガニックコットンって？

有機栽培綿のことで、3年間、農薬・化学肥料が使われていない農地で、農薬や化学肥料を使わずに生産された綿花のこと。また製造工程でも、化学薬品不使用、または最小限に減らしたものを、オーガニックコットン製品といいます。

＊242〜257ページに掲載の綿製品は、すべてオーガニックコットン製品です。
＊表示の価格は、本体価格（税抜き）です。＊商品名のあとの（　）内は、購入できるサイズを表示しています。
＊商品の問い合わせ先は、282〜285ページを参照してください。

1 タオルのような肌ざわりで、保温性、吸湿性にすぐれたパイル素材。わきは、肌に負担をかけない裏縫いです。コンビ肌着（50・60cm）各2600円／パドック

2 開閉部と内側はひも結び。身ごろは一枚布で、ゴロつきません。汗っかき赤ちゃん対応のパイル地です。短肌着（50・60cm）各1680円／パドック

3 おなかが出ないよう、打ち合わせを十分にとり、股下にまちをつけた。着やすいデザインです。まちつきコンビ肌着（60cm）2800円／プリスティンベビー

4 大きく開く「合わせ襟」なので、頭がスムーズに通ります。Tシャツ地のような天竺素材。半袖ボディ肌着リーフ（70～90cm）2300円／センスオブワンダー

5 少し厚手の秋冬用インナー。肩にボタンがないタイプなので、どんなに動き回る赤ちゃんでも安心です。長袖ロンパース（70～90cm）4600円／シマネヤ

6 前ボタンだけの、シンプルな長下着。裾がゆったりしているので、赤ちゃんの足も動きやすく、おむつ替えも楽。ベビー服（60cm）3800円／シマネヤ

7 赤ちゃんのピュアな肌に最適な、純オーガニックコットン100%の布おむつ。丈夫なドビー織り。ベビー布おむつ（10枚組）8800円／メイド・イン・アース

8 有機栽培の綿を手摘みし、糸を手で紡ぎ、手織りしてできあがった自然そのものの布おむつは、ほおずりしたくなるような風合い。布おむつ1枚1800円／布良

9 やわらかなスムース生地と起毛生地が、とても優しい肌ざわり。防水加工などの化学処理はなし。おむつカバー（50・60cm）各2900円／メイド・イン・アース

10 2枚合わせのキルトニット地が二重になっていて、吸水性がすぐれているおむつ。洗濯も楽です。成型おしめ（5枚セット）4900円／プリスティンベビー

11 おむつの幅になっている生地なので、カットして縫い合わせるだけ。地直しなども不要、縫ったらすぐに使えます。布オムツの生地 1m280円／プランティア

5

6

Baby Wear

7

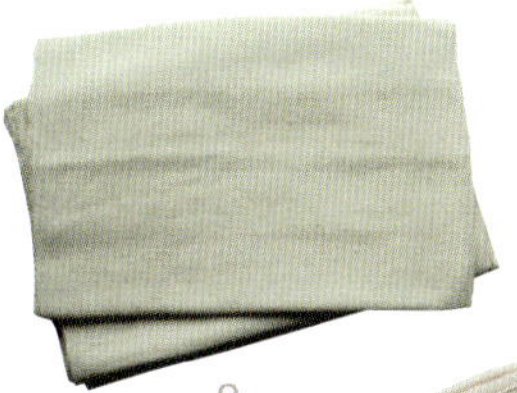

8

9

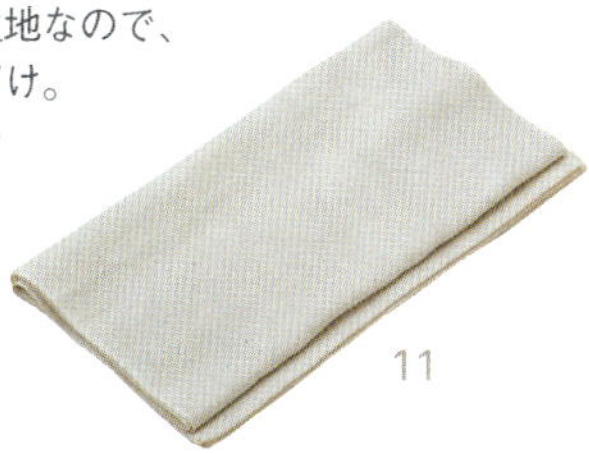

11

10

ねんね・はいはいベビーのウエア

選ぶ決め手は、肌ざわりの優しさ。
おなかが出ない全身すっぽりタイプを中心に、
温度調節に必要なアイテムをそろえて。

1

2

3

4

5

6

7

1 股下のスナップの止め方で、ベビードレスにもカバーオールにも。リーフ模様のプリントが繊細。兼用ドレスリーフ（50・70㎝）4200円／センスオブワンダー

2 肩にボタンがあるだけの、すっきりしたデザインで、アイボリーの地色がナチュラル感いっぱいです。長袖Tシャツ（70～90㎝）2800円／シマネヤ

3 オーガニックの温かい綿毛布生地を使用。足先まで包むので、寒い日も安心。生成りと茶の２色。ブランケットカバーオール各9800円／メイド・イン・アース

4 オーガニックコットン糸の、肌ざわりが気持ちいいグレコ。セーラー風ボーダーがおしゃれ。横編みグレコロンパス（70㎝）7900円／プリスティンベビー

5 肌に触れるのはフワフワのパイル。無染色なので、ソフトな風合いが持続します。オーガニックコットン裏パイルカバーオール（70㎝）2500円／無印良品 有楽町

6 クマさんの、かわいいステンシルプリントつき。「合わせ襟」だから、着替えが簡単です。生成り地もあります。ボディウェア（70・80㎝）3200円／パドック

7 ブルーとイエローの子羊さんシリーズで、ゆったり仕様のカーディガンです。ベビーカーディガンシープ（70・80㎝）3200円／ハーモネイチャー

8 おとぼけキャラクターが、子どもに人気。天竺生地を使用。半袖ロンパース プーマンとマーミン（70㎝）3500円、（80㎝）3600円／メイド・イン・アース

9 着まわしのきく、丸首のシンプルなコットンセーター。色は、上からネイビー、セイジ、モカ。リブニットセーター（70～110㎝）各3200円／ハーモネイチャー

10 毎日のワードローブに欠かせない、プレーンなパンツ。股上が深いので、おなかもおしりも安心。生成りもあり。ロングパンツ（70・80㎝）2800円／パドック

11 肌寒いとき、重宝なのがベスト。春先や秋口に欠かせないアイテムです。無染色のボーダー柄。オーガニックコットンベスト（70㎝）1500円／無印良品 有楽町

Baby Wear

8

9

10

11

たっち・あんよベビーのウエア

興味しんしんでよく動くこの時期には、
伸縮性があって行動しやすいアウターを。
素材はもちろん汗っかきさん対応。

1

2

3

4

6

8

7

5

1 トレーナー素材で裏は起毛。オフホワイトのほか、ネイビーも。センス・長袖・セーラートップ（80〜100㎝）4700円、センス・セーラーパンツ（80〜90㎝）3400円／センスオブワンダー

2 ストンと1枚着るだけで、レディになるワンピース。カジュアルなのに、上品さがあるデザイン。ワンピース（90㎝）5000円／プリスティンベビー

3 表地はスムースで、裏地はパイル。季節の変わり目や、冷房の効いた室内など、肌寒いときに大活躍です。カーディガン2重（80㎝）5800円／パドック

4 ほのぼのデザインの、着心地のいいTシャツ。プリントの赤は、自然のインクを使用。ベビーTシャツ ラブアース（90㎝）2900円／メイド・イン・アース

5 小さなセーラー襟がかわいい、カットソー半袖ロンパース。見返しのストライプ地がおしゃれ。セーラー衿グレコロンパス（80㎝）6900円／プリスティンベビー

6 さわやかなギンガムストライプのパーカ。気温の変わりやすい季節には、１枚持って出ると便利。パーカー（70〜90㎝）5800円／シマネヤ

7 重ね着しやすい天竺木綿のボーダーシャツ。シンプルに見えて、ひねりのあるおしゃれが楽しめる。長袖ハイネックシャツ（70〜90㎝）3800円／シマネヤ

8 オーガニックコットン80％、ヤクウール20％の裏起毛生地で、保温性抜群。フード付きトレーナー（80㎝）4900円、パンツ（70・80㎝）3200円／パドック

9 綿100％のフェイクファーは、ふわふわで最高の気持ちのよさ。ブラウンとアイボリーがあります。フード付きコート（90〜120㎝）１万4800円／シマネヤ

10 透かし編みのような模様の針抜(はりぬき)という素材です。生成りとブラウンの２色。センス・長袖カバーオール針抜（80㎝）各6300円／センスオブワンダー

11 襟、袖口、裾のフリルが愛らしい。リブニットタートル（70〜110㎝）3900円、リブニットスパッツ（70〜110㎝）2900円／ハーモネイチャー

9

10

11

Baby Wear

キッズのウエア

外遊びが毎日楽しい年齢だから、洗濯しても風合いの変わらないものを選びたい。なによりも動きやすいデザインを。

Kids Wear

1

2

3

4

5

6

1 胸元の小さなバラと、袖口と裾のフリルで、ぐっと女の子らしく。長袖フィットTシャツ パープルローズ（100〜110㎝）3700円／ハーモネイチャー

2 オーガニックデニムの本格仕様で、かっこよくきまります。ブラウンとアイボリーの２色。KID'S Gジャン（100〜110㎝）１万2000円、（120〜130㎝）１万3000円／シマネヤ

3 前がおしりで、背中が顔のユニークなプリント。縫い目が外側になっています。Tシャツ しりブタ （チャイルド・110㎝）3000円／メイド・イン・アース

4 リボンやフリルづかいが、プチレディにピッタリ。草木染でブルーとピンクの２色。パフブラウス（100〜110㎝）5400円、（120〜130㎝）5800円／シマネヤ

5 子どもたちに人気のいちご模様。真夏のプリンセスに。サマードレス ストロベリー（105㎝）4600円／ハーモネイチャー

6 ボーダー柄に真っ赤なロブスターのプリントが、元気な男の子にぴったり！ キッズTシャツ ロブスター（100・105㎝）3800円／ハーモネイチャー

7 かわいいよりかっこいい服が似合うようになったら、こんなウエアを。オリーブとデニムの２色。キッズトレーナー（100〜110㎝）各3900円／ハーモネイチャー

8 すっぽりかぶるだけで、簡単に着替えられる、シンプルなワンピースです。長袖ボーダーワンピース（100〜130㎝）6900円／シマネヤ

9 おてんばさん御用達の、動きやすいパンツ。サブリナパンツ（100〜110㎝）4800円、（120〜130㎝）5200円／シマネヤ

10 どんなトップスともコーディネートしやすい、すっきりデザインのベーシックカラーパンツ。 ロングスパッツ（90〜120㎝）4000円／シマネヤ

11 ウエストがゴムのパンツは、デイリーウエアとして必需品です。左からキッズイージーパンツ ネイビー（100・105㎝）3200円、キッズスウェットパンツ ブラック（100〜110㎝）3900円／ハーモネイチャー

7

8

10

9

11

Mama
Wear

ママのウエア

赤ちゃんをだっこするママの服だから、
ソフトな肌ざわりのオーガニックコットン。
ナチュラルなおしゃれを楽しんで。

1

2

3

4

5

6

7

1 岩石で染めた彩土染のコットンセーター。ウールのようなチクチク感のない首まわりが快適。彩土染タートルネック無地セーター各1万4000円／ノブ
2 オーガニックコットンならではのやわらかな感触。さわやかカラーで7色そろっています。ユニセックスTシャツ各2000円／ハーモネイチャー
3 アウターにもインナーにもできる、ボディラインがきれいなシャツ。色はガーネットレッド、ベージュのほかに3色あります。ボディフィット長袖カットソー各3200円／ハーモネイチャー
4 コットンなのにぬくぬく、ぽっかぽかのうれしいコート。肌ざわりが抜群！　ブラウンとアイボリーの2色あり。フェイクファージャケット2万5000円／シマネヤ
5 独自の立体パターンで裁断・縫製しているので、着心地、着やすさ、シルエットの美しさは最高です。オフタートルベスト1万3000円／ノブ
6 ほどよいフィット感の動きやすいスパッツ。冷える人には、防寒パンツがわりとしても活用できます。ショートスパッツ4600円／ハーモネイチャー
7 薄手のストレッチ素材で、着やすいタートルです。ナチュラルとブラウンの2色。ベア天タートルTシャツ各7900円／プリスティン
8 着丈が短く、袖の長いキュートなスタイル。ナチュラルとブラックあり。レディースパーカ5800円／ハーモネイチャー
9 軽く起毛をかけた伸縮性のある素材の、気軽にはけるパンツ。肌ざわりがとてもソフトで、部屋着にピッタリです。カルソンパンツ9000円／プリスティン
10 1枚でワンピースに。半袖または長袖のシャツと合わせてジャンパースカートに。妊婦さんにも。ノーマルパイルワンピース3450円／プリスティン
11 カジュアルにも、きちんとシーンにも使える便利な形のジャケット。肌寒い季節には、重宝な厚さです。杢別珍ポケット付ジャケット1万9000円／プリスティン

8

9
10

11

ママとキッズのインナー、バスローブ

ママになって敏感になった体。
成長期で新陳代謝の激しいキッズの体。
だから優しい感触で包まれたい。

Bathrobe

1

2

3

4

5

6

1 お風呂あがりだけでなく、プールや海からあがってきたときにも活躍。ワッフルバスローブ5800円／ハーモネイチャー

2 やわらかくて温かく、肌になじむショーツと、裾のフリルがかわいい三分丈。同素材で五分丈もあります。3分丈スラ下1235円、ショーツ1140円／楽々クック

3 赤ちゃんと一緒のお風呂あがりに便利なラップローブ。バストにゴムが入っているので、サッと着られます。両面パイルラップタオル8900円／プリスティン

4 乾きやすい薄手のタオル地で、ヤシの一種の実をボタンに。チャイルド用もあり。パーカバスローブ大人用1万1500円、ベビー用5800円／メイド・イン・アース

5 幼児体型にフィットの、裾に余裕のあるタンクトップとブリーフ。男児タンクトップ（S・M・L）1700円、男児パンツ（S・M・L）1000円／シマネヤ

6 肩腕スッキリのキャミソールと、股上の深いおなか安心のショーツ。女児キャミソール（S・M・L）1700円、女児ショーツ（S・M・L）900円／シマネヤ

7 シルクは、繊維のなかに細かな空気の部屋があるので、軽くて温か。正絹 7分袖スリーマー4095円、深型ショーツ1785円、ロングアンダーパンツ4095円、5分丈アンダーパンツ3045円／ライブコットン

8 ソフトな感触の、女性用メッシュタイプインナー。タンクトップ2800円、ショーツ トランクス型1800円／シマネヤ

9 無農薬・無化学肥料栽培のヘンプ（大麻）55％、無農薬綿45％で作られた素朴な風合いのシャツ。ヘンプは電磁波と紫外線を綿の3倍防ぎ、免疫力を高めるといわれています。麻心肌着4900円／ヘンプ製品普及協会

10 ユニークな「しりとり＝おしりの鳥」のプリント。縫い目は外側に出しています。男の子パンツ しりとり（90～100㎝）1330円、女の子パンツ しりとり（90～100㎝）1300円／メイド・イン・アース

11 別売りのサニタリーパッド（256ページ）がはさみ込めるポケット付き。サニタリーショーツ（M・L）2900円／プリスティン

12 男の子でも女の子でも、トランクスタイプのほうが好きな子に。男女兼用トランクス（S・M・L）1000円／シマネヤ

13 わきと肩の縫い代を表側にした、ハードな締めつけ感のないハーフトップと、足ぐりを締めつけないショーツ。ブラウンもあります。ハーフトップ（M・L）3800円、ショーツ（M・L）1900円／プリスティン

8

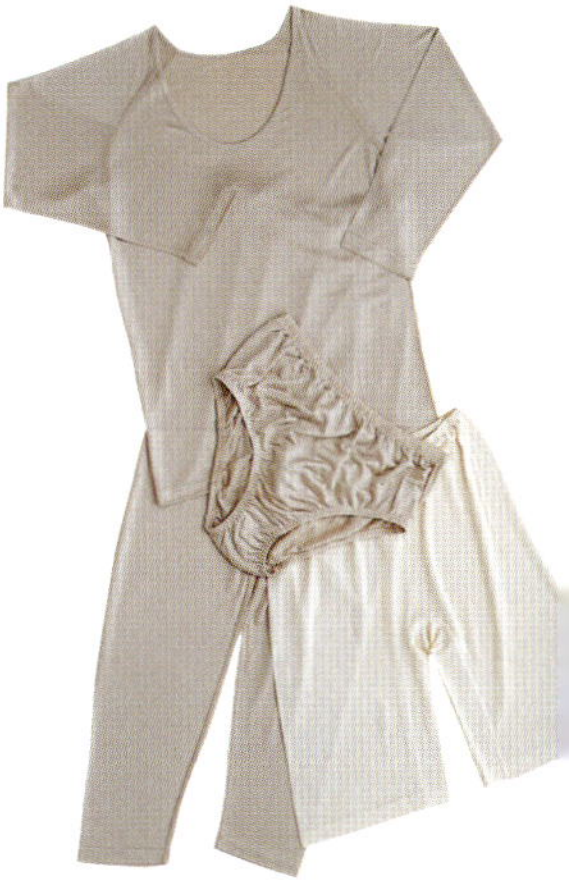

7

Inner

9

10

11

12

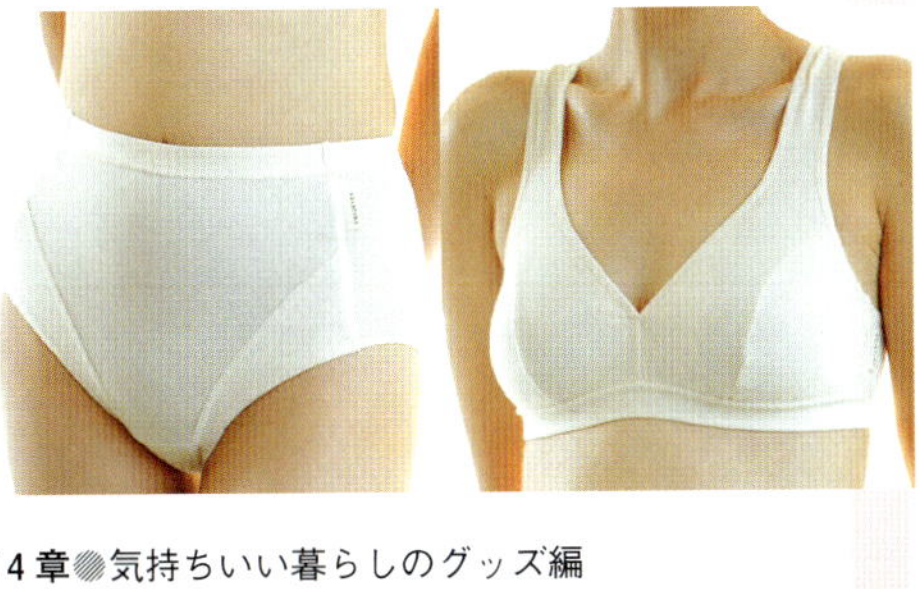

13

パジャマ、スリーパー

いい睡眠は、ママにはぜったい必要。オーガニックコットンのパジャマに変えると、もっと心地いいおやすみタイムに。

2

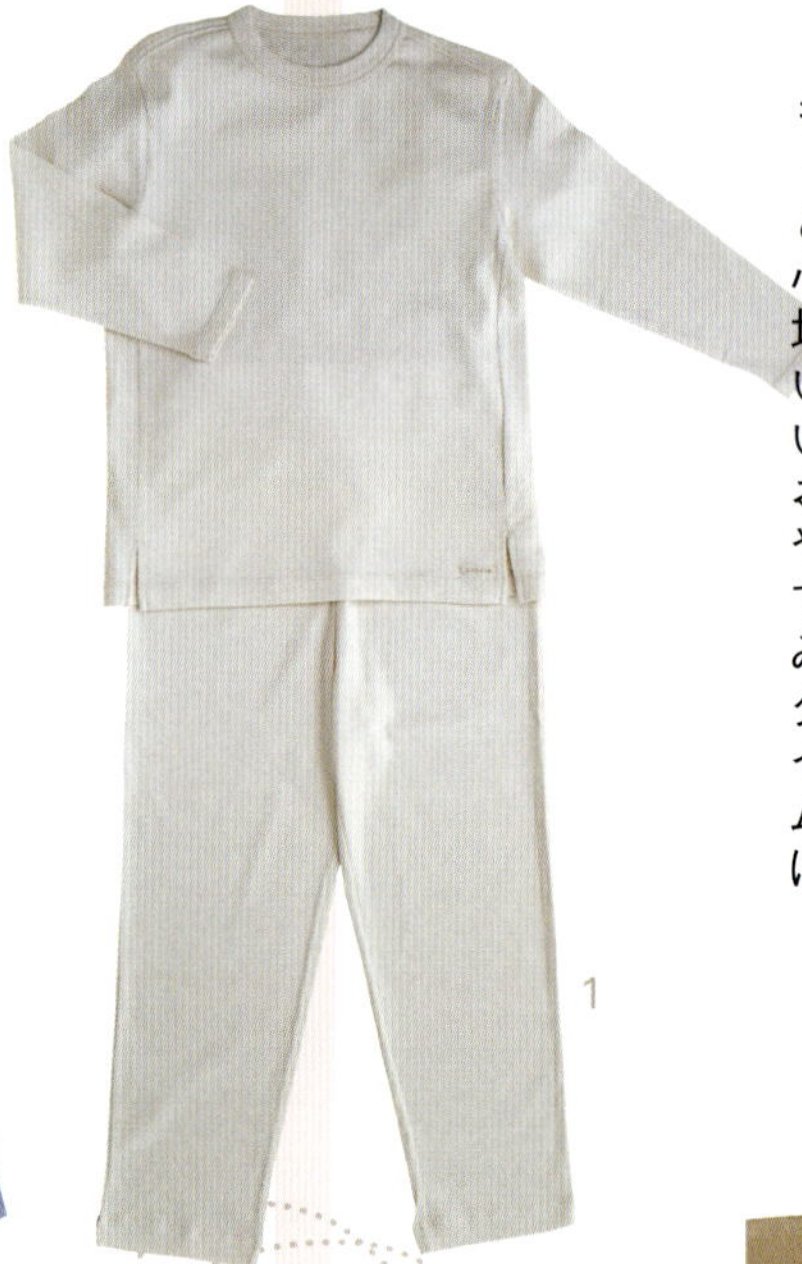
1

4

Pajamas

3

5

1 ユニセックスで４サイズそろっている、カットソーのパジャマ。わき線のゴロつきをなくした、着心地のいいデザイン。パジャマ（ＳＳ～Ｌ）１万3800円／ノブ

2 冬の間、夜中の授乳は肩や首が冷えて寒いもの。このウォーマーなら、丈が短いので授乳もしやすくて重宝。ブランケットウォーマー１万1500円／シマネヤ

3 寝ている間に布団をはいでしまうことが赤ちゃんにはよくあるもの。毛布感覚のスリーパーを、すっぽりかぶせて寝せれば安心。スリーパー7200円／シマネヤ

4 表面が軽く起毛されている軽やかな生地。パンツはゆったりめのつくりです。ナチュラルとブルーの２色。パジャマ（Ｍ・Ｌ）8600円／ハーモネイチャー

5 着心地のいいトレーナー地。パジャマ（80～100㎝）5800円、KIDS パジャマ（100～110㎝）6100円、（120～130㎝）6700円、（140～150㎝）7400円／シマネヤ

ソックス、ストッキング

夏さわやかにはける、冬温かくはける。
気持ちがよくて、一度はいたら手放せない。
そんな、天然のシルクや有機綿の靴下です。

1 オーガニックコットンに、伸縮用のラバーとストレッチ素材のライクラⓇをプラスした、動きやすいソックス。キッズソックス各1000円／ハーモネイチャー

2 ストレッチパイルでできた、ふんわりやわらかい靴下。ちっちゃなあんよにぴったり。ソックス1200円／シマネヤ

3 シルクは保温性にすぐれているので、普通のストッキングに比べると、とても温かです。上から、絹混 厚手パンティストッキング 2200円、シルク サポートタイツ（足つき）2500円、オール絹混 パンスト1800円／ライブコットン

4 素材は絹70％、ナイロンポリウレタン30％。子供用５本指ソックス（かかとなし）900円／ライブコットン

5 さわやかで温かいシルクを70％、耐久性のあるナイロンポリウレタンを30％使用。絹５本指ソックス（かかと付き、婦人用）1050円／ライブコットン

6 外側は耐久性のある綿で、内側はソフトなシルク生地。丈夫で温か。健康ソックス（婦人用）各1300円／ライブコットン

7 素材はオーガニックコットン98％、天然ゴム２％。指の部分は細いオーガニックコットン糸のみを使用。指先の血行を促進します。五本指くつした（M・L／きなり）1500円／メイド・イン・アース

8 オーガニックコットン100％の、伸ばしても、３つ折りにしてもかわいいソックス。無染色の綿そのままの色。ベビーソックス各850円／メイド・イン・アース

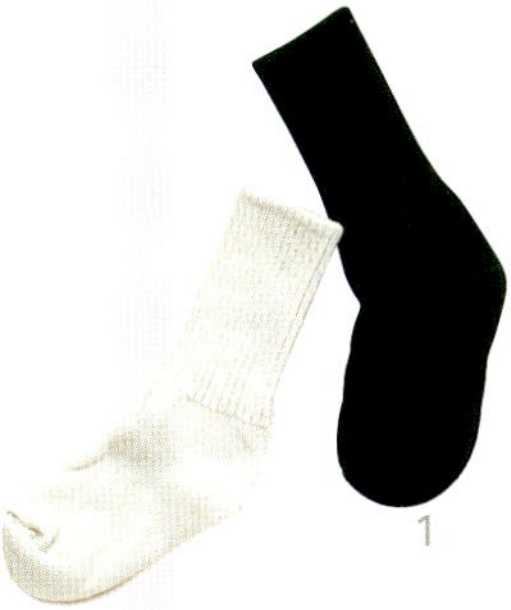
1

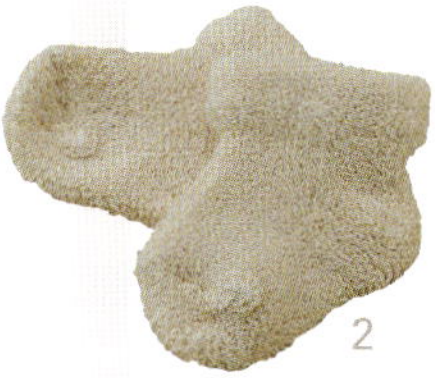
2

3

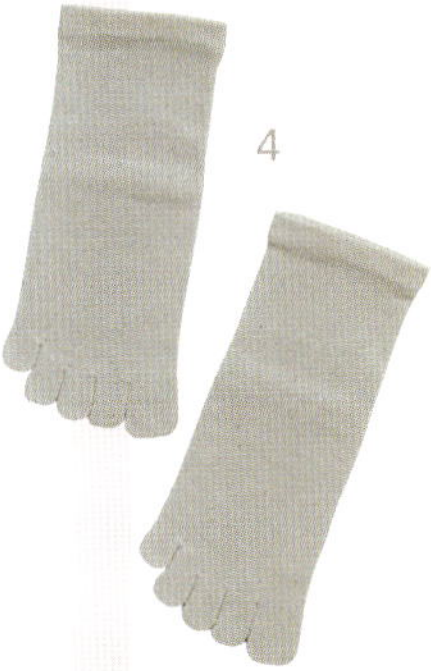
4

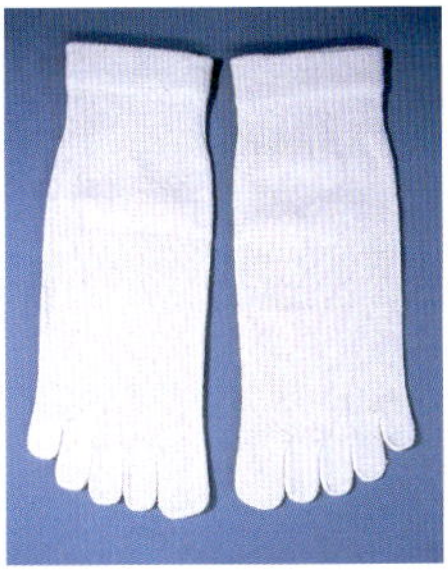
5

6

8

Socks

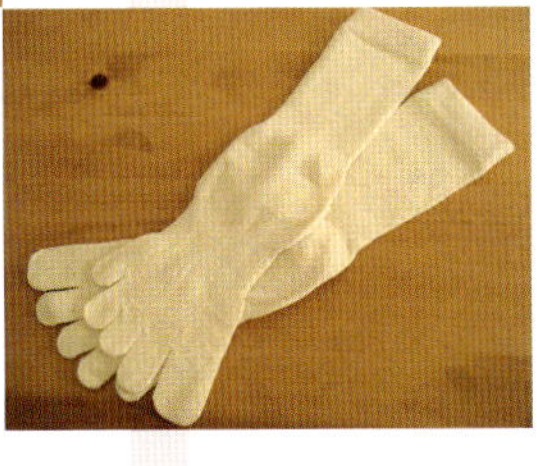
7

3

1

2

4

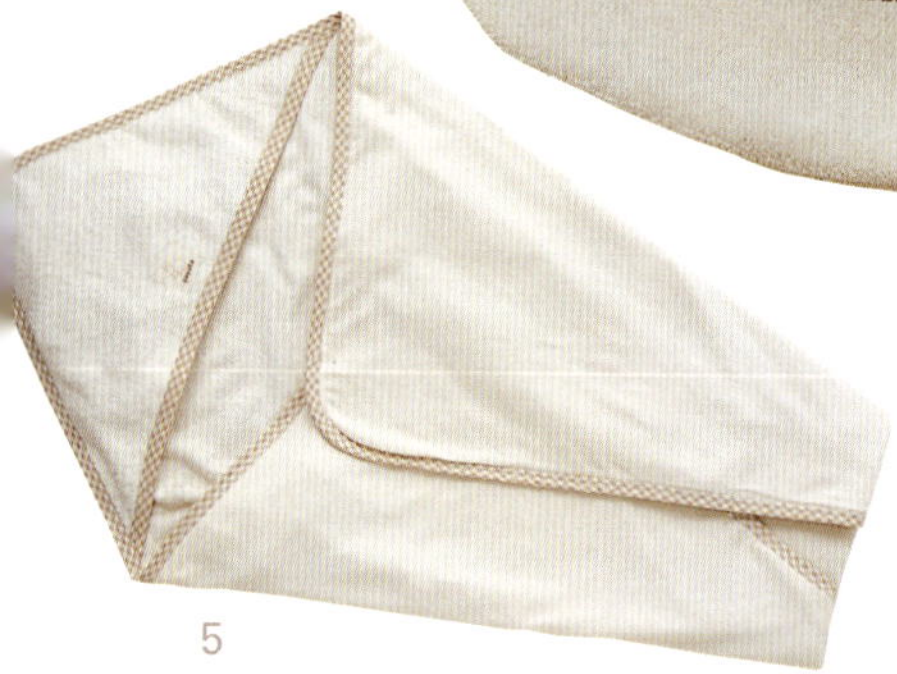

5

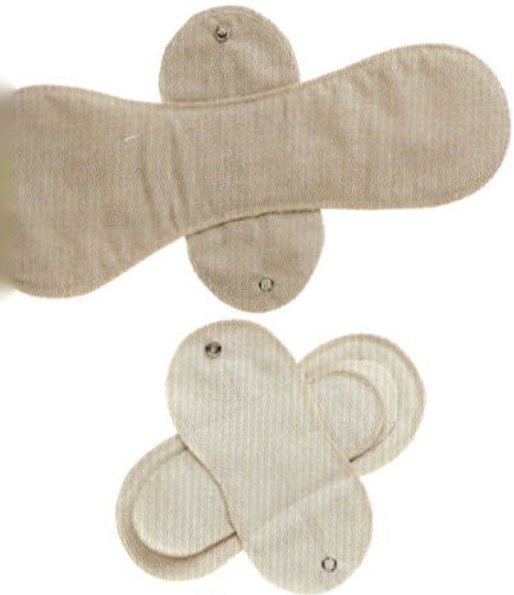

7

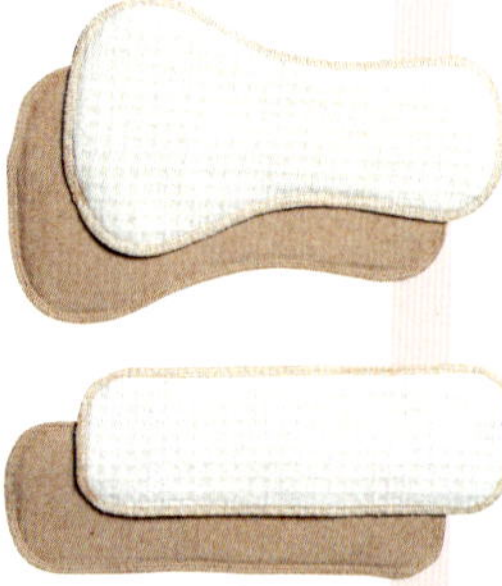

6

ママとベビーのデイリー小物

毎日赤ちゃんがつけるスタイだから、
お出かけのたびに使う帽子やマフラーだから、
安心素材でていねいに作られたものを。

Daily

Komono

1 のんびりとした表情の、ウサギとクマをモチーフにしたスタイ。丈夫なタオル地です。ウサギのスタイ1400円、クマのスタイ2100円／シマネヤ

2 気持ちのいいパイル素材を使用しているので、赤ちゃんの口まわりに優しいスタイ。元気なクマの表情が人気です。スタイ1300円／プリスティンベビー

3 赤ちゃんの顔をひっかき傷から守ったり、寒い地方の夜の保温にミトンが活躍。おしゃぶりしても安心なのは、有機栽培綿製だから。ミトン800円／シマネヤ

4 綿花を持ったクマの刺繍がアクセントのシンプルなスタイ。マジックテープ留め。生成りのほかブルーとグリーンがあります。スタイ858円／ライブコットン

5 生まれたばかりの赤ちゃんを、優しく包むソフトなタオル地は、オーガニックならでは。おくるみ（85×85㎝）5900円／プランティア

6 凹凸のあるオーガニックワッフル生地を2枚重ねた、吸水性、クッション性の高い布ナプキン。サニタリーパッド（1セット大小各5枚）3900円／プリスティン

7 布ナプキンの魅力は、ムレない、かぶれない、においが気にならないこと。なにより安全です。上から布なぷきん夜用1900円、昼用1860円／メイド・イン・アース

8 頭の上に小さな耳がちょこんついて、なんの動物？　かぶれば子ウサギに変身してしまう帽子もかわいい。左からウサギキャップ1200円、キャップ1600円／シマネヤ

9 UV効果があると知られているブラウンカラードコットンで、有害な紫外線を95％以上カット。ＵＶハット（頭囲59㎝／男女兼用）4500円／プランティア

10 トップをちょこんと結んだ、愛らしいデザイン。オーガニックコットン帽子 フリーサイズ・ボーダー1000円／無印良品 有楽町

11 収縮性のある横編みの帽子。耳あてつきなので温かく、風が強い日も安心です。横編み帽子無地2800円／プリスティンベビー

12 あごひもまで、すべてオーガニックコットン製。ひもはマジックテープどめ。おでかけ帽子（頭囲51㎝）905円／ライブコットン

13 上質なガーゼコットン地で吸湿性抜群の、軽やかなマフラー。コットンマフラー きなり1000円、藍3000円／プランティア

14 保温性と吸湿性にすぐれた野蚕シルクのパイル状生地が、首筋をふんわりやわらかく包み込みます。野蚕シルク おやすみマフラー2000円／ライブコットン

8

10

9

12

11

14

13

衣類用・食器用洗剤、シャンプー、スキンケア用品など

安心して使える洗剤、石けん&化粧品

洗濯洗剤、台所洗剤

子どもたちに美しい地球を残すために、私たちができることは積極的にしていきたい。地球に優しい洗剤は、体にも無害です。

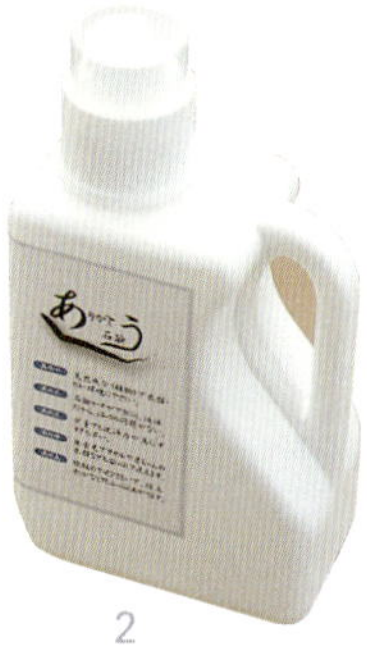

2

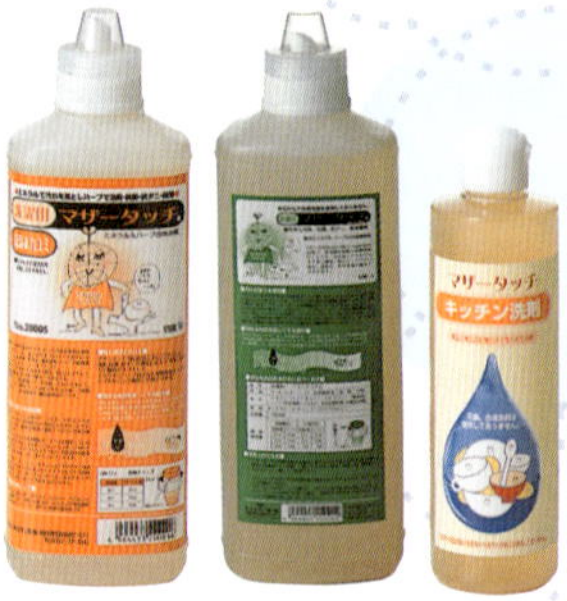

1

3

4

1 主成分はトルマリンなどのミネラル、ハーブ液、EM発酵物質。抗酸化力で汚れを落とし、河川も浄化します。左からマザータッチ強化タイプ（1000㎖）2100円、洗濯用（1000㎖）1905円、キッチン用（500㎖）1143円／原光化学工業

2 ヤシ油脂肪酸カリウムに、とうもろこしの糖から作った洗浄成分をブレンド。わずかな量で、しっかり洗えます。ありがとう石鹸（1000㎖）2000円／アスパイラル

3 茶しぶや鍋の焦げつき、ガスレンジのこびりつきや流し台の水あかなど、重曹で磨くとスッキリきれいに。パックス重曹（600g）300円／太陽油脂

4 純石けん分98%の無添加石けん。台所だけでなく、ひどく汚れた洗濯物のもみ洗いにも。ウールや絹の洗濯にも最適。アイゲン固形石けん130円／桶谷石鹸

洗剤不要の洗い布とたわし

糸の原料は木の実や皮、茎、木材なので、最後は土に返せる、食器の洗い布／神秘の森の皿洗い280円／ナファ生活研究所

「ガラ紡績」という技術で驚異的な吸水・吸油力のふきんが誕生。湯だけできれいに。びわこふきん350円／朝光（ちょうこう）テープ

右から耐水性、弾力性、研磨性が強いヤシの実の繊維使用の亀の子束子1号250円、シュロの幹の繊維使用の亀の子束子棕櫚270円／亀の子束子西尾商店

ナチュラルシャンプー、石けん

ポツポツができたり、赤くなったり、赤ちゃんの肌はとてもデリケートです。ママと一緒に低刺激の泡で洗いましょう。

1

2

3

4

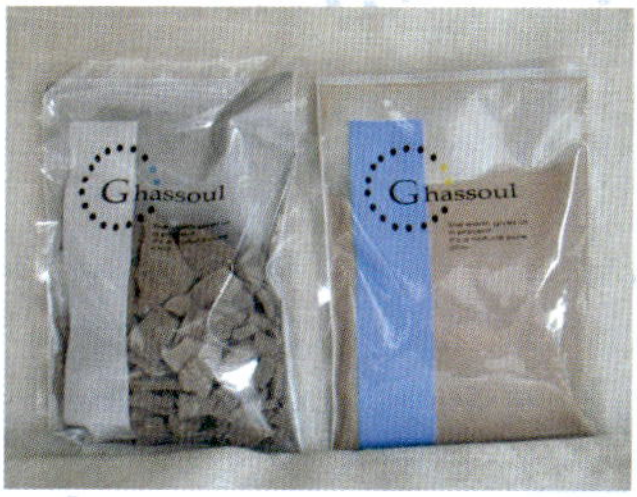

5

6

7

1 伊豆七島・利島産の椿油を配合した無香料、無着色の石けんシャンプー。全身に使えます。愛情シャンプーポンプ式（800㎖）3500円／いんやん倶楽部

2 配合されているEMは、自然界の有用な微生物を集めたもので、川の浄化にも活用されています。台所、洗濯用も。EM化粧石けん162円／シャボン玉石けん

3 皮脂の主成分を自然界で最も多く含み、酸化しにくい椿油（国内産）を配合した石けん。カメリア ビューティソープ1200円／リマナチュラル

4 一番絞りのバージンオリーブオイルだけで作られているので、肌がしっとり。赤ちゃんにも安心です。オリプレ ナチュラルソープ800円／プロモ・ジャパン

5 洗浄力と保湿力を備えた粘土。水で溶き、顔・体・髪を洗うと、ミネラル分が肌を活性化します。ガスール固形（150g）500円、粉末（150g）600円／ナイアード

6 アミノ酸石けんと植物石けんを組み合わせたシャンプー。少量で髪がなめらかに。顔、体もこれ１本でOK。ありがとうシャンプー（400㎖）2000円／アスパイラル

7 日本産の粘土に精製水をブレンドした、手作り化粧品のベース。洗浄効果があるので、洗顔や洗髪に。ねんどのシンプルジェル（300g）1000円／ボディクレイ

スキンケア用品

赤ちゃんにほおずりするママのほっぺは、いつだってスベスベぷるぷるでいたいから、素肌に優しい基礎化粧品でケアをして。

1 スキンケアに有効な「モンモリロナイト」という粘土を配合。しっとりが長もちし、元気な肌になります。ねんどのローション（120㎖）1500円／ボディクレイ

2 強い日差しに対して反射剤になる粘土を配合し、日焼け後のシミ、しわを予防する植物エキスや米胚芽油もプラス。ねんどの日焼け対策1700円／ボディクレイ

3 伊豆七島・利島産の椿油と植物エキスを配合した、全身用クリーム。ノンアルコールで、無香料・無着色・無鉱物油　リマ ベビークリーム1800円／ナチュレディ

4 椿油とヒアルロン酸を配合。しっとりするのに、ベタつきません。手だけでなく、全身にも使えます。愛情ハンドクリーム（50g）700円／いんやん倶楽部

5 保湿成分のウコンエキス、甘草エキスなどを配合し、ソフトにメイク汚れを洗い流します。天然水を使用。クレンジングジェル2800円／リマナチュラル

6 椿油、オリーブスクワラン、紅花エキスなどの天然保湿剤でお肌をしっとり保護。秩父の生の天然水を使用。エマルジョンクリーム4500円／リマナチュラル

7 秩父の天然水とアミノ酸組成の天然酸性水をブレンドした、霧状の弱酸性化粧水。ピュアミスト（180㎖）1500円、（50㎖）700円／リマナチュラル

8 野生のみつばちの巣から採った「みつろう（ビーワックス）」が主成分。保湿効果にすぐれています。ビーワックスリップクリーム（10㎖）1000円／ナイアード

1

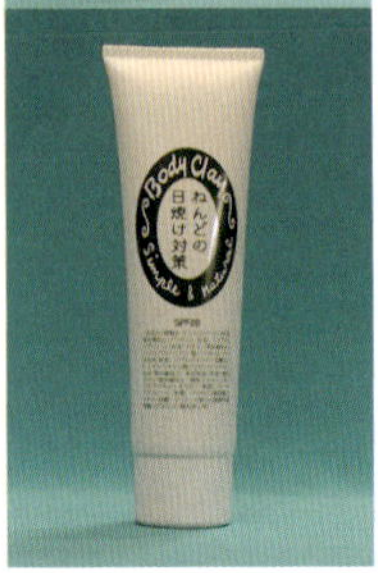

2

5

4

3

8

skincare

7

6

メイクアップ用品

体のためにも地球のためにも、
有害なものが含まれている化粧品にはサヨウナラ。
これからはナチュラルメイク用品で。

makeup

1

2

3

4

5

6

7

1 石油系色素を使用しない、無香料・無鉱物油の口紅。防腐剤は天然ビタミンE。左は紅花色素を100%使用。右は全８色のうちの１色。左から復活彩紅花１万円、復活彩3800円／ナチュレディ

2 鉱物油系の色素不使用の、UVカット効果にすぐれたパウダータイプのファンデーション。保湿剤として、米胚芽油、スクワラン、ホホバ油などを使用。ピュアUVモイスチャーパクト（全３色）3800円、レフィル3000円／リマナチュラル

3 タール系色素を使わずに、紅花色素と無機顔料で色彩を出しています。皮脂に近い椿油（自然農法産）とスクワランを配合。ピュアアイカラー パープル系、ブラウン系各3800円／リマナチュラル

4 合成紫外線吸収剤不使用の、紫外線カットの下地クリーム。写真は脂性肌・春夏用ですが、乾燥肌・秋冬用もあります。クリアベイスUV3000円／ナチュレディ

5 天然水とみつろうをベースにしているマスカラ。保湿成分として椿油、ホホバ油、オタネニンジンエキスを配合し、着色剤には天然素材の色素（無機顔料）を使用しています。ベルマスカラ3500円／リマナチュラル

6 色彩を出しているのは紅花色素と無機顔料。唇に優しいヒマシ油がベースで、保湿剤として自然農法産の椿油とスクワランを配合。ピュアリップスティック（全９色）各3800円／リマナチュラル

7 色を出すのに無機顔料を使用したカートリッジタイプのアイブローペンシル。アイライナーとしても使用可。ピュアアイブロー　ブラックグレー、ブラウン各2800円／リマナチュラル

圧力鍋や土鍋、家電、寝具、おもちゃなど

快適仕様の器具&グッズ

鍋、台所器具

シンプルな料理を作ってみると、鍋によっておいしさが違うことがわかるはず。自分に合うものを見極めて使うのが理想的です。

1

2

3

4

5

6

1 熱のあたりがやわらかく、均一に全面加熱するアルミ鋳物製の鍋。ごはんはふっくら、煮ものもおいしく。亀印文化鍋（14～26㎝）3500～8500円／トオヤマ

2 ろ過紙を200枚重ねた立体式フィルターで、油のなかのミクロン単位の不純物を除き、油の酸化・劣化を防止。コスロン油ろ過器3500円／オーサワジャパン

3 数ある圧力鍋のなかでも、高水準（1.3気圧）で圧力がかかる鍋で、玄米ごはんがモチモチに炊きあがる。平和圧力鍋（内鍋つき）１万8000円から／鋳物屋

4 素材の栄養を損なわず､酸化変質が最少。肉厚で丈夫な硬質セラミック土鍋。玄米炊飯、煮もの、ゆでもの用のマスタークック深鍋5800円から。炒めたりいったりもできるマスタークック浅鍋4600円から。蒸し板1300円から。とろ火料理ができるクッキングガスマット1200円／健康綜合開発

5 乾物以外ならなんでも水なし調理ができる､栄養を逃がさない鍋。厚手のふたで、おやきも上手に。無水鍋（内径20cm）8800円、（24cm）１万800円／生活春秋

6 圧力鍋のなかにセットする、玄米を炊くための陶器製内鍋。遠赤外線効果で、芯までふっくらおいしく炊ける。特選カムカム鍋4000円から／オーサワジャパン

浄水器、電化製品

子どもができたら、電化製品を見直す必要が。危険がないこと、できるだけ無害であることが条件。浄水器も、安全でおいしい水を追求したいもの。

1

2

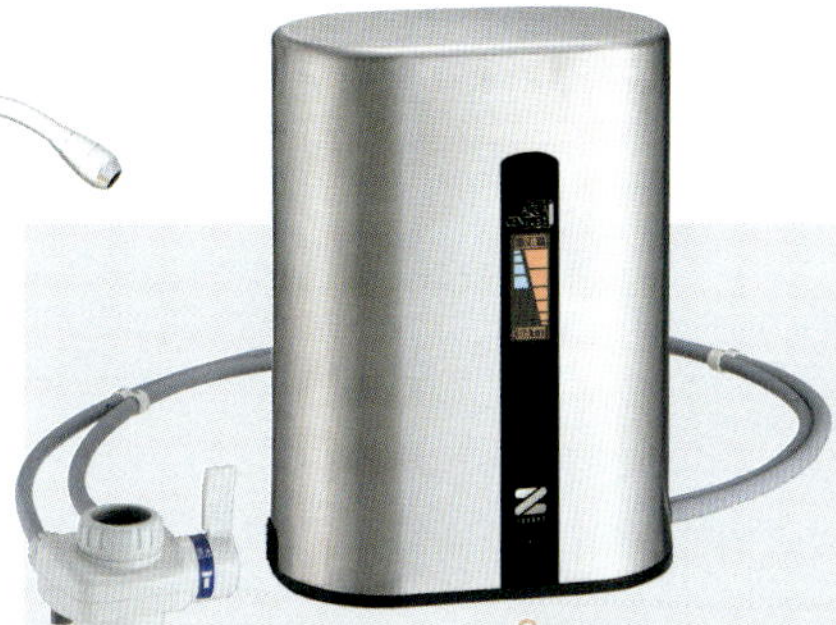

3

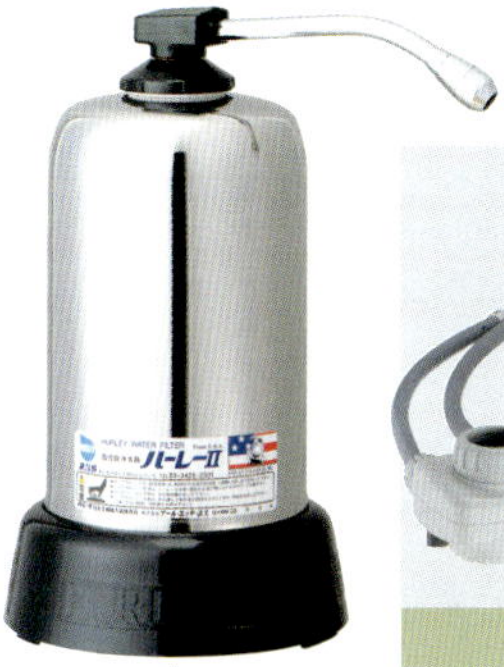

4

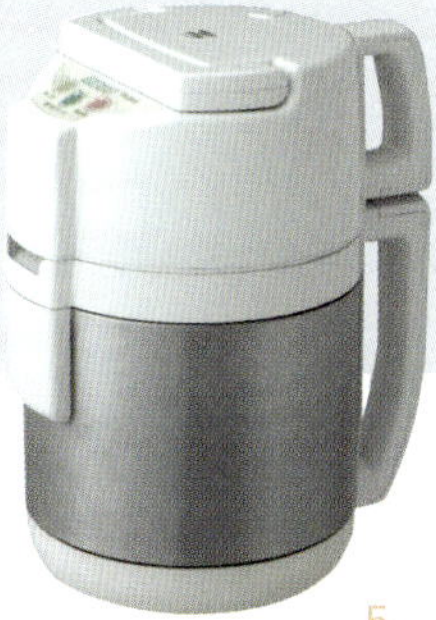

5

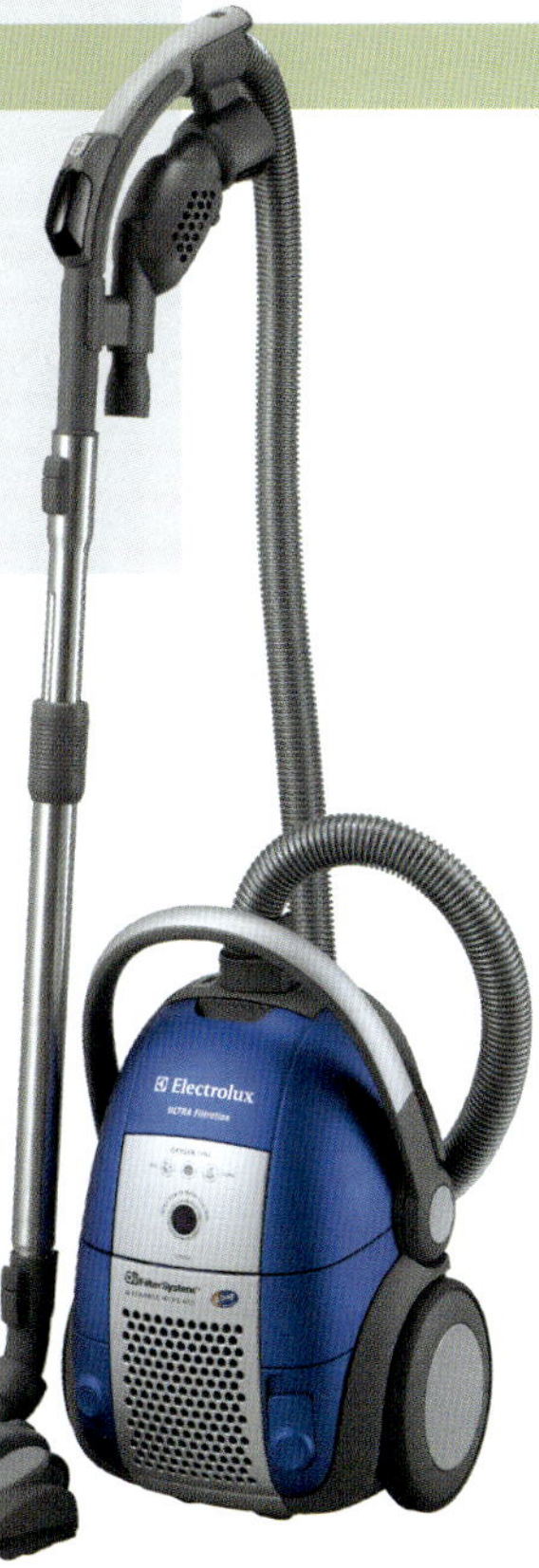

6

1 電磁波を99%カットして、体に優しいぬくもり。無地と柄のカバーあり。本体のみも購入可。ホットカーペット(1～3畳タイプ) 2万2800～5万4800円／ゼンケン

2 火の心配がない、遠赤外線暖房器です。上部パネルからの熱の対流と、前面パネルからの輻射熱とで、部屋全体が暖か。アーバンホット3万6000円／ゼンケン

3 六つのろ過層で強力に浄水し、長寿の里のミネラル石を使用したフィルターが、天然水のおいしさを実現。スーパー・アクアセンチュリー8万8000円／ゼンケン

4 有害な汚染物質の除去に高い性能を発揮。定期的に湯を逆流洗浄することで、7年間カートリッジ交換不要。ハーレーIIJE12万8000円／アール・エッチ・エス

5 野菜を切ってスイッチオン。加熱・粉砕・攪拌が全自動で行われ、約30分後には本格スープが。全自動野菜スープメーカー「菜食元気」1万9800円／ゼンケン

6 ゴミをとる力(ダストピックアップ率)が世界のトップレベル。排気は空気清浄機なみで、音も静か。NEWオキシジェン8万5000円／アール・エッチ・エス

こだわり生活雑貨

体にいいもの、地球にいいものは、日々の暮らしで使っていて、快いものばかり。小さなものでも、日常が変わります。

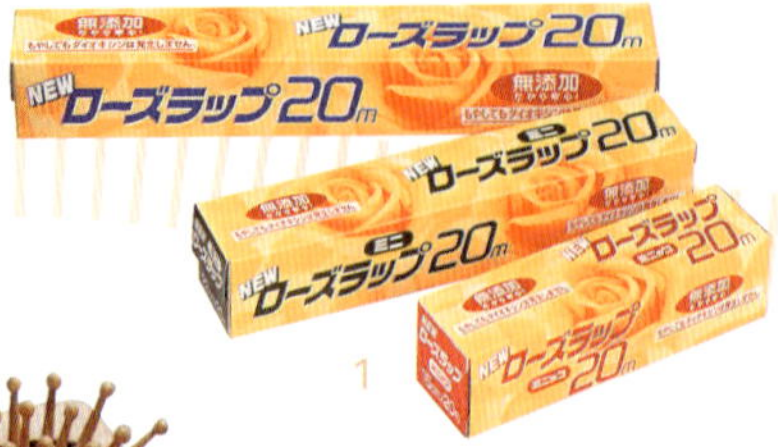

1

2

3

4

5

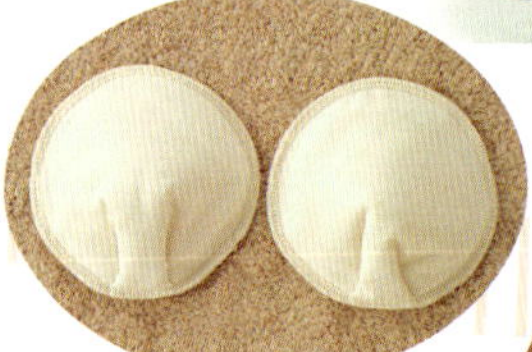
6

7

Life miscellaneous goods

1 無添加ポリエチレン製で、発ガン性物質や環境ホルモンなどの食品への溶出、移行は一切なし。NEWローズラップ130～2200円／シーアイサンプラス

2 無塩素漂白の綿状パルプを使用。植物性スターチで防水加工した生理用紙ナプキン。左からナチュラケアレギュラー600円、ウイング860円／ヤムヤムジャパン

3 漂白せずに長時間煮洗いして汚れを落とした、オーガニックコットン原綿の風合いそのままのやわらかいカット綿。化粧用コットン480円／プリスティン

4 ピンは天然竹、柄は天然木を使用。静電気も起きづらくて髪どおりがよく、頭皮のマッサージにも最適。竹ピンブラシ（大）3300円、（小）1800円／サンエア

5 無農薬栽培・手摘みの除虫菊を有効成分として、天然素材100％で作られているので、煙が優しい。かえる印のナチュラルかとり線香880円／プレマ

6 有機綿のスムース生地を肌に触れる側に使用。内側にタオル生地をはさんでいるので、 吸収力もあります。母乳パッド1組1200円／メイド・イン・アース

7 天然木の木地と、仕上げも無害なものを使用した箸。上からみつろう箸1500円、漆箸2600円、みつろう箸450円、漆箸2000円、漆箸800円／兵左衛門

タオル、バスグッズ

湯上がりの赤ちゃんを包むバスタオルも、
食事の終わりに口元をふいてあげるガーゼも、
オーガニック製品ならもっといい気持ち。

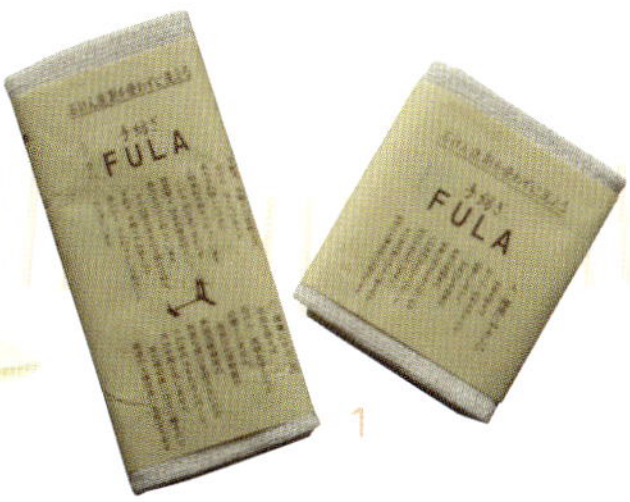

1

2

Towel and bath goods

4

3

5

6

7

1 有機栽培の綿を手摘みし、手紡ぎ・手織りで仕上げた吸水率が非常に高い布。石けん不要で顔と体が洗え、洗剤を使わない食器洗いにも最適。左から愛-4クロス1200円、愛-3クロス700円／布良

2 オーガニックコットンの無漂白・無蛍光ガーゼ。口元にも安心。ガーゼハンカチ（5枚入り）2700円／プランティア

3 ペルーオーガニックコットン100%を使った、ロングパイルでボリューム感たっぷりのタオル。無染色・無漂白。レジオバスタオル3200円／プランティア

4 竹繊維100%のやわらかいガーゼ。ソープを使うとクリーミーな泡が立ち、天然の抗菌力で清潔さが保たれます。竹布ボディ用1000円／ナファ生活研究所

5 オーガニックカラードコットンの自然なブラウン、グリーンを織り込んだタオル。ほどよい薄手タイプ。ストライプタオル（ウオッシュ、フェイス、バス）400〜2500円／プリスティン

6 無農薬栽培の大麻の繊維（ヘンプ）で作られた、吸湿性にすぐれたタオル。サラッとした肌ざわりです。ヘンプタオル2100円／ヘンプ製品普及協会

7 まわりのかがり糸まで、すべてオーガニックコットンの、四重織りマット。バスマット3800円／メイド・イン・アース

1

2

自然派の寝具

オーガニックコットンのしっとりなめらかな感触は、眠りについた赤ちゃんをふんわりと包んで、一日がんばったママを優しく癒してくれます。

OYASUMINASAI♡

3

4

1 オーガニックコットンで、毛玉になりにくいシール織りのミニサイズ毛布。静電気が起きないので、ほこりを寄せつけません。ブラウンチェックミニブランケット2900円／プリスティン

2 オーガニックコットン100%を使った、掛けぶとん、敷きぶとん、掛けカバー、敷きカバー、まくら、まくらカバーの6点セットです。中わたもオーガニックコットン綿を使用しています。ギンガムチェックの色はカラードオーガニックコットンのブラウンで、無染色。ベビー組み布団6点セット3万8000円（上にのっている小物は含まれません）／プリスティン

3 側生地も中わたも縫製糸も、すべてオーガニックコットン100%の布団と、別売りのカバー。大人用ふとんセット（シングル／掛・敷）6万5000円、掛ふとんカバー（平織りタイプ／シングル／きなり）1万1000円、フラットシーツ（平織りタイプ／きなり）7800円、ピローケース（平織りタイプ／きなり）2500円／メイド・イン・アース

4 オーガニックコットンのオイル分がたっぷり残っているので、ウールやシルクを越えるほどのやわらかさと温かさ。綿毛布（織り絵／ヤシ柄／シングル）1万4000円／メイド・イン・アース

5 ピュアな医療用の脱脂綿とガーゼを使用。保温性、通気性、吸放湿性に優れたシーツ・肌掛け兼用の寝具。赤ちゃんがなめても安全な基準をクリア。ベビーサイズもあります。パシーマS5800円／健康綜合開発

6 オーガニックコットンのシンプルなケット。プレーン タオルケット7500円／プランティア

7 有機栽培の綿花を手で紡ぎ、その糸で手織りした「和紡布（わぼうふ）」を重ねたマット。掛け布団兼用。118×72cmベビーベッドマット1800円／三装

8 側生地はオーガニックコットンで、掛け布団と肌布団、敷き布団の中わたは、吸湿性のある麻とへたりにくいポリエステルを混合。敷き布団の中芯はポリエステル。掛けと敷きのカバーリングまで、すべて無蛍光・無漂白・無染色。ベビー5点セット2万8400円／ハート

5

6

7

8

オーガニックコットンのおもちゃ

赤ちゃんの最初のお友だちにピッタリなのは、手ざわりのいい布製のおもちゃ。選ぶときは、有機綿や自然染色にもこだわって。

1

2

3

4

5

6

7

Toy of cotton

1 オーガニックコットンとビオランド（ドイツ有機栽培協会）公認の牧場で育った羊の毛を使用。ベッドにオルゴール入り。オルゴールちょうちょ 6200円／桂や

2 ボウタイがおませな雰囲気のうさちゃんです。お座りができるようになった赤ちゃんの遊び相手に、きっとなるはず。うさぎのエリー各3200円／プランティァ

3 軽やかな音の鈴がなかに入った、布のラトル（ガラガラ）人形。外側は有機綿で、詰めものは羊毛。NAラトル・バナナ2600円、キャロット1900円、ビーンズ1900円／桂や

4 染色でないオーガニックコットン本来の色で、生成りとボーダーを交互に配置。中わたはポリエステル。がらがらボール880円／無印良品 有楽町

5 雪だるまをイメージして作った、鈴入りのぬいぐるみと、ほのぼのとした象のぬいぐるみ。左からスノー800円とぞう1000円／プリスティン

6 ぬくもりのある、優しい肌ざわりのシンプルな人形は、赤ちゃんの初めてのお友だちに最適。すべて手作りで、洗濯もOK。エコドット人形2300円／おもちゃ箱

7 クマとヒヨコ、月で、おはなし遊びができますね。顔の模様は手刺繍。にぎにぎベイビー（3個セット）1143円／ライブコットン

なめても安心の木製おもちゃ

なんでも口に入れてしまうのが赤ちゃん。一つ一つ自分で確認しているのですね。安全なものならゆったりと見守ることができます。

1 丸みをもった素朴な形の木片と、鈴をつなげたもの。木片は、天然木に有機栽培の亜麻仁油仕上げ。ベビーカーやベビーベッドにつるして、赤ちゃんがひもを引っ張ると、楽しい音がします。木製ベビーカーチェーン2800円／おもちゃ箱

2 国内産の天然木で、防腐剤・防虫剤を一切使っていない素材を使用。塗装もしていません。くるま1200円／平和工業

3 2の「くるま」と同様、安全な木材を使用した無塗装のガラガラ。パチパチ1200円／平和工業

4 動物たちの愛らしい表情が、魅力的なセット。無害の水性塗料で着色し、天然のセラックニスで仕上げたもの。山の仲間たち1万1800円／おもちゃ箱

5 ひもを引っ張ると、前後の車輪が回ると同時に、上にのっている輪もくるくる回ります。引き車・コロコロ4800円／おもちゃ箱

1

2

5

3

wooden toy

4

口に入れても
だいじょうぶな
みつろうクレヨン

食品の安全基準に合わせてあるので、赤ちゃんが口に入れても安心。透明度が高く、美しい発色は、幼児の感性育成に理想的です。シュトックマー蜜ろうクレヨン各1200円／おもちゃ箱

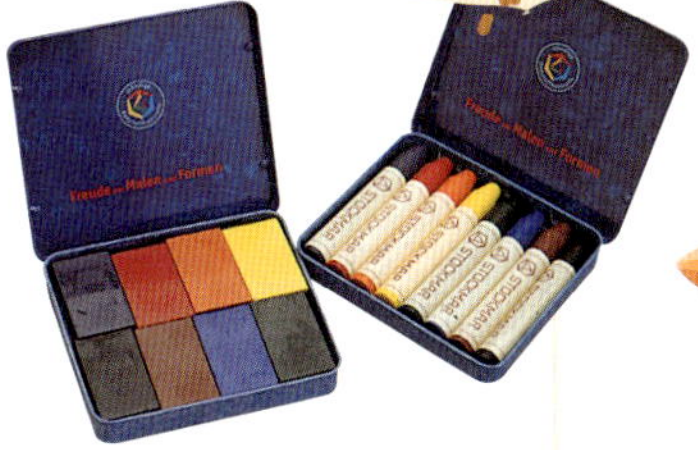

オーガニックのカーテン・無農薬ござ・無害の家具など

体に負荷をかけないインテリア用品&家具

有害物質不使用のインテリア用品

オーガニックコットンや無農薬い草など、昔ながらの材料を使ったものは、体に負担がなく、快適な暮らしを支えてくれます。

1

2

4

3

5

1 無漂白有機栽培綿生地にもち粉とぬかののりを置き、植物顔料で型染。天然植物顔料型染文様のタペストリー（90×90㎝）6万円／アースネットワーク
2 無垢の国産杉を使い、杉の香りを大切にした無塗装仕上げ。ベネチアウッド50クラッシック4万8900円（幅38〜80×高さ100㎝）から／東京ブラインド工業
3 オーガニックコットンで作られた、優しい雰囲気のカーテン。1ツ山カーテン（幅180×高さ200㎝）のレース3万2600円、ドレープ2万8800円／三装
4 有害な加工を施していない、ウール50％、サイザル麻50％の床材。裏には天然ゴムを使用しています。ウールサイザル（1㎡あたり）9800円／上田敷物工場
5 有害な抗菌剤、防カビ剤、着色剤不使用のござ。無農薬または低農薬栽培のい草を使用。寝ござ・敷きござ（1畳あたり）3500円／エコ・オーガニックハウス

自分でできる有害物質対策

木炭で作られたシートは、建材や家具から揮発している有害物質を吸収し、においも除去します。ベビーベッドのマットレスの下や、畳、カーペットの下、押し入れのなかやたんすの引き出しのなか、食器棚のなかに。

備長炭シート／増田屋
☎03-3755-3181
杉炭紙／イシコー
☎0274-87-3330

天然原料・安心仕上げの家具

材料は薬品で処理していない安全な木材。仕上げは体に無害なオイルやみつろう。化学物質が揮発しない、自然そのままの家具です。

1 無垢材と安全な合板、無害な接着剤を使い、オイル塗装とみつろうで仕上げたフルオーダー家具。テーブル15万円から、椅子 6 万8000円から／クニナカ

2 ドイツアルダーの無垢材を使い、有害な化学物質は一切不使用。表面は天然の木油とみつろうで処理。左から洞窟ベッド18万2100円（マットレス、カーテンは別売り、小道具は別）、揺りかご12万9400円、スクリーン、マットレス、サイドパッドつきは16万9400円／ティームセブンジャパン

3 宮沢賢治の世界をイメージし、岩手山麓で伐採された、薬品処理をしていない木材で作られたもの。テーブル7万円、椅子 3 万8000円／樹の住まい舎

1

2

3

有害物質を吸着・分解してくれる観葉植物

植物には、空気中の有害物質を吸着分解する効用をもつ種類のものがあります。ベンジャミン（写真右）、ゴムノキ、オリヅルラン、ディフェンバキアなどは多くの有害物質を、ゴールデンポトス（写真左）、アマリリスなどはホルムアルデヒドをある程度浄化します。

健康に配慮した住宅づくりとリフォームのためのガイド

■髙正（こうせい）
（無垢フローリング）
大阪府堺市鳳西町2−13−2
☎072−266−8851
http://www.kousei-muku.com

■健康畳植田
（低農薬畳、無農薬ござ、無農薬稲わら畳床）
神奈川県横浜市瀬谷区相沢7−8−8
☎045−301−1815
http://www.kenkoutatami-ueda.co.jp

■壁公望
（自然原料使用の左官・塗装）
東京都中野区東中野1−39−9−302
☎03−5338−6430
http://www.kabekobo.co.jp

■（有）Le pur
(ルプ：ステンレス製キッチンの製造販売)
大阪府大阪市中央区谷町1−3−1
双馬ビル802号
☎06−6966−0308
http://www.lepur.com

体に負荷をかけない
住宅づくりのための情報を提供

リビングデザインセンターOZONE「室内環境ラボ」

東京都新宿区西新宿3−7−1
新宿パークタワー6階
☎03−5322−6429
http://www.ozone.co.jp

室内の空気を汚染しない住宅実現のために、素材、内装材、インテリア、住宅設備機器の最新情報を提供。建材の実物サンプルや各種カタログ、書籍、雑誌の情報を、わかりやすく編集し、資料は自由に閲覧できるようになっている。特定のテーマで、最新情報を盛り込んだ期間限定の展示も充実。

取材協力／こくさいや、リビングデザインセンターOZONE「室内環境ラボ」

■千葉工務店
（自然回帰の家施工）
埼玉県越谷市大成町6−237
☎048−985−7002
http://www.chiba-arc.co.jp

■角善建設
（自然住宅設計施工）
東京都大田区下丸子3−22−10
☎03−3757−3283

■中田重克事務所
（オーガニック住宅のデザイン）
千葉県香取郡東庄町石出2538
☎0478−86−4186

■アトピッコハウス（株）
（アレルギーフリー住宅、リフォーム、安全な畳など）
神奈川県横浜市中区野毛町2−90−308
☎045−241−8812
http://www.atopico.com

■榊住建
（自然素材の家、OMソーラーの家、リフォーム）
埼玉県さいたま市浦和区上木崎6−13−1
☎048−833−3151
http://www.sakaki-j.co.jp

■のるすく
（「気持ちのいい場所」をテーマに、無垢材を取り込んだ家・空間づくり）
神奈川県川崎市高津区久本1−16−21
フィオーレの森2階
norsk showroom「no-boom」
☎044−870−6700
http://www.no-boom.com

■FORM ASH+BARN
（新築一戸建て・マンションリフォーム・店舗・オーダーキッチンの設計施工、オリジナル無垢の家具および輸入家具販売など）
東京都渋谷区神宮前2−5−10
☎03−5775−6412
http://www.form-tokyo.com

■アオス
（無垢フローリング）
千葉県浦安市日の出19番地
セレナヴィータ新浦安 E−501
☎047−355−3624
http://www.gg.e-mansion.com/~aos

第5章

自然な出産&子育て情報編

「自然に産んで、自然に育てたい」を応援します！

自然派ママをサポートする
団体・施設・ホームページなど

（順不同・敬称は略させていただきました）

食事関連

■宇宙法則研究会
東京都杉並区荻窪4−28−12
☎03−3220−9796
http://www.uchuken.com
　食養指導家の大森英櫻（おおもりひでお）と本書の著者、大森一慧（おおもりかずえ）を中心にして、桜沢如一の宇宙観・自然観をもとに発足した会。宇宙法則とは、人間をとりまく大自然をつかさどる法則のことで、陰と陽の働きで成り立っている。この法則にそった食事＝穀物菜食の料理教室（277ページ）、陰陽理論を生かした体のととのえ方を学ぶ手当て法講座、セミナー、個人相談、書籍・ビデオの販売、出版、「宇宙研つうしん」の発行（281ページ）などを行っている。

■愛知食養村
愛知県小牧市小牧原新田398−4
☎0568−75−9843
http://www.chouseido.co.jp
　大森英櫻の講演会や健康相談、大森一慧の料理教室を開催。「かわら版食養村」を発行し（281ページ）、自然食品店「長生堂」（282ページ）の運営をしている。食養村の主宰者、伊藤誠の無料健康相談も行っている（長生堂の常時利用者と「かわら版食養村」の賛助会員のみ）。

■群馬マクロビオティックセンター
群馬県高崎市和田町7−13
☎027−322−5484
『アトピーを家庭で治す』『玄米食は病気を治す』などの著書で知られる、石田英湾（えいわん）が主宰する会。月例の勉強会のほか、料理教室や陰陽勉強会を開催し、健康相談や自然食品、書籍の販売も行っている。

■日本CI協会
東京都渋谷区大山町11−5
☎03−3469−7631
http://www.ci-kyokai.jp
　Macrobiotic（マクロビオティック＝日本古来の食養生に中国の易の陰陽理論を融合させた、実用的な哲学。玄米菜食による長寿法）を提唱した故桜沢如一（さくらざわゆきかず）によって創設された協会。マクロビオティックの理念を普及するため、書籍・ビデオの販売、料理教室（277ページ）、月刊「マクロビオティック」の発行（281ページ）、医学シンポジウム、セミナー、個人相談などを行っている。

■正食協会
大阪府大阪市中央区大手通2−2−7
☎06−6941−7506
http://www.macrobiotic.gr.jp
　桜沢如一の遺志を受けた故岡田周三によって創設された、マクロビオテイックの普及と啓蒙活動を行う会。主な業務は、玄米菜食を中心とした料理教室（277ページ）、セミナーや講座の開催のほか、マクロビオティック関連書籍や月刊「むすび」の発行（281ページ）など。

■子育ち文化研究所
埼玉県富士見市鶴瀬西2−23−6
☎049−251−3498
http://www.e-kiri.net
　25年間で保育園保母、園長、学童保育指導員を経て、マクロビオティック講師となった澤田季里（きり）が主宰する会。講座や相談室を通して、妊娠、出産、子育ての間のウーマンズヘルスケアについて、指導を行っている。

自然育児関連

■NPO自然育児友の会
東京都豊島区千早3−13−15
☎03−5966−8164（事務局）
http://www.shizen-ikuji.org
　自然なお産や母乳育児、自然育児を楽しみ、支援しているNPO。会報（281ページ）・冊子の発行やサイトでの情報提供、「おっぱいクラス」「ナチュラルクッキング」などの講座・講演会の開催も。全国各地の会員による「お茶会」やメーリングリストでの交流も盛ん。

■よこはま自然育児の会
問い合わせ先、および入会案内は下記のホームページをご覧ください。
http://www.ad-atene.co.jp/onigiri
（おにぎりほーむぺーじ）
　自然な形での育児をめざすお母さんたちが、中心になって作っている会。講習会や手作りの会報を通して情報交換をしあい、ときには専門家のアドバイスを受けながら、子どもの健やかな成長のために、よりよい育児情報を提供し、仲間づくりを進めている。

■自然育児相談所
東京都中野区野方6−10−8　鈴木ビル
☎03−3336−2191
http://www.yamanishi.jp
『もっと自由に母乳育児』『母乳で育てるコツ』などの著者､山西みな子が所長を務める相談所。乳房のマッサージを軸に､母乳についての相談､お母さんや子どもの体､食事､育児の悩みなど､トータルな健康相談ができる。

■よこはま母乳110番
☎045−742−8033（電話相談：祝日以外の毎週金曜日 午前10:00〜12:00 ）
手紙による相談：〒232−0017　横浜市南区宿町郵便局留「よこはま母乳110番」
http://www.ad-atene.co.jp/bonyu110
　さまざまな体験をもつごく普通の現役ママたちが、親身になって相談にのる、悩んでいるママやパパのための電話・手紙・Eメールによる無料相談。勉強会やお茶会、講演会なども行っている。

■ラ・レーチェ・リーグ　日本
大阪府箕面市箕面郵便局留
（ラ・レーチェ・リーグ日本事務局）
http://www.llljapan.com
　世界的な母乳育児支援団体のラ・レーチェ・リーグ・インターナショナル（お母さんたちのボランティアグループ）より認定された全国のリーダーが、毎月母乳育児の集いを開いたり、電話・FAX・手紙・Eメールで母乳育児相談を行っている。集いに参加できないお母さんたちのために、オンラインミーティングも。

妊娠・出産関連

■日本助産師会
東京都千代田区富士見1−8−21
☎03−3262−9910
http://www.midwife.or.jp
　助産師の質の向上と発展を図りながら、よりよい出産と子育てのための活動をしている会。地域の助産院や出張開業助産師の紹介もしている。

■マタニティクラス　byきくちさかえ
E-mail:sakae@babycom.net
資料請求：東京都渋谷区恵比寿4-17-8
Babycom事務局　マタニティクラス
（80円切手を同封のこと）
　かわいいグッズやビデオを使ってお産についての知識を学び、マタニティ・ヨーガで体を準備し、さらに一人一人の問題点や悩みを解消していく出産準備教室。講師は『マタニティ・ヨーガ安産BOOK』『卵子story』（280ページ）などの著者、きくちさかえ。

■REBORN（リボーン）
http://www.web-reborn.com
E-mail:reborn@web-reborn.com
　妊娠・出産・育児情報を提供するサイト。お産の内容が細かく情報公開されている産院リストや、詳しい説明つきの図書案内、出産体験者や医療関係者のインタビュー、お産イベントの案内など、どれもていねいでとても充実している。
　定期購読のニュースレター「紙REBORN」も発行（281ページ）。

■「バースセンス・ドットコム」
http://www.birth-sense.com
☎03−5454−8232
〈（有）バースセンス研究所〉
　バースコーディネーター大葉ナナコの講座や講演のスケジュールを案内しているサイト。講座は妊娠前、妊娠中、出産後、すべての女性向けなど、コースが多彩。会員ネット「桃の花倶楽部」もあり、交流会や、産院見学ツアー、トークセッションなども行っている。

■babycom（ベビーコム）
http://www.babycom.gr.jp
「その人らしい自然な出産と子育て」に出会いそれを実現する一つのきっかけになることを目的として、情報を発信するサイトで、シンポジウムやセミナー、講座の企画、出版などを行っている。お母さん同士が悩みを気軽に出しあえる、コミュニケーションの場にもなっている。

■レストラン グルッペ
東京都杉並区荻窪5-27-5
グルッペ荻窪本店2階
☎03-3393-1224
http://www.gruppe-inc.com
＊ランチセット848～1200円十税。ディナーセット2190～2857円十税。単品は429円十税から。昼夜とも、グルッペ精進セットがおすすめ。

■クシ・ガーデン デリ＆カフェ
東京都千代田区一ツ橋1-1-1
パレスサイドビル1階
☎03-3215-9455　日曜・祝日定休
http://www.kushi-garden.com
＊ランチセット857円十税から。夜のデリプレートセット952～1429円十税。

■ECRU（エクリュ）
東京都渋谷区鉢山町14-5
☎03-3770-3309　年中無休（年末年始は休み）
http://www.organic-ecru.com
＊ランチのベジタブルプレート1200円十税から。ランチ以降の単品メニューは、玄米キッシュ650円十税、ベジタリアンバーガー1200円十税など。
＊2005年1月に、「エクリュ2号店」がたまプラーザにオープン！

■オーガニックカフェ ごぱん
山梨県北杜市大泉町西井出8240-1677
☎0551-38-0372
http://www.gopan.jp
＊玄米食ランチ1200円十税。自家製玄米酵母蒸しパン100円十税から。夜は要予約。

■シャロムコミュニティ
長野県南安曇郡穂高町豊里
☎0263-83-6245
http://www.ultraman.gr.jp/~shalomcommunity
＊ランチはビュッフェスタイル。おまかせディナーコース2500円十税から。
＊同敷地内のペンション「舎爐夢（しゃろむ）ヒュッテ」☎0263-83-3838で宿泊も可。

穀物・野菜・海藻の食事を楽しめるレストラン＆カフェ

■ポチマロン（ユキ キッチンコンサルタント）
宮城県仙台市太白区金剛沢1-30-11
☎022-244-6275　無休　ランチは月～金曜
http://homepage1.nifty.com/yuki_kitchen
＊ マクロビオテイックランチ1000円十税、プチコース3000円十税、フルコース5000円十税。要予約。

■善林庵
福島県いわき市平古鍛冶町10-2
☎0246-25-2952　日曜・祝日定休
＊ 昼食のみ営業。玄米御飯定食1000～1800円十税、日替わり定食1600円十税。

■カントリーライフ
群馬県前橋市日吉町1-5-7-103
☎027-219-0071　金・土曜定休
＊日替わり玄米菜食弁当800円十税、ベジタリアンハンバーガー（3種）400～438円十税。

■風楽《ふら》
千葉県成田市宗吾3-565-1-13
☎0476-27-5416　年中無休
http://homepage2.nifty.com/fura
＊砂糖不使用の穀物菜食は、電話で要予約。日替わり玄米定食1333円十税。夜は、貸し切りの予約のみ。

■Café Blue（カフェ・ブルー）
千葉県千葉市中央区弁天1-30-1
☎043-285-6308　年中無休
http://www.cafeblue.join-us.jp
＊注文時に、穀物菜食を希望とひとことを。玄米ランチプレート953円十税。

■穀物菜館
千葉県松戸市新松戸3-114
島村トータルケアクリニック2階
☎047-309-5130　日曜定休
＊一般の人の食事はランチのみ。日替わり定食980円（税なし）。

穀物菜食・マクロビオティックの料理教室

＊自然食品店の主催で料理教室を行っていることも多いので、問い合わせてみてください。

■一慧のクッキング（宇宙法則研究会）
東京都杉並区荻窪4−28−12
☎03−3220−9796
http://www.uchuken.com
本書の著者・大森一慧が校長を務める料理教室。初心者向き、経験者向きのコースのほか、症状の改善を導く食箋料理（しょくせんりょうり）や、手当て法を実習で学べるコースがある。
宮城県、福島県、群馬県、静岡県、愛知県、三重県、広島県など、地方にも出張教室があり、希望があれば講師が出向いていく。

■リマ・クッキングスクール（日本CI協会）
東京都渋谷区大山町11−5
☎03−3469−7631
0120−306−193
http://www.ci-kyokai.jp
初級、中級、上級、師範科のコース授業があるほか、だれでも受講できる公開講座（お菓子や天然酵母パンなども）がある。
青森県、岩手県、福島県、群馬県、東京都（練馬区・小平市）、千葉県、神奈川県、静岡県、鹿児島県、沖縄県に姉妹校がある。

■正食クッキングスクール（正食協会）
大阪府大阪市中央区大手通2−2−7
☎06−6941−7506
http://www.macrobiotic.gr.jp
初級、中級、上級、師範科のレギュラーコースのほか、体質改善や病気治しを目的とする人などのための食養料理教室もあり、集中コースや一日体験コース、公開料理教室もある。
初級と中級のみ本校と同じ内容の、福岡教室がある。

■玄炊庵
静岡県浜松市庄内町744−1
☎053−487−5332　日曜定休
＊玄炊庵ランチ1200円十税。夜は完全予約制（4名より）で、3500円十税から。

■健康食工房 たかの
石川県金沢市三口新町3−11−22
☎076−263−7730
日曜定休（不定期の休みもあり）
http://mizu4yo9.hp.infoseek.co.jp
＊電話にて要予約。セットメニュー1500円十税から。単品700円十税から。テイクアウト、配達も可。

■玄米食の店 のら
愛知県名古屋市熱田区桜田町4−14
☎052−872−3208　月曜・第一火曜定休
＊ランチの「のら定食」828円十税。ディナーは1524円十税。

■ママンテラス
大阪府大阪市中央区心斎橋筋1−5−4
アベリーヌビル
☎06−6282−2774　月曜定休
http://www.maman.jp
＊蓮根うどん810円十税、プレートランチ1000円十税。夜のコース2670円十税から。

■マナキッチン
福岡県福岡市中央区那の川2−9−30
☎092−525−4147　日曜・祝日定休
＊日替わりランチ800円十税。夜は要予約。

■おひさま
佐賀県佐賀市柳町4−3
☎0952−28−7883　日曜・祝日定休
http://www.esaga.jp/˜ohisama
＊玄米定食952円十税（水・金曜はサービス価格）。土曜のみ、前日に要予約。

自然分娩ができる菜食対応の産院と母乳指導&おっぱいケアの施設

278〜279ページのリストはREBORN、自然育児友の会、自然育児相談所（いずれも275ページを参照）の協力を得て作成しました。

ひろ助産院＜☆◎＞
石川県白山市木津町1845
☎076−274−8715
http://www.asagaotv.ne.jp/~hiroko
マルオト助産院＜☆◎＞
愛知県幡豆郡一色町大字一色字上屋敷240−1
☎0563−72−8130
天白（てんぱく）助産所＜◎＞
愛知県名古屋市天白区海老山町2218
☎052−847−0243
くみ助産院＜★◎＞
三重県桑名市星見が丘1−209−2
☎0594−33−1600
岩津助産院
大阪府守口市竹町8−18
☎06−6992−0264
http://www10.ocn.ne.jp/~iwatsu
大谷助産院＜★＞
大阪府寝屋川市池田1−28−21
☎072−826−3535
マナ助産院
兵庫県神戸市北区ひよどり台2−30−6
☎078−742−3474
http://www.mana-mh.com
毛利助産所＜★＞
兵庫県神戸市東灘区御影石町4−13−3
☎078−841−2040
かづこ助産院＜◎＞
和歌山県東牟婁郡那智勝浦町大字北浜1−13
☎0735−52−6798
http://web.wakkun.or.jp/00776.htm
しんでんクリニック
山口県防府市大字新田577−3
☎0835-23-1553
春日助産院＜★◎＞
福岡県春日市昇町6−102
☎092−581−4069
http://www.kasuga-josanin.com
（医）愛成会　東野（とうの）産婦人科医院
福岡県福岡市中央区草香江2−2−17
☎092−731−3871
http://www.toono.org/
おっぱいハウス池田助産院＜★◎＞
宮崎県日南市大字星倉4418
☎0987−25−5545

＊★印の産院では、玄米菜食の食事ができ、☆印の産院では、動物性食品と砂糖、酒、みりんを使わない食事ができます。星印のない産院では、動物性食品のみを使わない食事ができます。事前に食事の希望をよく話したうえで、対応してもらってください。
＊◎印の産院では、自宅分娩の介助も行っています。
＊食事の対応をしていない産院でも、食べものの持ち込みが可能なところは多いので、近くでよい産院があったら問い合わせてみるといいでしょう。

菜食の希望に対応してくれる産院

ハローベビー助産院＜☆◎＞
青森県青森市大字駒込字蛍沢289−39
☎0177−42−7500
http://www.h3.dion.ne.jp/~h_baby
助産院ベビーヘルシー美蕾＜★◎＞
茨城県筑波郡伊奈町南太田500−1
☎0297−58−3708
助産院 未来＜★◎＞
埼玉県戸田市下前2−2−12
☎048−444−7143
助産所サンバハウス（旧・斉藤助産院）＜☆◎＞
埼玉県さいたま市見沼区御蔵205−4
☎048−683−0344
つくい助産院＜◎＞
神奈川県津久井郡津久井町又野531−7
☎042−784−5096
豊倉助産院＜☆◎＞
神奈川県横浜市泉区緑園2−19−24
☎045−813−7382
http://www.e-osan.com
稲田助産院＜☆◎＞
神奈川県川崎市多摩区菅稲田堤3−4−1
☎044−945−5560
中野助産院（旧小柴助産院）＜★◎＞
千葉県君津市中野2−31−2
☎0439−55−6414
＊平成17年6月に開院予定。
それまでは出張専門。
堀部助産院＜★◎＞
千葉県鎌ヶ谷市初富21−167
☎047−442−1103
佐久間助産院＜☆＞
千葉県香取郡多古町多古2725
☎0479−76−2357
Be born助産院＜☆＞
東京都世田谷区粕谷4−25−10
☎03−3307−4792
http://beborn.ld.infoseek.co.jp
豊島産婦人科
東京都杉並区西荻南4−3−19
☎03−3333−2305
http://members.jcom.home.ne.jp/takua8/toyoshimasannfujinnka.htm
ファン助産院＜☆＞
東京都杉並区成田西1−25−9
☎03−3313−5658
頼（らい）助産院
石川県河北郡内灘町鶴ヶ丘1−296−2
☎076−286−1311
http://www.rai-jyosanin.com

■群馬県
コスモファミリー母乳育児研究所
……………………………☎027−360−6185
狩野自然育児相談所…………☎027−231−9417
早水久子………………………☎0279−56−3609
母乳育児相談所高岸とよ……☎0272−61−3387
■長野県
永井ひろみ……………………☎026−274−2324
いいづな自然育児相談室……☎026−253−4450
幸助産院………………………☎0265−83−0264
■山梨県
雨宮幸枝………………………☎0551−22−0933
■静岡県
原萌萌子………………………☎055−978−3804
(090−8475−9457)
■愛知県
長坂こどもクリニック
……………………………☎052−701−5800
足立悦子………………………☎0564−25−4193
■岐阜県
大沼れい子……………………☎0577−34−1323
■京都府
あゆみ助産院…………………☎075−643−2163
■兵庫県
敦賀陽子………………………☎078−854−1733
橋場京子………………………☎0795−64−0931
■富山県
酒井照枝………………………☎076−472−0262
(平日夜または土日)
■石川県
おっぱい救急助産院…………☎0762−49−4805
■島根県
持田弘子………………………☎0852−23−0788
■鳥取県
仲田豊実………………………☎0859−66−3615
■山口県
友廣助産所……………………☎0832−34−2840
聖母園子育て支援センター(名和田)
……………………………☎0832−66−9311
春永美知子……………………☎0837−86−1714
■福岡県
古賀詳子………………………☎093−533−2344
坂田隆子………………………☎093−751−4843
■大分県
平尾まさを……………………☎097−534−3038
くまがい産婦人科……………☎097−592−1000
江藤助産所 …………………☎0972−82−3631
佐用母乳育児コンサルタント
……………………………☎097−595−0244
■宮崎県
日高矩子………………………☎0985−48−1071
児玉裕美………………………☎09833−3−2011
■沖縄県
上地初美………………………☎098−850−2132

＊助産院でおっぱいケアを行っているところも多いので、問い合わせてみてください。

母乳指導と乳房ケアの施設・助産師

■北海道
津野宏子………………………☎011−377−6180
矢部淨…………………………☎011−643−6568
■青森県
マンマケアまつえ助産院
……………………………☎017−743−9550
■福島県
福島自然育児相談……………☎0245−22−6668
明治病院………………………☎024−521−0805
■東京都
自然育児相談所
……………………………☎03−3336−2191
大場裕美………………………☎03−3750−8993
高崎香代………………………☎03−5483−5630
ビバ・マンマ母乳育児相談所
……………………………☎03−3643−0081
柳澤薫…………………………☎047−399−5828
■神奈川県
仲 かよ ……………………☎045−421−3189
坂田美穂子……………………☎045−743−0040
藤平洋子………………………☎045−623−7453
小泉みどり……………………☎045−253−4470
渡辺あゆみ……………………☎045−774−4079
豊倉助産院……………………☎045−813−7382
向井診療所……………………☎0462−61−1244
丸山照美………………………☎0463−88−6420
網師本(あじもと)八重子 …☎045−302−4852
大塚ヨシ………………………☎045−301−0712
赤羽知恵子……………………☎0467−22−9691
山下治子………………………☎0407−87−6012
母乳育児相談室カンガルーハウス
……………………………☎0467−58−2012
■千葉県
あゆみ助産院…………………☎047−339−5197
鵜瀞(うのとろ)恵 …………☎043−251−6893
瀧麻奈美………………………☎043−273−0257
■茨城県
エステル母乳育児相談所
……………………………☎0291−33−3119
江幡芳枝………………………☎0292−51−0864
水海道さくら助産院
……………………………☎0297−22−2567
石塚周子………………………☎029−862−2481
石川喜代子……………………☎0294−24−5758
■栃木県
倉嶋愛子………………………☎0282−82−4650
伊東厚子………………………☎0285−28−1120
■埼玉県
吉川母乳相談室………………☎048−723−5118
大石英子………………………☎0482−81−5586
九喜母乳育児相談所…………☎0480−21−0102
茂木真貴子……………………☎042−974−3738
高橋恵美子……………………☎048−585−7142

ナチュラル情報満載のおすすめ本と定期刊行物

●穀物菜食・マクロビオティックの本●

改訂新版　無双原理　講義録
(大森英櫻述　宇宙法則研究会　2000円十税)
　食物、体質、症状の陰陽の見分け方など、詳しく知りたいと思っていたことが解説されている本。新たに加えられた「無双原理でみた発生学」は必見。

ぼくは給食を食べていません
(富田麻予　新風舎　1000円十税)
　子どもの学校給食を断って、玄米菜食の弁当を持参させてきた著者の手記。学校側や友だちとの対応が、とても参考になる。よちよち赤ちゃんもアッという間に学齢になるので、チェックしておきたい一冊。

からだの自然治癒力をひきだす
食事と手当て
(大森一慧著　サンマーク出版　1700円十税)
　体調をととのえる食べ方や、野菜や調味料を使った自然の手当て法がわかりやすく書かれた本。症状別にていねいな解説つきで対処法が示されている。

からだの自然治癒力をひきだす
「毎日のごはん」
(大森一慧著　サンマーク出版　1600円十税)
　玄米ごはん、野菜、海藻、豆のおかずのレシピが豊富に載っている。同シリーズの『からだの自然治癒力をひきだす「基本のおかず」』も好評。

マクロビオティック和のレシピ
(西野椰季子著　サンマーク出版　1300円十税)
　忙しい日常でも、むりなく穀物菜食を続けていける、手軽でおいしいレシピばかりが登場！砂糖を使わずに甘みを楽しめる、シンプルなお菓子レシピも。

マクロビオティックはじめてレシピ
(中島デコ著　近代映画社　1600円十税)
　野菜や乾物と良質な調味料さえあれば、こんなにも簡単にマクロビオティックが実践できる、と思わせてくれる本。お総菜から、もてなし料理まで。

まんがマクロビオティック
クッキングブック
(小出海哥子著／リマ・クッキングスクール監修　日本CI協会　971円十税)
　マクロビオティック初心者におすすめの、基礎から学べるまんが本。きちんとした説明がなされていて、料理にはすべて意味があることがよく理解できる。

魔法のメガネ
(桜沢如一著　日本CI協会　1200円十税)
「魔法のメガネ」とは、自由で幸福な一生を送るための、「陰陽」の羅針盤のこと。劇の脚本形式で、青少年向けにやさしい言葉で書かれた本。初心者が「陰陽」を理解するのに最適。

新編集版　無双原理・易
(桜沢如一著　岡田定三編集・解説　サンマーク出版　1600円十税)
　1936年刊行の「無双原理・易」(桜沢如一著)を、現代人にわかりやすい表現にした本。マクロビオティックの根本原理を、より深く勉強できる。

●妊娠・出産関係の本●

えらぶお産
(大葉ナナコ著　河出書房新社　1400円十税)
「赤ちゃんを『出してもらう』のではなく、自分が『産む』んだ！　という自力本願に目覚めること」をすすめ、妊娠中の体の具体的なケアも載っている。

お産選びマニュアル
(河合 蘭著　農山漁村文化協会　1524円十税)
「お産について自分なりの思いを大事に」と述べる著者は、どんなお産をするのか、「お産選び」をすることを提唱。全国の産院情報も詳しく載っている。

分娩台よ、さようなら
(大野明子著　メディカ出版　2600円十税)
　東京・杉並の明日香医院の医師による、「あたりまえに産む」ことをしっかりと考えさせられる書。陣痛促進剤や会陰切開など、産科学的な解説もていねい。

卵子story－女性のからだと卵子のひみつ
(きくちさかえ　鈴木賀世子著・早乙女智子監修　小学館　1000円十税)
　主役の「恋する生殖細胞ランコ」の話を通じて、女性の体のことをとても読みやすくまとめた本。すてきな絵本のページあり、おとぼけまんがありで、10代からベテランママまで幅広く楽しめるうえに、かなりためになる。

オーガニックコットンの手ぬい服
（いそみきよ著　主婦の友社　1400円十税）
オーガニックコットンの自然な色や、素朴な風合いを生かしたベビーウエアの作り方の本。すべて手縫いなのと、材料キットの通販つきなのがうれしい。

定期刊行物

宇宙研つうしん（宇宙法則研究会：問い合わせ先は274ページ。会員に隔月で発送）
大森英櫻、大森一慧、石田英湾、伊藤誠らの執筆で構成される小冊子。健康相談の記録や、時事問題に対する陰陽的な見解など、読みごたえがある。

月刊 Macrobiotique（マクロビオティック）
（日本CI協会：問い合わせ先は274ページ。書店で取り寄せ可。600円十税）
食、健康、治病をテーマに、マクロビオティック関連の情報を満載。食にまつわる充実した特集記事に加え、レシピやまんが日記、暮らしの情報なども。

月刊 むすび（正食協会：問い合わせ先は274ページ。543円十税。定期購読者には郵送）
生き方、食生活、健康法、育児、環境、自然、こころの健康、などなど、楽しく生きるヒントがいっぱい掲載されている。

自然育児友の会会報（自然育児友の会：問い合わせ先は275ページ。500円）
妊娠・出産から母乳育児、アトピー、手当て法、暮らしに関する特集のほか、多彩な執筆陣による連載や、母親たちの生の声を集めた手づくりの会報。

ぽとらっく（ぽとらっく編集部：☎03-5297-0020　アースデザイン事務所内　880円十税）
マクロビオテイックにかかわる人のインタビュー記事やレシピ、子育てサークルの紹介、料理教室や、レストラン、自然食品店の取材など、幅広い内容。

かわら版 食養村（愛知食養村：問い合わせ先は274ページ。年間購読料2000円）
大森英櫻の講義録や、読者の質問に伊藤誠が答えるコーナー、大森一慧のレシピなどを掲載。隔月で発行。

紙REBORN(かみりぼーん／REBORN：問い合わせ先は275ページ。FAX：045-474-5007　年間購読料3000円)
妊娠・出産関連のニュース解説、インタビュー、トピック、書籍紹介、イベント、講演会、学会情報など出産・子育て、女性の体をめぐる話題を満載。

子育ての本

もっと自由に母乳育児
（山西みな子著　農山漁村文化協会　1267円十税）
自然育児相談所（275ページを参照）所長の著者が、具体的な母乳育児のハウツーを伝授してくれる本。赤ちゃんのしぐさとその対処法などもある。

子どもへのまなざし
（佐々木正美著　福音館書店　1700円十税）
児童精神科医の著者が、孤独になりがちなお母さんに優しくエールを送る一冊。子どものありのままを受け止めることの大切さに、気づかされる。

センス・オブ・ワンダー
（レイチェル・カーソン著　上遠恵子訳　新潮社　1400円十税）
美しいものや神秘的なものに驚嘆する感性、それが「センス・オブ・ワンダー」。この感性は、子どもと自然のなかを探索することで育まれ、その後の人生でどんなことがあっても新たな喜びへ導くと著者は確信している。

健康に配慮した住まいの本

健康な住まいを手に入れる本
（小若順一・高橋 元・相根昭典編著　コモンズ　2200円十税）
家の有害物質を避けるノウハウが詰まった本。新築住宅やマンションの選び方や、安全に暮らせる住宅づくり、リフォームのためのお役立ち情報が満載。

子どもがすくすく育つ
健康に暮らせる木の家づくり
（丸山景右著　中経出版　1500円十税）
子どもたちにとっての豊かな住まいづくりをめざした木の家の建築実例を、多数のカラー写真で公開。こんな家で子どもを育てたい、と思わせる本。

あなたにもできる 住まいのエコ・リフォーム
（浅生忠克著　農山漁村文化協会　1333円十税）
環境負荷や、人体へのリスクが少ない材料を使って、自分で行うリフォームを、材料選びから実際の作業のやり方まで、ていねいに解説した本。

無添加住宅！　世界でいちばん自然に近い家
（秋田憲司著　サンマーク出版　1400円十税）
シックハウス症候群や化学物質過敏症の人のために開発された住宅で、壁には漆喰（しっくい）、接着剤には膠（にかわ）や米のりなどを使う徹底した家づくりを紹介。

健康家族に欠かせない食品&生活用品の購入先一覧

（順不同）

自然食品・生活用品・調理器具・書籍などの販売

愛知食養村（店舗）**・長生堂**
（通販：冷凍食品、冷蔵品、無添加食品、器具、化粧品など）
愛知県小牧市小牧原新田398−4
☎0568−75−9843　FAX 0568−76−4681
http://www.chouseido.co.jp/
穀菜食shop長生堂
（インターネット販売：冷凍品、冷蔵品、無添加食品、器具など）
http://www.chouseido.co.jp/kokusai.htm

グルッペ荻窪本店
（店舗：青果、食品一般、雑貨など）
東京都杉並区荻窪5−27−5
☎050−5510−5765　FAX 03−3398−8651
http://www.gruppe-inc.com
ネットスーパーGRUPPE（グルッペ）
（インターネットで注文を受け、杉並区と中野区全域、一部を除いた練馬区に配達。生鮮食品、調味料、生活雑貨など）
http://www.gruppe-inc.com/netsuper

わらべ村
（店舗と通販：調味料、加工食品、穀物、乾物、菓子、オーガニック衣類、化粧品、書籍など）
岐阜県美濃加茂市加茂野町鷹之巣342
☎0574−54−1355　FAX 0574−54−1495
ナチュラルショップわらべむら
（インターネット販売：調味料、加工品、穀物、乾物、菓子、オーガニック衣類、化粧品、書籍など）
http://www.warabe.co.jp

e-kiri.net
（インターネット販売：調味料、乾物、加工食品、浄水器、水など）
http://www.e-kiri.net

アースデザイン ショッピングモール
（インターネット販売：自然食品、生鮮食料品、生活雑貨など、オーガニック＆エコロジー商品）
http://www.earth-design.jp

リマの通販／オーサワジャパン
（通販、インターネット販売：自然食品、健康食品、自然派化粧品、関連器具、雑貨など）
東京都渋谷区大山町11−5
📞0120−328−515　FAX 0120−328−505
http://www.lima.co.jp

ムスビガーデン（店舗）**／ムソー**
（加工食品、調味料、雑貨、書籍、無・減農薬野菜、米、パンなど）
大阪府大阪市中央区大手通2−2−7
☎06−6945−0618
Musubi 倶楽部（通販）**／ムソー**
（加工食品、調味料、その他食品）
☎06−6941−7432　FAX 06−6910−6237
E-mail：musubiclub@muso.co.jp

こくさいや
（店舗と通販：有機無農薬栽培玄米、天然醸造調味料、食養手当て品、自然派化粧品、衣類、器具、雑貨、書籍など）
東京都練馬区大泉町2−8−5
☎03−3925−0914　FAX 03−3925−0948

GAIA（ガイア）
（店舗と通販：有機野菜、果物、伝統食品、天然酵母パン、オーガニックコットン衣類など）
東京都千代田区神田駿河台3−3−13
☎03−3219−4865　FAX 03−5280−2330
http://www.gaia-ochanomizu.co.jp

パドック
（オーガニックコットンのベビーウエア）
☎0745-23-1828
http://www2.mahoroba.ne.jp/~paddock

オーガニックコットンショップ・ノブ
（オーガニックコットンのレディスニット、ユニセックスパジャマ、タオル、ソックス、綿毛布など）
☎03-5819-7035　http://www.nob.ne.jp

プリスティン、プリスティンベビー／アバンティ
（オーガニックコットンのウエア、バスグッズ、寝具、ぬいぐるみなど）
☎03-3226-7789　http://www.pristine.jp

布良
（オーガニックコットンの手摘み、手紡ぎ糸で作った洗い布、ウエア、おむつ、寝具など）
☎03-5540-8511
http://www.fulanokai.ecnet.jp

プランティア／壺内タオル
（オーガニックコットンのタオル、寝具、ぬいぐるみ、小物、布地など）
📞0800-600-4418
http://www.plantia.co.jp

センスオブワンダー／ミリカンパニーリミテッド
（ベビー肌着、ベビーウエア、小物など）
☎03-3403-4700
http://www.milli-coltd.com

ハーモネイチャー・インコーポレイテッド
（オーガニックコットン輸入ベビー子ども衣料、抱っこ紐「スリング」、Tシャツ、タオルなど）
☎050-7530-3114
http://www.harmonature.com

無印良品 有楽町
（ウエア、家具、生活雑貨、オーガニックコットンのベビーウエアなど）
☎03-5208-8241　http://www.muji.net

ハート
（無蛍光、無漂白、無染色の寝具、オーガニックコットンの寝具）
☎088-882-4788　http://www.heart-kochi.jp/

NPOヘンプ製品普及協会
（ヘンプを使用した衣食住に関する商品）
☎03-5466-8683
http://www.partie.net/hpsa

楽々クック
（オーガニックコットンのインナー、自然食品）
☎0826-46-3674

● 自然食品・手当て用品の製造販売

ツルシマ
（そば、うどん、香蓮飴、里芋粉など）
☎0835-22-0347

コジマフーズ
（玄米クリーム、玄米がゆ、玄米もちなど）
☎052-821-8746　http://www.kojimafoods.co.jp

加藤農園
（発芽玄米、発芽玄米パン、発芽玄米もちなど）
☎03-3925-8731
http://www.hatuga.com/syohin.html

マルシマ
（純正食品、セイタン、はぶ茶など）
☎0848-20-2506　http://www.junmaru.co.jp

大口食養村
（鉄火みそ、三年番茶）
☎0995-28-2708

九鬼産業
（練りごま、ごま油）
☎0593-96-4889　http://www.kuki-info.co.jp

沖縄海塩研究所
（自然塩）
☎098-988-2160
http://www.churashima.net/shima/aguni

ミヤコ
（牛乳・卵・大豆を使用しない無添加菓子）
📞0120-548-385

黒姫和漢薬研究所
（野草茶）
📞0120-82-8940
http://www.yasosabo.co.jp

● オーガニックコットン・シルク・ヘンプ製品取り扱い

メイド・イン・アース／チーム・オースリー
（オーガニックコットンのウエア、タオル、寝具など）
📞0120-697-510
http://www.rakuten.co.jp/earth

ファッションハウス　シマネヤ
（オーガニックコットン商品、肌着、靴下など）
☎048-976-5943　http://www.shimaneya.com

ライブコットン
（絹、綿、麻、ウールの衣料、エコ雑貨など）
☎0564-51-1233　http://www.livecotton.co.jp

生活雑貨・おもちゃ取り扱い

サンエア
（ウッドブラシ、竹ピンブラシ、天然オイルなど）
☎03-3402-3208　http://www.woodbrush.com

朝光（ちょうこう）テープ
（洗剤なしで食器が洗える「びわこ」、姉妹品「和太布」）
☎0532-61-7673　http://www.biwakofukin.com

ナファ生活研究所
（竹繊維のガーゼ「竹布」、土に返せる「神秘の森の皿洗い」）
☎03-5412-7661　http://www.take100.jp

兵左衛門
（安全な原材料と漆、みつろうを使った箸）
📞0120-194-846　http://www.hyozaemon.co.jp

シーアイサンプラス
（食品保存用ラップフィルム、チャック袋など）
☎03-3538-2875　http://www.sanplus.co.jp

亀の子束子西尾商店
（キッチン用、掃除用、ボディ用のたわし）
☎03-3916-3231
http://www.kamenoko-tawashi.co.jp

プレマ
（自然食品、安全な生活雑貨品、自然食調理器具など）
📞0120-841-828　http://www.binchoutan.com

ヤムヤムジャパン
（環境に負荷の少ない生理用品、ハーブの虫除けスプレーなど）
☎0287-48-8177

おもちゃ箱
（木製玩具、画材、楽器、自然化粧品、食品など）
☎03-3759-3150
http://www.omochabako.co.jp

平和工業
（木製玩具）
☎052-761-6287
http://heiwamc.hp.infoseek.co.jp

桂や
（おもちゃのインターネット販売）
☎0466-24-8434
http://homepage1.nifty.com/hitsujiya

洗剤・石けん・シャンプー・化粧品取り扱い

シャボン玉石けん
（洗濯用、台所用、洗顔用石けん、EM石けんなど）
📞0120-480-095　http://www.shabon.com

桶谷石鹸
（「アイゲン固形石けん」、台所用、洗濯用石けんなど）
☎06-6931-8041

原光化学工業
（「マザータッチ」）
☎072-277-4311

アスパイラル
（石けん、シャンプー）
☎0724-20-5071　http://www.aspiral.com

リマナチュラル
（天然素材を生かした自然派スキンケア、メイクアップ、ヘアケア製品）
☎03-3982-5622
http://www.limanatural.co.jp

ナチュレディ
（自然派化粧品）
☎06-6947-1732
http://www15.ocn.ne.jp/˜rima

プロモ・ジャパン
（オリーブオイルのナチュラルソープ）
☎042-580-3970
http://home.att.ne.jp/blue/promojapan

太陽油脂
（石けん、シャンプー、基礎化粧品など）
☎045-441-4953　http://www.taiyo-yushi.co.jp

ナイアード
（ヘナ、ガスール／固形・粉末粘土、リップクリーム、アルガンクリーム、石けんなど）
☎042-552-8960　http://www.naiad.co.jp

ボディクレイ
（「ねんどの入浴剤」「ねんどのソープ」「ねんどの日焼け対策」など）
☎03-3703-7942　http://www.bodyclay.info

いんやん倶楽部
（ヘアケア、スキンケア用品、れんこん湯エキスなど）
☎06-6389-5128　http://www.yinyanclub.com

健康家具・インテリア用品取り扱い

三装
（オーガニックコットンのカーテン、ベッドマット）
☎03−3384−6610
http://www.sansou-oc.com

NPOアースネットワーク
（天然植物顔料型染布）
☎03−5814−5394
http://www.earthnetwork.info

上田敷物工場
（天然床材・環境関連品）
☎0739−47−1460
http://www.uedashikimono.co.jp

東京ブラインド工業
（杉、桐、竹などのブラインド、ロールスクリーンなど）
☎03−3443−7771
http://www.tokyo-blinds.co.jp

エコ・オーガニックハウス
（無農薬畳、自然建材、オーガニックコットン製品など）
☎092−564−3866
http://www.eco-organic-house.co.jp

クニナカ
（無垢材と自然塗料の木製キッチン、フルオーダー家具）
☎03−3300−2727
http://www.kuninaka.co.jp

ティームセブンジャパン　代々木店
（無垢材と、天然の木油とみつろうを使用した家具、システムキッチン）
☎03−5363−6937
http://www.team7.co.jp

樹の住まい舎
（自然の恵みそのままの家具、自然住宅・店舗施工、リフォーム）
☎045-852-7247
（アトリエは、岩手県岩手郡滝沢村滝沢字柳沢1459−54「アトリエ いわて山ろく」）

調理器具・電化製品取り扱い

ゼンケン
（浄水器、空気清浄器、電磁波カットのホットカーペット、遠赤外線暖房器など）
📞0120−135−232
http://www.zenken-net.co.jp

健康綜合開発
（マスタークック土鍋、クッキングガスマット、パシーマ寝具など）
☎03−3354−3948
http://www.kenkosogo.jp

鋳物屋
（「平和圧力鍋」）
☎0237−47−3434
http://www.imonoya.co.jp

トオヤマ
（文化鍋）
☎03−3891−0281
http://www5b.biglobe.ne.jp/˜toyama

アール・エッチ・エス
（掃除機、浄水器など ）
☎03−3426−2301
http://www.rhs.co.jp

生活春秋
（無水鍋） ※「無水鍋」は登録商標です。
☎082−294−0220
http://www.musui.co.jp

写真提供／オーサワジャパン、チーム・オースリー、ライブコットン、アバンティ、壺内タオル、無印良品、ハート、原光化学工業、リマナチュラル、ナチュレディ、プロモ・ジャパン、太陽油脂、ナイアード、ボディクレイ、いんやん倶楽部、サンエア、ナファ生活研究所、シーアイサンプラス、プレマ、桂や、ゼンケン、鋳物屋、トオヤマ、アール・エッチ・エス、生活春秋、三装、NPOアースネットワーク、上田敷物工場、東京ブラインド工業、エコ・オーガニックハウス、クニナカ、ティームセブンジャパン、樹の住まい舎

わが子の一生は、お母さんの手にゆだねられています

この本を読んで、初めて「マクロビオティック」や「穀物菜食」「陰陽論」などに出会った人も多いのではないでしょうか。そのような人は、さぞびっくりされたことと思います。すぐに頭を切り替えようと思っても、難しい話でしょう。「明日から何を食べたらいいの？」と頭を悩ます人もいるかもしれません。けれど、考えるよりはまず実践。そうすれば、案外うまくいくものです。

本書には「がっぷりタイプ（陽性の肥大）」「かちかちタイプ（陽性の萎縮）」「ぷよぷよタイプ（陰性の肥大）」「ひょろりんタイプ（陰性の萎縮）」と、体質別に対応が示されているので（54ページを参照）、みなさん自分を四つのタイプのいずれかに当てはめようとしていると思います。ですが、現実的には、特別な病気や固定した症状がなく、通常の生活ができている状態では、「まんなかタイプ（中庸）」とみてよいのです。

「まんなかタイプ」の食事をしていて、体になんらかのトラブルを感じた場合、食事の調整が必要となってきます。まず、51ページを参照して、体の状態が陰性か陽性かを判断。陰性であれば、食事は中庸食をやや陽性にもっていきます。具体的には、食品の選択に際して陰性度の強いものを控え、調理時間は長めにし（長く火を通す）、味は少々濃いめにして、香辛料を除きます。また、おかずは、主食の2分の1以下にしてみてください。

一方、状態が陽性の場合は、まず玄米を食べ過ぎていないかどうかです。食品の選択にあたっては、緑黄色野菜を多めにし、調理時間は短くし（サッと火を通す程度）、おひた

しや、サラダ、即席漬けなどをメニューに加えて、香辛料やハーブなども足してみます。

このような対応で、体は正常に戻るはず。ただし、おいしくないと感じた場合は、体に合っていないので、食べるのをやめてください。本当においしいと感じるかどうかで食べものを決定すること、常に体の声を聞きながら対応することが、とても重要だからです。

そして、食事をしたら次のチェックは忘れずにしてください。
1　食後、眠くなったり、尿の回数が多くなったり、疲れたり、やる気がなくなるような症状が出てきた↓今のあなたの体調に対して、食事が陰性過ぎた結果。
2　食後、背中や腰が重く感じられたり、手足がかたくなる↓今のあなたの体調に対して、食事が陽性過ぎた結果。
これを判断基準にして、陰に対しては陽に、陽に対しては陰にすることで、バランスをとります。山間部に比べ、陽性な土地である都市や海岸部に住む人は、山間部に住む人より陰性な食事にしたり、やむをえず動物性食品を摂るようなときには、野菜を豊富に摂るといった配慮も必要です。

できれば、母と子の食べたものと体調を記す食事日記をつけることをおすすめします。育児日記の端に、ちょっとメモするだけでも。体調や子どもの機嫌が食事に左右されていることがよくわかり、食材や調理と生理との因果関係を知るよい機会ともなるでしょう。

わが子の一生は、お母さんの手にゆだねられています。食に関する正しい知識を習得し、食品の正しい選択と正しい食べ方を、ぜひ心がけてください。

あなたとあなたのご家族の健康と幸せ、そして世界の平和を願ってやみません。

著者紹介　　大森一慧（おおもり・かずえ）

1933年、静岡県生まれ。純正穀物菜食料理研究家、栄養士。食養医学に携わる夫・大森英櫻氏とともに、陰陽の法則に基づく食生活を48年間実践。体と心のバランスをとりもどす食事と手当て法を一人でも多くの人に知ってもらいたいと、東京・荻窪に穀物菜食料理の学校「一慧のクッキング」を開校。自然治癒力を高める陰陽料理のおいしさと手当て法の的確な判断には定評がある。著書に、『からだの自然治癒力をひきだす食事と手当て』『からだの自然治癒力をひきだす「毎日のごはん」』『からだの自然治癒力をひきだす「基本のおかず」』（以上小社刊）、ビデオに「病気別料理実習シリーズ」など。雑誌への連載や、テレビ出演のほか、全国各地での出張講座や料理講習も行っている。

自然派ママの食事と出産・育児

2005年２月20日　初版印刷
2005年３月１日　初版発行

著者　大森一慧
発行人　植木宣隆
発行所　株式会社サンマーク出版
東京都新宿区高田馬場2-16-11
電話 03-5272-3166

制作スタッフ
構成・編集協力　吉度日央里
協力　阿部礼子
撮影　秋枝俊彦
イラスト　小野塚綾子
装丁　宮島千登美（G-Co.）
デザイン＆DTP　吉度天晴
吉度ヒカル
編集　梶原光政（サンマーク出版）
印刷・製本　中央精版印刷株式会社

定価はカバー、帯に表示してあります。
落丁・乱丁本はお取り替えいたします。

ISBN4-7631-9597-2C0030
ホームページ　http://www.sunmark.co.jp
携帯サイト　http://www.sunmark.jp